SHOW-HEY シネマルーム

51

2022年下半期 お薦め70作

弁護士
映画評論家
坂和章平

はじめに

1)『シネマ51』は、2022年4/20から2022月10/19までの6か月間に観た洋画62本、邦画9本、計71本（オンライン試写を含む）の中から、「2022年下半期お薦め70作」としてまとめたものです。

　『シネマ49』では、「巻頭作　濱口竜介監督、第74回カンヌ国際映画祭脚本賞おめでとう！」として『ドライブ・マイ・カー』を、『シネマ50』では、「巻頭作　第94回アカデミー賞作品賞・助演男優賞・脚色賞をゲット！」として、『コーダ　あいのうた』を掲げました。それらに対し、『シネマ51』では「巻頭特集　大ヒット戦争大作にみる米中対決は？」と題して、『トップガン　マーヴェリック』（米国）と『1950　鋼の第7中隊』（中国）の2本を掲げました。その理由は、現在の「米中対決」の情勢が見事に映画にも反映していると考えたためです。

2)金王朝の3代目、金正恩が統治する北朝鮮からは、ミサイルの発射が相次いでいます。また、2022年10月の第20回党大会を終えた中国は、習近平国家主席の3期目続投を決め、政治局常務委員（チャイナセブン）を側近で固めて独裁色を強めるとともに、中台統一のため、「武力行使を決して放棄しない」と決意表明しました。

　2020年11月の大統領選挙でトランプ氏に競り勝ったバイデン政権がトランプ政権の対中強硬路線を継続したのは賢明でした。その結果、ウクライナ情勢の混迷化で核兵器使用の危機が叫ばれる中、米政府は2022年10/27「核戦力体制見直し」（NPR）を発表しました。これは、中国とロシアという「2つの核大国」に同時に対峙するという脅威認識を明確にしたもので、2030年代までに米国はその歴史上はじめて、「戦略的競争相手、潜在的な敵対者としての2大核大国と対峙する」としました。

　他方、軍事強国化を宣言した習近平政権下では、①3隻目の空母「福建」の進水、②台湾有事に欠かせない強襲揚陸艦や最新鋭ステルス戦闘機の運用、③宇宙、サイバー領域での能力向上、④極超音速ミサイル、無人機、人工知能（AI）技術の向上等が着々と進んでいます。また、8／2に米国のペロシ下院議長が突然台湾を訪問した際は、「軍事演習」として台湾海峡を封鎖しただけではなく、台湾を東西南北の四方から囲い、封鎖するという作戦を実行しました。ロシアによるウクライナ侵攻は東と南からの二方面作戦ですから、NATOも米国も西の陸路・空路からの軍事支援・物資支援が可能です。しかし、小さな島が四方から海上封鎖されれば、モノの補給がすべて不可能になります。圧倒的な中国の海軍力と空軍力によってそれが実行されると、台湾は降伏する他ないはずです。

3)そんな政治情勢、軍事情勢の中、『トップガン　マーヴェリック』と『1950　鋼の第7中隊』が公開され、両者とも大ヒット！一匹狼のパイロットだったトム・クルーズ扮するマーヴェリックが、36年ぶりに大佐として戦闘機パイロットを養成する最高機関「トップガン」に"復帰"したのが異例なら、"ならずもの国家"の核施設（ウラン濃縮施設）を「有人飛行によって破壊し生還せよ」、という任務も異例。空母から発射された有人戦闘

機は敵の対空兵器を避けるため、超低空飛行で核施設に接近（侵入）するわけですが、それは空母から発射された巡航ミサイルが核施設近くの空軍施設を破壊し、混乱に陥っている２分３０秒以内で完了させる必要があります。映画では、実戦経験豊かなマーヴェリック大佐の指揮下、その作戦が見事に成功！そう思われましたが・・・。

　他方、１９５０年６月に突如始まった朝鮮戦争は多くの悲劇を生みましたが、日本では戦後の経済復興の原動力になりました。アメリカから押し付けられた（？）平和憲法の下、日本にとって朝鮮戦争は文字どおり"対岸の火事"でしたが、不意打ちを食らい敗走する韓国軍に代わって北朝鮮人民軍に立ち向かったのは、マッカーサー率いる国連軍という名の米軍でした。敵の虚を衝いて仁川に集結した国連軍は、大量の艦砲射撃を浴びせた後、堂々と上陸し、北への進撃を開始。その圧倒的な戦力の前に、北朝鮮人民軍は敗走。このまま進めば、国連軍は北朝鮮軍を中朝国境の鴨緑江まで押し返したうえ、中国領内へも空爆を・・・？

　そんな情勢を聞いた中国は如何に？大日本帝国を大陸から駆逐した後の中国は国民党との"国共内戦"に苦しみましたが、蒋介石率いる国民党軍を台湾へ敗走させたことによって、人民志願軍第７中隊長だった伍千里（呉京）はやっと故郷に戻ることができました。しかし、そんな彼に下された新中国のリーダー、毛沢東主席の新たな命令とは？『１９５０　鋼の第７中隊』は、『戦狼２』を超える中国映画史上最高の興行収入！映画でも米国に負けるものか！そんな声が聞こえてきそうですが、さて、そんな両作の米中対決は？

　４）そんな巻頭特集に続いて、第１章では、オーストラリア映画１本を含めたハリウッド映画を１３本ラインナップしました。そこでは、超有名な作品と、ほとんど誰も知らない作品が混在しているので、注意深く読んでください。

　５）ひと口でヨーロッパと言っても、ヨーロッパは広い。もっとも、ロシアがヨーロッパに含まれないことは確かです。ウクライナ戦争が続く中、NATO（北大西洋条約機構）を構成する西欧、北欧の２０か国の力の強さが目立っていますが、その実態は？歴史的に見ると、ヨーロッパの中心は、スペイン、ポルトガルからイギリスへ、そして、ドイツ、フランスへと移っていきました。二度の世界大戦で激しく戦ったドイツとフランスは今やヨーロッパの中心で、NATOの中核を担っています。イタリアも、その役割の変化は顕著ですが、ローマ帝国以降ずっとヨーロッパの中で存在感を示しています。しかし、なぜそんなことを「はじめに」で書いているの？それは『シネマ５１』をまとめるに当たって、映画でも「ヨーロッパは広い」ことを実感させられたためです。

　６）『シネマ５１』では、中国映画、韓国映画等が少なくなり、西欧映画が多くなりました。そのため、『シネマ５１』の目次は、「第２章　ヨーロッパは広い（１）―イギリス・ドイツ・イタリア―」、「第３章　ヨーロッパは広い（２）―フランス―」、「第４章　ヨーロッパは広い（３）」としました。ハリウッドも日本もわかりやすい映画が多いのに対し、西欧映画はクソ難しい（？）映画が多い。その代表が、①『彼女のいない部屋』（フランス）、

②『インフル病みのペトロフ家』(ロシア)、そして、③『アンラッキー・セックス　またはイカれたポルノ　監督＜自己検閲＞版』(ルーマニア)ですが、こんな映画は好き嫌いもハッキリ分かれるはず。その理解は難しいし、解釈も人によってさまざまですから、私の書いた評論は一つの参考として、あなたの理解、あなたの評価をしっかり聞かせてもらいたいと思います。

　他方、わかりやすい作品の代表が『プリンセス・ダイアナ』(イギリス)、『パリ13区』(フランス)、『私は最悪。』(ノルウェー)等ですが、それはそれなりに面白い。第2章、第3章、第4章では、計23本の映画から「ヨーロッパは広いこと」を実感してもらいたいものです。

7）近時は邦画の劣化が目立ちますが、それは製作委員会方式や原作主義の弊害と良き脚本が少なくなっているためです。そんな中でも、第5章に収録した司馬遼太郎の原作『峠』を映画化した『峠　最後のサムライ』や原泰久の原作『キングダム』を映画化した『キングダム2　遥かなる大地へ』がそれなりの出来になっているのは当然です。しかし、近時のヒット小説を映画化した『死刑にいたる病』『とんび』『流浪の月』は？また、オリジナル脚本を映画化した深田晃司監督の『LOVE　LIFE』や三木聡監督の『コンビニエンス・ストーリー』はさすがの出来でしたが、『百花』や『千夜、一夜』は？

8）『シネマ51』では中国映画が少なかったのが残念ですが、第6章に収録した『ワン・セカンド　永遠の24フレーム』と『シスター　夏の分かれ道』の出来はさすが。『戦狼2』や『1950　鋼の第7中隊』のような戦争映画大作も興味深いけれども、私としては、やっぱりこちらの"ほんわか路線"映画の方がグッド！

　韓国映画はいつもどおり個性豊かで多種多様。かねてからの念願どおり韓国に進出してソン・ガンホらとタッグを組んだ是枝裕和監督の『ベイビー・ブローカー』はさすがの出来。また、韓国では金大中事件等の、あっと驚くさまざまな事件がありますが、『モガディシュ　脱走までの14日間』と『キングメーカー　大統領を作った男』では、しっかり歴史の教訓を学べるはず。他方、『人質　韓国トップスター誘拐事件』や『なまず』は？

9）近時、名作のリマスター版が次々と公開されるのはうれしい限り。第7章に収録した『さらば、わが愛　覇王別姫』(93年)、『オールド・ボーイ　4K版』(03年)、『男たちの挽歌(英雄本色)4Kリマスター版』(86年)、『灼熱の魂』(10年)は、かつて観た名作のリマスター版での再鑑賞ですが、さすが名作。二度目でもスクリーンから得られる感動は全く変わらないから、映画はすごい！他方、1960年代に有名だった『勝手にしやがれ』と『気狂いピエロ』は初鑑賞です。ジャン＝リュック・ゴダール監督が亡くなる前に大スクリーンで観ることができたことに感謝です。

2022年11月3日

弁護士・映画評論家　坂和　章平

目　次

5

第２章　ヨーロッパは広い　（１）　ーイギリス・ドイツ・イタリアー

≪３６５日映画を鑑賞するマーク・カズンズ監督が１１１本を厳選！≫

≪これぞイギリス！英国流の信念の強さに注目！≫

≪これぞドイツ！ドイツ流の信念の強さは？≫

≪これぞイタリア！これぞ家族！これぞ人生！≫

第7章　昔の名作、４Ｋリマスターの名作

9

巻頭特集

大ヒット戦争大作にみる米中対決は？

Data 2022-65

監督：ジョセフ・コシンスキー
出演：トム・クルーズ／マイルズ・
　　　テラー／ジェニファー・コネ
　　　リー／ジョン・ハム／ルイ
　　　ス・プルマン／エド・ハリス
　　　／ヴァル・キルマー

SHOW-HEY シネマルーム

★★★★

トップガン　マーヴェリック

2020年／アメリカ映画
配給：東和ピクチャーズ／131分

| 2022（令和4）年5月28日鑑賞 | TOHO シネマズ西宮OS |

👀 みどころ

　近時 "リマスター版" による30年、40年前の名作の "復活" が目立つし、「午前10時の映画祭」の人気も継続中。すると、本作もその1つ？

　否、アメリカ海軍士官の "コールサイン" をサブタイトルにした本作は、『トップガン』（86年）の36年ぶりの新作だ。還暦を間近に "教官" として復帰してきたトム・クルーズ扮するマーヴェリックの任務は？

　ウクライナ戦争が厳しい現実を世界に突きつける中、北朝鮮による核・ミサイルの脅威が増大中。そんな状況下、某国の某施設を米軍機によって破壊するという任務も、映画もハチャメチャ！そう思ったが、さて本作は？

　映画はリアルさが命。それもそうだが、他方で映画は作り物。そのバランスが大事だが、さて本作は？中国映画『戦狼2』（17年）と同じように、国威発揚のピークとなるラストは大拍手！？

───＊───＊───＊───＊───＊───＊───＊───＊───＊───

■□■トム・クルーズ主演『トップガン』が36年ぶりに新作で■□■

　フィルムからデジタルへの切り替えと共に、近時は30年前、40年前の、"あの名作"、"この名作" を2K、4Kリマスター版で復活させる作業が目立っている。『トップガン』は、戦闘機パイロットを養成する最高機関「トップガン」を舞台に、若き日のトム・クルーズが大活躍した伝説的な映画で、その後の『ミッション：インポッシブル』シリーズの大ヒットにもつながった彼の出世作だ。『ロッキー』（76年）がシルヴェスター・スタローンの出世作になったのと同じように、『ランボー』（82年）はシルヴェスター・スタローンの出世作。しかして、『ロッキー』も『ランボー』もその後、続々とシリーズ化されたが、なぜか『トップガン』だけはシリーズ化されなかった。

　しかし、2020年には、『トップガン　マーヴェリック』がトム・クルーズ主演で製作

されることが決まり、大きな期待を集めていた。ところが、コロナ禍のため、他の多くの期待作と同じようにお蔵入り。これにてその企画はジ・エンド、と思えたが、何の何の、トム・クルーズは不死鳥のように蘇って本作を完成させ、２０２２年５月２７日、ついに本作が日本でも公開されることに。ジャンヌ・モロー主演の『小間使の日記』（63年）（『シネマ50』237頁）やカトリーヌ・ドヌーヴ主演の『昼顔』（67年）（『シネマ50』240頁）等は、約40年ぶりのリマスター版での公開だったが、本作は還暦直前とはいえ、生身のトム・クルーズが、アメリカ海軍士官の"コールサイン"である"マーヴェリック"をサブタイトルにした新作映画で主演したもの。さあ、その出来は如何に？単なる回顧物語ではナンセンスなことは当然だから、本作は決してそんなものでないはずだ。

■□■一匹狼が教官として復帰！その理由は？その任務は？■□■

「10年ひと昔」というくらいだから、「トップガン」の超エリートだった若き日のマーヴェリックことピート・ミッチェルも、30年後の今はそろそろ引退の時期？そう思うのは当然だが、本作導入部では昇進することを拒み、現場のパイロットとして生き続けているマーヴェリック海軍大佐の姿が描かれる。

(C) 2022 Paramount Pictures.

無人飛行が主流になりつつある今、有人での極超音速飛行の意義はどこにあるの？そんな議論の下で、「その分野への人的、資金的支援は打ち切るべき」というのが米国海軍チェスター・"ハンマー"・ケイン海軍少将（エド・ハリス）の考えだった。今時、有人による

マッハ10という極超音速飛行にどれだけの意義があるのかはわからないが、本作導入部では、そんなケイン海軍少将の意向を無視してマッハ10の有人飛行に挑戦するマーヴェリックの姿が描かれる。しかして、マッハ10を達成したものの、マッハ10.3の時点で機体を大破させてしまったため、かろうじて命は取り留めたものの、これだけ重大な命令違反を犯せば、マーヴェリックの軍人生命はジ・エンド!

　そう思えたが、マーヴェリックの友人で、かつてのライバルだったアメリカ太平洋艦隊司令官トム・"アイスマン"・カザンスキー海軍大将（ヴァル・キルマー）は、"極秘のある任務"を遂行するため、マーヴェリックをトップガンの"教官"として迎え入れたから、アレレ。それは一体なぜ？また、"極秘のある任務"とは一体ナニ？

■□■特殊任務は、有人飛行で某国の某施設を破壊！■□■

　アメリカが"ならずもの国家"と名付ける国は過去にいくつかあったし、現在もある。日本のすぐ近くにある某国はミサイル発射や核実験を繰り返しているから、きっとさまざまな核施設を保有しているだろう。ウクライナ戦争の現実を見ても、今やアメリカは高度に発達した情報戦によって、"ならずもの国家"が保有している攻撃力や防衛力のほとんどを正確にキャッチしているはずだ。しかして、今、マーヴェリックが教官として実践的な指導・育成を命じられた特殊任務は、「ならずもの国家の核施設（ウラン濃縮施設）を有人飛行によって破壊し、生還せよ」というものだが、今ドキ、そんなことが可能なの？

　中国大陸への進出を契機として、アメリカの敵になりつつあった、かつての大日本帝国は、山本五十六の立案による真珠湾攻撃のため、鹿児島の錦江湾で選りすぐりのパイロットたちに猛訓練を施したが、本作前半ではマーヴェリック教官による、それと同じような風景が登場するので、それに注目！

　本作のそれを面白くさせているのは、マーヴェリックの教え子たちに、36年前の『トップガン』における"曰く因縁付きの面々"を彩りよく登場させていること。その第1は、マーヴェリックの相棒だったニック・"グース"・ブラッドショウ（アンソニー・エドワード）の息子であるブラッドリー・"ルースター"・ブラッドショウ（マイルズ・テラー）。彼は、マーヴェリックが海軍兵学校への出願を取り消し、彼のキャリアを後退させたと逆恨みしていたが、その真相は？また、現在の彼のパイロットとしての実力は？そして、第2は、「トップガン」きっての自信家として登場するジェイク・"ハングマン"・セレシン（グレン・パウエル）。彼はルースターと犬猿の仲だったから、ケンカばかりしていたが、そんな状態で彼らは重大な特殊任務に就けるの？

　これらのストーリーの演出の出来不出来が本作の出来不出来に直結するのは当然だが、おおむね本作はそれに成功！前作を知っている人はそれを懐かしく思い出しながら、知らない人は知らないなりにマーヴェリック教官による鼻っ柱の強い、個性豊かな教え子（パイロット）たちの訓練ぶりを楽しむことができる。ちなみに、そこには紅一点のペニー・ベンジャミン（ジェニファー・コネリー）も加わっているので、それにも注目！

14

■□■空母から発射！巡航ミサイルも！2分30秒以内で！■□■

　ウクライナ戦争でロシア海軍黒海艦隊の旗艦であるミサイル巡洋艦「モスクワ」が沈没したことには驚かされた。しかし、今スクリーン上では、黒海以上に「太平洋波高し！」の状態が続いている。真珠湾攻撃では、当時の日本最強の空母群が威力を発揮したが、本作では米国が誇る空母「セオドア・ルーズベルト」から次々とマーヴェリック率いるトップガンたちの戦闘機が次々と発射されるので、それに注目！

　彼らは敵の対空兵器のレーダーを避けるため超低空飛行で核施設に近づくわけだが、それにタイミングを合わせて巡洋艦から発射されるトマホークによって施設近くの空軍基地を破壊。それらをすべて2分30秒以内にやり遂げたうえ、帰還の途につくわけだが、コトはそんな計算通りに運ぶの？

　真珠湾攻撃でも少数ながら日本の戦闘機や爆撃機の被害が出たのと同じように、この特殊任務決行の犠牲者は？それは、絶体絶命と思われたルースターになりそうだったが、マーヴェリックが自ら"おとり"となって彼を救ったため、マーヴェリック機は撃墜され、マーヴェリックは陸上で孤立することに。さあ、彼の運命は如何に？

■□■撃墜された2人は敵地からどう脱出？そうだ、F14を！■□■

　映画はいくらリアルさを追求しても所詮作り物だから、なんでもあり！本作でトム・クルーズを含む俳優たちは、常人の限界を超えるG（重力加速度）が加わる実際の戦闘機に搭乗して過酷な撮影に挑んだらしい。そのため、スクリーン上にはあまりのG（重力加速度）圧力のために顔を歪めるシーンが続出する。そのことの是非はさておき、還暦直前にして映画制作にここまで全力を傾注するトム・クルーズの"俳優魂"はお見事だ。しかし、そんなリアルさを追求するのなら、撃墜されて敵地の真っただ中に降り立ったマーヴェリックとルースターの2人はどうなるの？

　2人には過酷な拷問が・・・？それがリアルな現実のはずだが、所詮映画は作り物だから、なんでもあり！そこで脱出経路を探すマーヴェリックが見つけたのは、格納庫の中に格納されている一機の戦闘機F14トムキャット。なぜここに、こんな旧式のF14があるの？そんなことはどうでもいい。問題はこれが動くかどうか。そこでモノを言ったのが、数十年間のパイロットとしての経験。敵が迫る中、ルースターを後ろに乗せ、マーヴェリ

ックが操縦するＦ１４は、燃えさかっている滑走路を無事離陸し、空母への帰還の途についたが・・・。

■□■映画は何でもあり！その２■□■

　本作を見れば、アメリカの軍人はもとより、米国民すべてが大喜びするだろう。他方、これほど一方的にアメリカにやられてしまう某国は、いくら"ならず者国家"とはいえ、さぞ腹を立てることだろう。そう思っていると、無事離陸し帰路についたと思ったＦ１４を、某国の最新鋭の極超音戦闘機が追いかけてきたから万事休す。いくら、マーヴェリックの操縦技術や戦闘技術が優れていても、旧式と新式の戦闘機の戦いでは勝敗は明らかだ。そのことは、太平洋戦争初期には日本が誇る世界最新鋭の戦闘機だった"ゼロ戦"が、終戦期には完全に旧式になってしまっていたことを考えれば明らかだ。

　それでもマーヴェリックは様々なテクニックを駆使して善戦。逆に敵機を撃ち落としたものの、自機も背後に食らいつかれたから、これにて万事休す。そう思った瞬間、その敵機を打ち落としたのは、応援に駆けつけてきたハングマンだったからすごい。まさに、作り物の映画はなんでもあり！その２だ。

　無事、空母に降り立ったマーヴェリックとルースターが大ヒーローになったのは当然。これにてルースターとハングマンとの犬猿の仲も解消。すべてのアメリカ海軍と空軍の兵士の心は１つに。なるほど、なるほど・・・。

■□■還暦直前のラブロマンスも、ほど良く・・・■□■

　戦争映画は戦闘シーンにすべてを懸けた方がベターだから、ラブロマンスは不要。そんな作り方もあるが、他方で『スターリングラード』（０１年）（『シネマ１』８頁）のように緊迫した狙撃対決と狙撃兵士同士の恋物語を両立させる作り方もある。その点、本作はいかに？

　『トップガン』（８６年）における、若き日のトム・クルーズ扮するマーヴェリックの恋物語は当然それなりのものがあったが、本作では

(C) 2022 Paramount Pictures.

教官として「トップガン」に戻ってきたマーヴェリックがペニーに再会するところから、

淡いラブロマンスの予感が発信される。もっとも、マーヴェリックが還暦直前だから、ペニーも当然いい歳のはず。しかも、マーヴェリックには過酷な任務が待っているから、映画がその任務の行方に大きく注目するのは当然だ。しかし、結果的に任務を大成功させたマーヴェリックが五体満足で戻ってくると・・・？

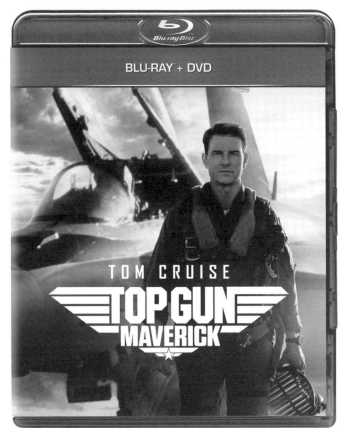

『トップガン　マーヴェリック』　ブルーレイ＋ＤＶＤ
発売元：NBC ユニバーサル・エンターテインメント
価格：5,280 円（税込）　　発売中
(C) 2022 Paramount Pictures.

　本作のラストシーンをどうすべきかについてジョセフ・コシンスキー監督は迷ったはずだが、さて本作のラストへの賛否は？ちなみに、中国映画『戦狼2』（１７年）（『シネマ４１』１３６頁、『シネマ４４』４４頁）では、国威を発揚するべく最後に大写しされる中国のパスポートに観客は大拍手していたが、さて本作は？

２０２２（令和４）年６月３日記

SHOW-HEY シネマルーム

★★★★★

Data 2022-112

監督：チェン・カイコー／ツイ・ハーク／ダンテ・ラム
出演：呉京（ウー・ジン）／易烊千璽（イー・ヤンチェンシー）／段奕宏（ドアン・イーホン）／朱亜文（チュー・ヤーウェン）／張涵予（チャン・ハンユー）

1950　鋼の第7中隊
（長津湖／The Battle at Lake Changjin）

2021年／中国映画
配給：ツイン／175分

2022（令和4）年10月1日鑑賞　TOHO シネマズ西宮 OS

👀 みどころ

　「鋼の第7中隊」ってナニ？「長津湖」ってナニ？2022年10月の今、北朝鮮の度重なるミサイル発射と核実験が憂慮されているが、1950年11月、朝鮮半島の長津湖では一体ナニが？

　「中国共産党成立100周年祝賀作品」として、また「中国勝利三部曲」の第2作として、3人の巨匠が共同演出した175分の戦争巨編は大ヒット！『戦狼2／ウルフ・オブ・ウォー2』（17年）の興行収入を塗り替え、歴代トップの1,130億円を記録！

　「抗米援朝」とは？毛沢東主席の決断とは？約150名で構成された第7中隊の奮闘とは？今でこそ極東アジア方面の軍事力は中国優位だが、1950年当時は米軍との差は絶大！制空権のない中、そして零下40度という極寒の雪原の中、革命烈士たちの奮闘とその死にザマは？

　この犠牲は、次世代の若者が平和に生きるため！そんなメッセージを日中国交正常化50周年を迎えた今、私たちはどう受け止める？

————＊————＊————＊————＊————＊————＊————＊————

■□■ 『戦狼2』超え！興行収入は歴代最高1,130億円！■□■

　2017年8月1日の「建軍節」に合わせて公開された『戦狼2／ウルフ・オブ・ウォー2』（17年）（『シネマ41』136頁）は大ヒット。その興行収入は同年11月20日時点で中国映画史上最高額の56億7,800万元（約963億円）になった。その理由はいろいろあるが、最大の理由は、「中国版ランボー」と呼ばれるウー・ジン扮する主人公が、アフリカの某国で起きた内戦で、中国人民と祖国のために大活躍をするからだ。ラストで大写しにされる中国のパスポートには驚かされたが、今や経済力においても軍事力においても、「米国に追いつけ、追い越せ」の中国は、戦争映画のレベルにおいても、ハリウッド

発の『プライベート・ライアン』（９８年）等の戦争映画の名作に「追いつき、追い越せ」の勢いを見せつけている。２０２２年１１月の中間選挙に向けて真っ二つに割れている米国の不安を尻目に、そんな中国は２０２２年１０月の第２０回中国共産党大会に向けて習近平体制を着々と強化している。

そんな中、「中国共産党成立１００周年祝賀作品」として、また、「中国勝利三部曲」の第２作として作られたのが本作だ。「長津湖の戦い」を、多くの日本人はほとんど知らないが、これは朝鮮戦争に参戦した中国人民志願軍がマッカーサー率いる国連軍、韓国軍と繰り広げた大激戦。本作はそれを「鋼の第７中隊」の中隊長・伍千里（ウー・ジン）の視点から描いている。ちなみに、本作の大ヒットを受けた第３部は『長津湖之水門橋』と題されているらしいから、それも必見！

『1950 鋼の第７中隊』　配給：ツイン
9/30（金）、TOHO シネマズ日比谷ほか、全国ロードショー！

２０２１年に中国本土で公開されたそんな本作は大ヒット！中国映画市場における歴代興行記録を瞬く間に塗り替え、約１，１３０億円という中国歴代最高の興行収入をあげた。私は本作をネット配信のパソコンで観て、その迫力にビックリ！しかし、９月３０日に劇場公開されるとなれば、こんな映画は必ず大劇場の大迫力と大音響で観る必要がある。『戦狼2』を超える、興行収入１，１３０億円をあげた本作は、「日中国交正常化５０周年」の今、立場の相違を越えて必見！

■□■長津湖の戦いとは？マッカーサーの反転とは？■□■

　１９４４年の「ノルマンディーの戦い」は知っていても、朝鮮戦争における１９５０年１１月の「長津湖の戦い」については、私を含め多くの日本人は知らないはず。私が「ノルマンディーの戦い」を知っているのは、中学生の時に、ジョン・ウェイン、ヘンリー・フォンダ、ロバート・ミッチャム、リチャード・バートンらハリウッドをはじめ、英仏伊のオールスターが共演した『史上最大の作戦』（６２年）を観たためだ。私は多くの映画を観てきたから、『戦争と平和』（５６年）で「アウステルリッツの戦い」や「ボロジノの戦い」を、『ワーテルロー』（７０年）で「ワーテルローの戦い」を、『スターリングラード』（０１年）で「スターリングラードの戦い」を知ることができた。太平洋戦争における「ミッドウェーの戦い」等もそれと同じで、私が"戦争映画"から学んだことは多い。私が持っている「新東宝」の戦争映画のビデオも多いが、その私ですら、「長津湖の戦い」を知らないのだから、多くの日本人はこれを知らないはずだ。

　朝鮮戦争は朝鮮半島にとっては大きな不幸だったが、日本にとっては、"朝鮮特需"のおかげで戦後の経済復興を成し遂げる大きな原動力になった。また、朝鮮戦争は朝鮮半島を舞台に朝鮮人（民族）が２つに分かれて戦ったものだが、本作を見れば、その別の実態が国連軍 VS 中国人民志願軍だったということもよくわかる。しかしそれは一体なぜ？３８度線を突破してきた北朝鮮軍に対して、韓国軍は後退を重ねたから、もしマッカーサー率いる国連軍の見事な反転攻勢がなかったら・・・？

　日本よりも素晴らしい映画を次々と送り出している韓国では、南北分断をテーマにした映画とともに、朝鮮戦争をテーマにした映画も多い。しかし、朝鮮戦争において中国の人民志願兵はどんな役割を果たしたの？その概要は知っているが、本作を観ればそれが明白に！

『1950 鋼の第７中隊』　配給：ツイン
9/30（金）、TOHO シネマズ日比谷ほか、全国ロードショー！

■□■建国直後の新中国の実力は？毛沢東の決断は？■□■

　１９５０年６月２５日に北朝鮮人民軍が３８度戦を突破して大韓民国（韓国）に侵攻してきたことによって突如始まった朝鮮戦争の第１ラウンドは、圧倒的に北朝鮮の勝ち。し

かし、マッカーサー率いる国連軍が９月１５日に仁川に上陸し、北朝鮮軍を追い返した第２ラウンドでは、国連軍は３８度線を越えて平壌を攻略したから国連軍の勝ち。１９５０年１０月の今、国連軍は中国との国境・鴨緑江に迫っていた。そんな状況下、中華人民共和国の指導者・毛沢東の、朝鮮戦争参戦への決断は如何に？

『1950 鋼の第７中隊』　配給：ツイン
9/30（金）、TOHO シネマズ日比谷ほか、全国ロードショー！
© 2021 Bona Entertainment Company Limited　All Rights Reserved.

　当時の中国は“日帝”を中国大陸から追い払った後の不幸な“国共内戦”を終え、１９４９年１０月１日に新中国の建国を宣言したばかり。したがって、「建国からまだ１年、国内には国民党の残党がいるし、経済的にも余裕がない。」「米国は世界最強の軍事大国だ。核も持っている。我々の武器では到底勝ち目はない」等の声が圧倒的だった。今でこそ中国は、空母、潜水艦、航空機の質・量においても米国に比肩、極東方面に限れば圧倒している（？）が、そもそも当時の新中国は空軍も海軍も持っていなかったから、その実力はあまりにも貧弱だった。そのため、仮に参戦するとなれば制空権を確保するためにソ連の支援が必要不可欠だったが、スターリンは中国が介入することを命じながら、ソ連と米国との直接対決には徹底的に否定的だったらしい。そんな状況下、毛沢東は党内の合理的な危惧や不安の声を時間をかけて説得し、最終的に党と軍を出兵させることで１本にまとめたから偉い。いざ出陣！その陣容は？そして、鋼の第７中隊はどんな任務を？

■□■主人公は？その弟は？第７中隊の兵員数は？■□■

　戦争映画はもちろん迫力ある戦闘シーンが売り。したがって、製作費に２７０億円もかけ、ツイ・ハーク監督、チェン・カイコー監督、ダンテ・ラム監督の三大巨匠が共同で演

出した本作では、スティーブン・スピルバーグ監督の『プライベート・ライアン』に勝るとも劣らない戦闘シーンの迫力が第一の売りだ。しかし、『プライベート・ライアン』では「同時に四人兄弟の全員を戦死させるわけにはいかない」、という大統領の温情が、同作の人間模様としてその根底に流れていた。猛烈な戦闘シーンから始まった『プライベート・ライアン』とは逆に、本作の冒頭は、国共内戦で憎き国民党相手に共に戦った兄の百里を失った主人公の千里がその報告のため両親の家に戻るところからスタートする。そこで、千里を迎えた弟の万里（イー・ヤンチェンシー）はいかなる行動を？本作の根底に流れる人間模様とは？

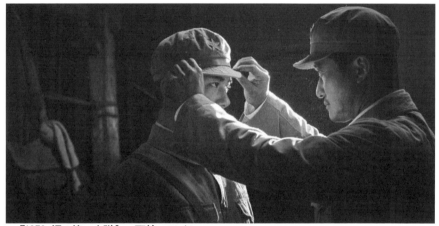

『1950 鋼の第７中隊』　配給：ツイン
9/30（金）、TOHO シネマズ日比谷ほか、全国ロードショー！

　千里が実家に戻ったのは、"国共内戦"に勝利したことによって、やっと平和が訪れたと思ったためだが、家族との静かな時間を過ごしていたはずの千里を、第７中隊が急遽招集したのは一体なぜ？"抗米援朝"のために「我が息子も戦地に送る」と毛沢東が決意したのは、「幹部の息子も、一般兵士の息子もみな平等」という、共産主義的発想に基づくものだが、それなら俺も兄貴と共に戦地へ！弟の万里がそう意気込んだのは仕方がない。

　「鋼の第７中隊」の現在の兵員数は約１５０名、しかし、千里が大切に懐の中に忍ばせているノートの中には、約６００名の兵士の名前があった。それがなぜ今は4分の1に？それはノートをみれば一見して明らかだが、その一人一人の特徴は？そして、なぜ第７中隊は"鋼の第７中隊"なの？それは通信機２０台と通信兵を前線に運び込めという任務に就いた第７中隊の、本作前半にみる奮闘ぶりを見ればわかるはずだ。空軍を持たないこと、制空権を制圧されていることは、こんなにつらいことなの！その想いを観客は第７中隊の兵士たちと共有できるはずだ。

■□■マッカーサーは大統領狙い？配下の将軍たちは？■□■

ダグラス・マッカーサー。アメリカの将軍の中で彼ほど日本で有名な人はいないはず。敗戦直後の厚木基地に降り立った、占領軍最高司令官としてのマッカーサーのサングラスとパイプをくわえた軍服姿は多くの日本人の目に焼き付いている。そのマッカーサーは朝鮮戦争でいかなる役割を？それは歴史的に明らかだが、面白いのは、彼は朝鮮戦争を契機として、大統領選挙に立候補するのではないかと言われたことだ。２０１６年１１月の大統領選挙で、遂に米国初の女性大統領の誕生かと言われている中、ヒラリー・クリントンの対抗馬として共和党のドナルド・トランプが勝利したことには驚かされたが、もし朝鮮戦争がマッカーサーの見込み通りの反撃に成功し、１９５０年のクリスマスまでに国連軍が大勝してしまえば、次の大統領選挙は・・・？

２０２２年１０月の今、北朝鮮が異例の頻度でミサイル発射を繰り返し、８回目の核実験まで予測されている。そんな中、韓国軍との共同訓練を終えた米軍の空母ロナルド・レーガンが再度派遣されているが、１９５０年９月１５日の仁川上陸作戦の成功以降は、制空権を握ったまま中朝国境の鴨緑江まで進撃すればそれで終わり。それがマッカーサー元帥やその配下の精鋭部隊を率いる将軍たちの思惑だった。

毛沢東が"抗米援朝"を決断し、人民志願兵を派遣？しかし、そんな部隊は一体どこにいるの？あれだけ徹底的に空爆で叩けば、半島内の米軍基地は安泰。マッカーサー配下の将軍たちはそう確信していたが、そんな状況下、彭徳懐将軍（チョウ・シャオピン）率いる中国人民志願兵たちは１１月２７日の長津湖への集中攻撃を考えていたらしい。さあ、その展開は如何に？長津湖に向かう鋼の第７中隊の奮闘は？

■□■本作は中国版ランボーではなく、革命烈士に注目！■□■

『史上最大の作戦』（６２年）を観れば、ノルマンディー上陸作戦の全貌を知ることができるが、本作を観れば１９５０年１１月２７日から１２月１１日にかけて大展開された「長津湖の戦い」の全貌を知ることができる。クリスマスに向けて長津湖周辺に設置された米軍基地の中で時間を過ごす米兵たちは、油断しているわけではないが、通信手段も武器も食料も豊富だから、どこか気楽そうにみえる。それに比べて通信手段もロクにないまま長津湖への結集を目指し、食料も防寒着もロクにないまま雪原の中に潜み待機している人民志願兵の姿は悲惨。太平洋戦争中に南の島々に展開した旧大日本帝国陸軍の兵士たちの飢えもひどかったが、千里も万里もわずかな芋を分け合いながら食べていたから、こりゃ悲惨。これで本当に力が発揮できるの？

しかして、「中国共産党成立１００周年祝賀作品」として作られた本作のクライマックスとなる長津湖の戦いは如何に？その迫力と第７中隊をはじめとする人民志願兵たちの奮闘にはビックリ！その直前の空爆によって、司令部付けで勤務していた毛岸英（ホアン・シェエン）が戦死したとの報告を聞いた毛沢東だったが、長津湖の戦いで見事、米軍のオリ

バー・プリンス・スミス、アラン・マクレーンたちを撤退させたとの報告を聞いた彼はいかに喜んだことだろう。

　それはそれだが、本作が興味深いのは、"中国版ランボー"を英雄視することで終わった『戦狼2』と異なり、本作は"革命烈士"を描いたこと。「中国の山田洋次」と呼ばれるフォン・シャオガン監督の『戦場のレクイエム』（07年）は、人民解放軍第9連隊の兵士たちと国民党との戦いにおける"集合ラッパ"を巡って展開する素晴らしい映画だった（『シネマ34』126頁）。同作後半では、一転して朝鮮戦争の現場へと転調していくと共に、革命烈士？それとも失踪者？というテーマが登場した。しかして、本作ラストの感動的なシーンも革命烈士の姿だからそれにも注目！

『1950 鋼の第7中隊』　配給：ツイン
9/30（金）、TOHO シネマズ日比谷ほか、全国ロードショー！
© 2021 Bona Entertainment Company Limited　All Rights Reserved.

　『戦場のレクイエム』の最後には「１９５８年、准河県の土木工事中に、埋もれていた第9連隊47人の遺体が発見された」との字幕が表示されるが、本作の最後に、撤退するアメリカ軍将軍が目にするのは、攻撃態勢のまま氷の中に埋もれてしまった人民志願兵たちの姿だ。これは、１１月２７日から１２月１１日にかけての長津湖の戦いで、あれほど奮闘した千里たち「鋼の第7中隊」の姿？この尊い犠牲の上に現在の平和があることをしっかりとかみしめたい。そして、本作のアピールの力点がそこにあることにもしっかり納得したい。

２０２２（令和4）年１０月１０日記

第1章
ハリウッド・オーストラリア

Data 2022-82

監督：バズ・ラーマン
脚本：サム・ブロメル／バズ・ラーマン／クレイグ・ピアース／ジェレミー・ドネル
原案：ジェレミー・ドネル
出演：オースティン・バトラー／トム・ハンクス／ヘレン・トムソン／リチャード・ロクスバーグ／オリヴィア・デヨング／ヨラ／ションカ・デュクレ／アルトン・メイソン／ケルヴィン・ハリソン・Jr

★★★★★

エルヴィス

2022年／アメリカ映画
配給：ワーナー・ブラザース映画／159分

2022（令和4）年7月7日鑑賞　　TOHO シネマズ西宮 OS

👀✨ みどころ

　ビートルズの来日とGS（グループ・サウンズ）の大ヒットは私の高校から大学にかけてだが、エルヴィス・プレスリーの大活躍は、私の中学時代から。腰を振り、絶叫するステージに若い女の子は大騒ぎだが、私も映画にはしびれたものだ。唯一（？）のバラード曲『好きにならずにいられない』は、カラオケ大好き弁護士だった私のピアノ伴奏での持ち歌の1つだった。

　そんなエルヴィスの一生が、マネージャーであるトム・パーカー大佐の視点から159分間にわたって実況中継。『アマデウス』（84年）は、凡才サリエリによる天才モーツァルトへの一方的な嫉妬心から殺意に至るストーリーが見モノだったが、本作では"一心同体"で歩む2人の葛藤をじっくりと！

―――＊―――＊―――＊―――＊―――＊―――＊―――＊―――＊―――＊

■□■ 『Ray／レイ』も必見だったが、本作も必見！ ■□■

　私の中学時代は、厳しい校則に縛られる不自由な生活の中でも、映画館に通い、将棋に熱中し、ラジオで音楽を聴いていた。聴いていた音楽のメインは、「全国歌謡ベストテン」をはじめとする歌謡曲だったが、少しは"洋楽"もあった。日本にやってきたビートルズの日本武道館での公演に日本中が熱狂したのは1966年6月、私の高校生の時だが、レイ・チャールズの『愛さずにはいられない』を聴いたのは1962年で、私が中学生の時。しかし、それよりもっと前にはじめて聴いて耳に残っていた"洋楽"が、エルヴィス・プレスリーの『ハートブレイク・ホテル』（56年）や『監獄ロック』（57年）、そして唯一のバラードで覚えようとした『好きにならずにいられない』（61年）だ。

　それから十数年後の1980年代、弁護士として独立した私は、バブルに突入した時代状況の中で弁護士業務に励む一方、連夜の北新地通いを続けていた。カラオケ自慢の私がそこで歌っていたのは、最新のヒット曲からフォーク、演歌、なんでもござれ。とりわけ、

キーを少し上げてのバラードの"女歌"が得意だった。しかし、たまにピアノ伴奏で"洋楽"を歌うバーに行くと、そこでの私の持ち歌は、①ブレンダ・リーの『この世の果てまで』、②アンディ・ウィリアムスの『慕情』の他、③レイ・チャールズの『愛さずにはいられない』と④エルヴィス・プレスリーの『好きにならずにいられない』だった。

しかして、２００４年６月１０日に７３歳で亡くなった盲目の黒人歌手レイ・チャールズの物語は『Ray／レイ』（０４年）（『シネマ７』１４９頁）で必見だったが、１９７７年８月１６日に４２歳の若さで亡くなったエルヴィス・プレスリーを描いた本作も必見！

■□■戦後の音楽は？日本は美空ひばり！米国はエルヴィス！■□■

戦後の日本の音楽（歌謡曲）は、『リンゴの唄』と共に始まったが、１９４５年の戦後アメリカの進駐軍が持ち込んだジャズ音楽の中で、戦後の日本歌謡の花を開かせたのが１９３７年生まれの美空ひばり。１９４９年以降に次々と発売された『越後獅子の唄』『私は街の子』『リンゴ追分』等は、は純日本調だが、『河童ブギウギ』等は完全な洋楽。私が中学時代に夢中になり、日本レコード大賞を受賞した『柔』は演歌の名曲だったから、とにかく、この天才少女はなんでもござれだった。

美空ひばりとほぼ同世代の１９３５年生まれのエルヴィス・プレスリーは、幼少時代から黒人居住区の近くに住んでいたこともあってゴスペルに慣れ親しみ、白人と黒人両方の教会音楽を吸収したらしい。そんなエルヴィスなればこそ身につけたのが、カントリーとゴスペルを融合した新たなロックだ。１１歳の時に、地元ののど自慢大会のご褒美として両親からギターをプレゼントされた彼は、ラジオから流れるカントリー、ブルース、ポピュラー等の音楽を通じて、独学で自分の音楽を作り上げていったらしい。１３歳の時に両親が夜逃げ同然でメンフィスに引っ越した後、歌手として身を立てる決心をした彼は、高校を卒業した１６歳の時に歌手デビューしたが、それが１９５４年７月のことだ。

本作導入部では、オースティン・バトラー演じるそんなエルヴィスの姿をしっかり確認したい。

■□■ロック＝不良。それは日本でも米国でも同じ？■□■

エルヴィス・プレスリーは世界史上最も売れたソロアーティスト。彼がいなければ、ビートルズもクイーンも存在しなかったことは疑うべくもない。しかし、エルヴィスが、ゴスペル、カントリー、ブルース、ポピュラー等、さまざまな音楽を融合して始めたロックやロックンロールは、今でこそ当たり前の音楽として認知されているが、１９５０年代の"古き良き米国"では、ロックは不良（音楽）！腰をふりふり、マイクの前で絶叫するロック歌手エルヴィス・プレスリーはその代表だ。ステージ上で彼がそれを歌い始めると自然に腰がくねり、全身が揺れ始めたが、それを見た観客席の女の子たちは、そこに何かを"感じた"ようで、次々と絶叫、興奮、中には失神する女の子も。

日本では、１９５８年に東京・日劇で「第１回ウエスタンカーニバル」が開かれ、山下

敬二郎、平尾昌晃、ミッキー・カーチスの「ロカビリー３人男」が登場し、ロカビリー全盛時代が始まった。彼らのステージは美空ひばりのステージとは全く異質のもので、まさにエルヴィスのステージそのものだった。そのため、中学時代の私にとって"そんな奴ら"はみんな不良で、善良で従順な生活を送る私には程遠い世界だった。そして、それは米国でも同じだったようで、ロックのエルヴィス＝不良のエルヴィスがステージに立つ舞台では、あれやこれやの問題が次々と・・・。

■□■歌手とマネージャーは一心同体が理想？それとも？■□■

　トム・ハンクスは、米国を代表する俳優だが、私には『プライベート・ライアン』（98年）（『シネマ１』１１７頁）に見る"若き日"の彼の演技が印象深い。その後『ブリッジ・オブ・スパイ』（１５年）（『シネマ３７』２０頁）、『ハドソン川の奇跡』（１６年）（『シネマ３９』２１８頁）、『ペンタゴン・ペーパーズ　最高機密文書』（１７年）（『シネマ４１』３７頁）等で名俳優の座を獲得していったが、さて本作のトム・パーカー大佐役は？

　エルヴィス・プレスリーは誰でも知っているが、マネージャー役として彼と一心同体の存在だったトム・パーカー大佐（トム・ハンクス）の名前を知っているのは業界関係者だけだろう。「私は伝記映画が好きなんだ。だけど、単純にその人の経歴を紹介するような映画を作りたいと思ったことはない」。そう明言するバズ・ラーマン監督は、『アマデウス』（84年）がモーツアルトをサリエリの視点から描いたことを参考に、エルヴィスをトム・パー

カー大佐の視点から描くことに。その点について、彼はパンフレットの中で、「この映画は『エルヴィス』という題名だが、トム・パーカー大佐の物語でもある。彼は"信用できない"本作の語り手ながら、私たちがこの物語に入るきっかけを作ってくれる」と語っているので、それにも注目。

　しかし、そもそも、トム・パーカー大佐とは一体何モノ？彼は本

当に軍人なの？「ナイトメアー」（悪夢）、「アリー」（小路）をタイトルにした『ナイトメア・アリー』（『シネマ５０』３１頁）は「カーニバル」（見せ物小屋）を舞台にした、おどろおどろしくも面白い映画だったが、トム・パーカー大佐の"職場"もカーニバルだったらしい。したがって、『ナイトメア・アリー』の中で、怪しげな獣人から一流の読心術師、興行主にのし上がっていった主人公と同じように、トム・パーカー大佐もさまざまな興行に寄与する商品（人材）探しの能力には長じていたらしい。カーニバルの興行主としてのそんな彼が、若き日のエルヴィスの、腰をクネらせて動き回る姿を見、心の中からほとば

しり出るロックの歌声を聞くと・・・。

たしかに、トム・パーカー大佐はショービジネスを開拓したパイオニアで、エルヴィスが持つ才能を見抜き、巨大な可能性を見出した偉大な人物だが、それから長く続くエルヴィスとの関係は？モーツァルトとサリエリの関係は、サリエリなど目にもくれない天才モーツァルトに対して一方的に嫉妬の炎を燃やし続ける凡人サリエリの反乱で"ケリ"がついた。しかし、エルヴィスはトム・パーカー大佐のマネージメント能力によって大スターになり大金を稼いでいるのだから、この二人はまさに一心同体そして運命共同体だ。そんな2人の"良き関係"はいつまで続くの？

■□■1960年代の活躍は？その表と裏は？光と影は？■□■

アメリカには徴兵制があるが、エルヴィスは？ボクシングのヘビー級チャンピオンだったカシアス・クレイこモハメド・アリは宗教上の理由から徴兵を拒否したことによって大問題になったが、エルヴィスはどうしたの？本作では1950年代末から60年代にかけてのそんなエピソードも描かれるので、それにも注目！

他方、パーカー大佐の目を通して描かれるエルヴィスの1960年代の活躍の舞台は、ステージから映画に移っていった。それは、エルヴィス＝ロック＝不良＝反社会的存在というイメージを薄め、エルヴィスを世界の超大国アメリカの若者を代表し、誰からも愛される大スターに高めようとするパーカー大佐の戦略に基づくものだ。そんな戦略のおかげで、1967年3月までの中学、高校時代を愛媛県の松山で過ごした私の目や耳に入ってくるエルヴィスは『ブルー・ハワイ』（61年）一色に。その姿は数年後に大活躍する加山雄三と全く同じで、少しにやけた顔も同じだった。

しかし、1960年代のアメリカはケネディ大統領の暗殺（63年）、キング牧師をリーダーとした公民権運動等をはじめとする激動の時代だったから、ゴスペルを基本にしたエルヴィスのロック音楽が、『ブルー・ハワイ』等の映画路線と対立したのは当然。そんな対立は同時にエルヴィスとパーカー大佐との対立を意味していたから、本作中盤ではそんな対立と和解を繰り返す2人の姿に注目したい。

『アマデウス』（84年）では、一方的なサリエリのモーツァルトに対する嫉妬心とそれに基づく暗殺への道が描かれていたが、本作に見るエルヴィスの歌手や俳優としての人生は、パーカー大佐との対立と和解の繰り返しだ。エルヴィス最大の理解者であり絶対的養護者だった母親の死亡は1958年。陸軍を正式に除隊したのは1960年だから、1960年代におけるエルヴィスの活躍の表と裏、光と影を本作でしっかり確認したい。

■□■大学時代はプレスリーよりビートルズだったが・・・■□■

私が大阪大学に入学したのは1967年4月。そこから卒業する1971年3月までの4年間は、私の人生においても、日本や世界の情勢においても激動の日々が続いた。エルヴィスは1968年12月3日のクリスマス特別番組への出演を巡っては、例によって（？）パーカー大佐との大対決があったらしい。エルヴィスは1967年5月に結婚し、

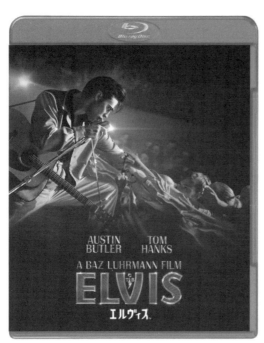

『エルヴィス』ブルーレイ&DVDセット（2枚組）
発売元：ワーナー ブラザース ジャパン(同)
価格：4,980円（税込）　発売中
(C)2022 Warner Bros. Ent. All Rights Reserved

１９６８年２月に長女が生まれていたから、ビートルズの出現による歌手や俳優としての前途には不安があったものの、家庭的、精神的には最も安定していた時期。しかし、音楽を優先するのか、それとも映画を優先するのか、また音楽を巡っても、全アメリカの家庭に届くクリスマス・ソングを歌うのか、それともロックやゴスペルを歌うのか等の葛藤があったのは当然。さらに、ステージ優先か、TV優先かでも葛藤が・・・。

　本作を観ているとそれらの葛藤がよくわかるが、１９６８年１２月３日のクリスマス特別番組は瞬間最高視聴率７０％を記録したそうだからすごい。エルヴィスとパーカー大佐との間には度重なるさまざまな対決があったが、１９６９年７月３１日に実現したラスベガスのインターナショナル・ホテルでのステージについては、２人は完全に和解。同一歩調で歩んでいたし、今後数年間の同ステージでの契約もされたから、エルヴィス（の収入）はしばらく安泰だ。さらに、１９７０年１１月の映画『エルヴィス・オン・ステージ』も大ヒット。１９７３年１月１４日にハワイから全世界へ衛生中継されたコンサートは、全世界で１５億人の人々が見る世紀のコンサートになった。

　学生運動から司法試験の道へ身を転じた私はそれら１９７０年以降の動きは全く知らなかったが、そんな風に活躍していたエルヴィスが１９７７年８月１６日に４２歳の若さで亡くなってしまったのは実に残念。"昭和の歌姫"と呼ばれた美空ひばりは、病魔との戦いを克服して復活し、１９８８年４月１１日には東京ドームで「不死鳥コンサート」を開催した。それは５０歳の時だから、それと比べても、エルヴィスの活躍は短すぎる、と言わざるを得ない。しかし、本作を観ればその完全燃焼ぶりがよくわかる。生前のエルヴィスを偲んで合掌！

２０２２（令和4）年７月１３日記

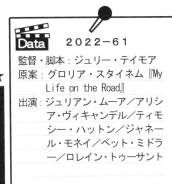

Data 2022-61

監督・脚本：ジュリー・テイモア
原案：グロリア・スタイネム『My Life on the Road』
出演：ジュリアン・ムーア／アリシア・ヴィキャンデル／ティモシー・ハットン／ジャネール・モネイ／ベット・ミドラー／ロレイン・トゥーサント

グロリアス 世界を動かした女たち

2020年／アメリカ映画
配給：キノシネマ／147分

2022（令和4）年5月19日鑑賞 ｜ シネ・リーブル梅田

👀 みどころ

　小学生の頃から偉人伝が大好きだった私には、伝記映画は勉強の宝庫！そう考えている。そこに作者や監督のバイアスがかかるのは当然だが、それを見抜くのも勉強のうちだ。

　しかして、グロリア・スタイネムって一体ダレ？"世界を動かした女たち"は多いが、１９６０年から７０年代のアメリカに、こんな女性解放運動の活動家がいたことをはじめて発見！

　伝記映画の旗手、山田火砂子監督のそれはオーソドックスだが、本作は４人の女優がリレー方式でグロリアを演じるところがミソ。１台のバスに４人が同時に乗り合わせるのは映画特有の演出だが、そこに違和感は全くなし！それはなぜ？キーワードを旅（ロード）と設定した演出の妙味をしっかり味わいたい。

＊ ―― ＊ ―― ＊ ―― ＊ ―― ＊ ―― ＊ ―― ＊ ―― ＊ ―― ＊

■□■伝記映画は勉強の宝庫！グロリア・スタイネムとは？■□■

　私は小学生の時に多くの"偉人伝"を読んだが、その主人公はほとんどが男性だった。近時は女性を主人公とする偉人伝も多くなったが、山田火砂子監督は伝記映画ばかりを作っている珍しい女性監督。山田火砂子監督作品で私が最初に観たのは、『母―小林多喜二の母の物語』（１７年）（『シネマ４０』未掲載）。続いて『一粒の麦　荻野吟子の生涯』（１９年）（『シネマ４６』３４１頁）を観たことで、日本の女医第１号が「埼玉県の三大偉人」の一人とされている荻野吟子だということを知ることができた。伝記映画は勉強の宝庫だ。もっとも、直近の『われ弱ければ　矢嶋楫子伝』（２２年）は見逃したままだが、さて矢嶋楫子は何で有名？他方、５月２１日に観た『オードリー・ヘプバーン』（２０年）も一種の偉人伝だが、既に知っている人の偉人伝であってもそれはそれなりに面白い。

　しかし、グロリア・スタイネムって一体誰？寡聞にして私はそれを知らなかったが、伝

記映画は勉強の宝庫！本作によって、女性解放運動のパイオニアとして活躍した女性グロリア・スタイネムの名前と実績をはじめて知ることに。

■□■4人の女優が女の一生を熱演！■□■

映画でも大河ドラマでも偉人伝は一人の俳優が演じるのが原則だが、時として「若き日の主人公」と「壮老年期の主人公」を2人の俳優が分担して演じることがある。それは、どちらが良いという問題ではないが、本作では何と①子供時代のグロリア、②ティーン時代のグロリア、③20歳から40歳までのグロリア、④40歳以降のグロリアを、4人の女優が分担しているから、それに注目。本作がそんな手法をとったのは、女性解放運動を始めたグロリアには、①ストレートのロングヘア、②黒で統一された戦闘服、③美しい顔を隠すための大きなサングラス、という3つの特徴があったため、複数の女優でも"連続性"を保ちやすかったためだ。

20歳から40歳までのグロリアを演じたアリシア・ヴィキャンデルは、『リリーのすべて』（15年）（『シネマ38』43頁）、『エクス・マキナ』（15年）（『シネマ38』189頁）、『ブルー・バイユー』（21年）（『シネマ50』221頁）等で私が強く印象に残した絶世の美女。それに対して、40歳以降のグロリアを演じたジュリアン・ムーアは、『めぐりあう時間たち』（02年）（『シネマ3』88頁）、『エデンより彼方に』（02年）（『シネマ3』165頁）、『アリスのままで』（14年）等の名作での熱演は多いものの、アリシア・ヴィキャンデルほどの美人とは言えない。しかし、2人が並んで写るチラシの写真を見ると違和感は全くないから、すごい。

したがって、そこに「二大アカデミー賞女優がW主演で伝説のフェミニストに挑む―すべての女性が光り輝く、勇気と感動のエナジー・ムービー！」の謳い文句が並ぶと、なるほど、なるほど。また、子供時代のグロリアとティーン時代のグロリアを演じたライアン・キーラ・アームストロングとルル・ウィルソンは、そんな2人のイメージに近い女の子を選んだのだろうが、2人ともいかにもピッタリだ。

■□■原案は自叙伝！本作のキーワードは旅（ロード）！■□■

本作の原案になったのは、グロリアの自叙伝『旅する人』。彼女の自叙伝のキーワードを、旅（ロード）と設定したジュリー・テイモア監督は、女性解放運動のために怒涛のごとく駆け抜けたグロリアの一生を旅（ロード）で統一したうえ、年代の違う4人のグロリアを時系列を無視して登場させるという演出方法をとった。

冒頭の旅（ロード）は、40歳以降のグロリアが、年甲斐もなく（？）黒づくめの服で大型バイクを疾走させるシーンが続く旅（ロード）と、インドに留学した20代のグロリアがサリー姿で一人列車に乗り、インド人女性たちと親しげに会話を交わすものだ。

本作が面白いのは、グロリアをそんな旅（ロード）が似合う女にしたのは、1か所に定住せず、旅をしながら生活する父親（ティモシー・ハットン）の存在が大きかったことを主張していること。そんな父親の生き方は、母親は必ずしも肯定しなかったようだが、そ

んな父親のおかげで本作には一家全員が1台の車に乗って移動するシーンがたくさん登場する。その勢い余って（?）か、本作には多くの乗客を乗せて疾走する大型バスの中に、①子供時代のグロリア、②ティーン時代のグロリア、③20歳から40歳のグロリア、④40歳以降のグロリア、の4人が相乗りするシーンも登場するので、それに注目。もちろん、現実にはそんなシーンはあり得ないが、旅（ロード）をキーワードとし、4人の女優が4世代のグロリアを演じ分ける本作では、その演出がいかにもピッタリ！

■□■グロリアの行動力・転身力、交友力・指導力にビックリ■□■

　本作は147分の長尺だが、4人の女優のリレー方式によるグロリアの偉人伝は飽きるところがない。子供時代、ティーン時代のグロリアも、父親の自由奔放な発想と行動力の影響を受けているからそれなりの"自立した女"になっているうえ、20代でインドに留学しているグロリアの姿を見ると、学生時代の成長する姿として最高の女になっている。しかも、卒業後、彼女はすんなりタイムズ社に就職したうえ、女性ジャーナリストとして記事まで書かせてもらえているから、その社会人としての活躍も順風満帆だ。

　もっとも、いくら自由の国アメリカでも、1960年から70年代の職場における男女差別はきつかったようだ。その結果起きてくるさまざまな事件の中で、本作が面白いのはそんな状況下で見るグロリアの行動力と転身力だ。一流のジャーナリストからバニーガールへの転身は容易にできないことだが、グロリアの行動力を持ってすれば、チョロイものらしい。さらに、ちゃっかりその潜入記を書くと、それが大ヒット。なるほど、これだけの行動力とこれだけの文章力を持ってすれば、大手から独立した異色のライターとしての生き方も可能だろう。

　他方、後半目立ってくるのはグロリアの交友力と指導力。当時最前線で女性差別と闘っていたリーダーであるドロシー・P・ヒューズ（ジャネール・モネイ）やベラ・アプツー

グ（ベット・ミドラー）と知り合い、交流を深めていくと、たちまちグロリアもその方面で指導力を発揮していくことに。

■□■意外にも、しゃべるのは苦手。それをどう克服？■□■

　グロリアが女性解放活動を始めていく中で露呈したのが、しゃべるのが苦手という意外な弱点。もっとも、これは弁護士の業界でもよくあることで、しゃべるのも書くのも得意という弁護士は少なく、どちらか一方のみという弁護士が多い。私は学生運動当時にアジ演説とビラ書きに明け暮れていたため両方とも得意だが、グロリアはジャーナリストとして書くことばかりに集中していたため、しゃべりは全然ダメだったらしい。しかし、それでは女性解放運動のリーダーにはなれないから、さあ、彼女はどうやって、それを克服していくの？

■□■人工妊娠中絶の権利は？今なぜ全米は真っ二つに？■□■

　５月２３日はバイデン大統領と岸田文雄総理との日米首脳会談の話題で持ち切り。ロシアによるウクライナ侵攻以降、バイデン大統領の対外的活動の報道が激増したが、今アメリカ合衆国内では、人工妊娠中絶の権利を巡って賛否が真っ二つに分かれる事態になっている。その発端は、中絶の権利を認める根拠になっている１９７３年の最高裁の判例を、過半数の最高裁判事が覆そうとしているためだ。私は、「連邦最高裁判決の草案がリークされ、中絶を合衆国憲法上の権利だと認めた１９７３年の『ロー対ウェイド判決』が、約半世紀ぶりに覆される公算が大きくなっている」、との新聞報道を見てビックリ！なぜアメリカで今そんなことが起きているの？

　それを含めて、妊娠中絶是非の論点整理を各自でしっかりやってもらいたいが、言うまでもなく、キリスト教（カトリック）は人工妊娠中絶を禁じていたから、それを認める権利は長く苦しい女性たちの闘いによって獲得したものだ。本作では、自分自身も人工妊娠中絶を経験したグロリアが、その権利を求める闘いの重要性を説き、そのために先頭に立って闘う姿が登場する。したがって、もし彼女が今の全米の騒動を見たら・・・？

■□■ラストは２０１７年。８０歳を超えた彼女の演説は？■□■

　１９６０年から７０年代のアメリカには"ウーマンリブ"という言葉が生まれたが、その後もセクハラやジェンダー等々の新語が登場！黒人差別反対運動と共に女性差別反対運動は急速に進展した。そこにグロリアたちの大きな貢献があったことは明らかだが、本作ラストを飾るのは、２０１７年にワシントンD.C.で行われたジェンダーに基づく差別や暴力に反対するアクション「ウィメンズ・マーチ」の映像。そして、そこには８０歳を過ぎたグロリアが登場し、５０万人もの聴衆の前で力強いスピーチをするので、それに注目！

　彼女が残した名言はたくさんあるそうだが、その中で最も有名なものは、「私たちの闘いはマラソンでなく、リレーである。」というもの。なるほど、なるほど。その言葉の含蓄は深い。本作に見るグロリアの生きザマと共にその言葉の意味をしっかり考えたい。

２０２２（令和４）年５月２５日記

Data 2022-102

監督・脚本：シルベスター・スタローン

出演：シルベスター・スタローン／ドルフ・ラングレン／タリア・シャイア／カール・ウェザース／ブリジット・ニールセン／バート・ヤング／ジェームズ・ブラウン／トニー・バートン／マイケル・パタキ／ロバート・ドーンニック／ストゥ・ネイハン

SHOW-HEY シネマルーム

★★★★★

ロッキーVSドラゴ
ROCKY Ⅳ

2021年／アメリカ映画

配給：カルチャヴィル、ガイエ／94分

2022（令和4）年8月27日鑑賞 ｜ シネ・リーブル梅田

👀 みどころ

　『ロッキー4　炎の友情』（８５年）は、東西冷戦下のモスクワでのロッキーVSドラゴ対決がメインだったが、それはなぜ実現したの？国家の威信と個人の尊厳は、どちらがより大事？

　織田信長、豊臣秀吉、徳川家康の関係は変えられないが、ロッキー、アポロ、ドラゴの関係は、編集によって如何ようにも！そんな視点で"あの試合"を見直してみると・・・？

　映画なればこそそのそんな可能性にシルベスター・スタローンが挑戦！こりゃ面白い！"２世モノ"もいいが、再編集でもやっぱり"１世モノ"の方が！

—— * —— * —— * —— * —— * —— * —— * —— * —— * —— * ——

■□■ "２世モノ"もいいが再編集でも"１世モノ"の方が！■□■

　『ロッキー』シリーズは、『ロッキー』（７６年）、『ロッキー2』（７９年）、『ロッキー3』（８２年）、『ロッキー4　炎の友情』（８５年）、『ロッキー5　最後のドラマ』（９０年）、『ロッキー・ザ・ファイナル』（０６年）（『シネマ14』３６頁）と6作も続いた。その後は、"２世モノ"として装いを新たに登場させた『クリード』シリーズが始まり、『クリード　チャンプを継ぐ男』（１５年）（『シネマ37』２７頁）、『クリード　炎の宿敵』（１８年）（『シネマ43』８１頁）と2作続いた。しかして、今回登場した『ロッキーVSドラゴ：ROCKY　Ⅳ』とは一体ナニ？

　これは、コロナ禍で時間ができたシルベスター・スタローンが、シリーズ最大のヒット作になった『ロッキー4　炎の友情』を見直す中で、ロッキー、アポロ、ドラゴの戦いまでの道のりに焦点をあて物語を再構築したもの。つまり、映画の素材となる膨大なフィルムはすべて既存のものを使い、新たな編集作業によって、新たな物語を構築したわけだ。そんなことが可能なの？一瞬、そう思ったが、映画ではそれが可能だ。織田信長、豊臣秀

吉、徳川家康の関係は変えられないが、ロッキー、アポロ、ドラゴの関係は、編集によって如何ようにも！そんな視点で"あの試合"を見直してみると・・・？

アポロの息子クリード、そしてロッキーの息子ロバート、さらにはイワン・ドラゴの息子であるヴィクター・ドラゴを登場させた"2世モノ"たる『クリード』シリーズも悪くはないが、再編集でも、やっぱり"1世モノ"（創業者モノ）の方が！

■□■35年という時代の変化は？東西冷戦は昔話に？■□■

今ドキは、"東西冷戦"という言葉自体を知らない学生もいるそうだが、それは大問題。1945年に終了した第2次世界大戦後の日本と世界の歴史は、今を生きる若者たちこそが、しっかり学ぶ必要がある。今年2月24日に勃発したウクライナ侵攻によって、ロシアは俄然、西側民主主義陣営の敵にされているが、東西冷戦の時代は今以上の敵だった。もっとも、その時代、西側を代表するアメリカが、軍事面でも経済面でも常に優位に立っていたから一安心だったが、1962年のキューバ危機の際は、"核の使用"が現実問題に！

1985年に米国で公開された『ロッキー4 炎の友情』がシリーズ最大のヒット作になったのは、"ロッキーVSアポロ"という米国内での白人VS黒人対決以上に、ロッキーVSソ連のアマチュアチャンピオンであるドラゴとの対決に、米国民が"現実の東西冷戦"とはまた別の"東西対決"の姿を思い浮かべたためだ。つまり、決して東西冷戦は昔話になったわけではない。

ソ連邦は1985年に書記長に就任したゴルバチョフが、ペレストロイカ（改革）とグラスノスチ（情報公開）を進めたから、1980年代の東西冷戦は1950～60年代のそれとは大きく趣を異にしたが、それでも米ソの"東西冷戦"は継続中。そんな状況下、突如ボクシング界に進出してきたソ連の大型新人が、アマチュアながらロッキーの好敵手だった元世界ヘビー級チャンピオンのアポロに勝利してしまうと・・・。

■□■ドラゴVSアポロ対決はなぜ？するとロッキー対決は？■□■

『キネマ旬報』9月上旬特別号は、「80年代の伝説『ロッキー4』。奇跡のカムバック！『ロッキーVSドラゴ：ROCKY IV』」と題して、シルベスター・スタローンのインタビューを掲載した。それを読むと、彼は『ロッキー4 炎の友情』でアポロの死を描いたことを、「ロッキーのすべての軌道が変わった」と認め、後悔していることがわかるが、それはなぜ？そんな彼が、今回の『ロッキーVSドラゴ：ROKCY IV』にかける思いは如何に？また、同誌には、①「スパーリングパートナーがいないだと！」（三浦哲哉氏）、②「米ソ冷戦を映すエデュテインメントの決定版」（土佐有明氏）、③「ロッキーの闘いは魂のフーガだ」（南波克行氏）という3つの興味深い"レビュー"があるので、それにも注目！

本作は、すでに引退し、ロッキーとも仲良く裕福な暮らしを満喫しているアポロが、ドラゴとの対決を熱望するところからスタートする。なぜ、アポロはドラゴとの対戦を望んだの？そして、ロッキーはなぜそれをOKしたの？そんなロッキーは、アポロが負けた後、いかなる行動を？

『ロッキー4』でアポロが語ったキーワードは、「引退して時間が経っても、戦士としての自分は変えられない」というもの。ファイターとしてのアポロは、たとえエキシビジョンマッチであってもそれを貫き、死んでいったわけだ。すると、「ファイターとして生まれた自分は変えられない」のはロッキーもきっと同じ。①公式戦としては未公認、②ファイトマネーはゼロ、③敵地モスクワでの開催という悪条件が重なっても、また愛妻エイドリアンからいかに反対されても、ロッキーとしてはドラゴとの対決を避けるわけにいかなかったのは仕方ない。なるほど、なるほど。『ロッキー4　炎の友情』と『ロッキーVS ドラゴ：ROCKY IV』の微妙な違いに注視しながら、よくできた脚本に沿って進んでいく再編集された本作のストーリーをしっかり楽しみたい。

■□■特訓風景は第1作を彷彿！最新科学VS原始特訓■□■

　近時のスポーツ界では、最新の科学を取り入れたトレーニングが大流行。先日観たNHKの番組では、大谷翔平選手と佐々木朗希投手のフォークボールの回転数が他の投手のそれとは大きく違っていることを、スーパーコンピューター「富岳」を使って分析していた。なぜ大谷と佐々木のフォークは打者の手元でストンと鋭く落ちるの？それをここまで科学的に分析できるのは素晴らしいことだ。そう考えると、本作中盤に見る最新式の科学を取

り入れたドラゴのトレーニングと、小さな小屋の中や雪の大地の中で一人孤独に続けるロッキーのトレーニングは大違い。その優劣は明らかだ。

　もっとも、かつて『巨人の星』では、星飛雄馬が父親の指導の下、鉄製の下駄を履いてトレーニングをしていたが、それと同じように、本作中盤でロッキーが見せるさまざまな原始的トレーニングだって効果がないわけではない。ロッキー独特のトレーニング

は第１作でたっぷり味わうことができたし、生卵を何個も割って一気飲みする体力作りにも納得することができた。その上、スパーリングパートナーがいない今回のトレーニングでも、妻エイドリアンの思いがけない来訪があれば、鬼に金棒だ。もっとも、明確に数値で表示される大谷のフォークボールの回転数やバットスピードの速さは、米国球界でもトップクラスだが、数値で表示されるドラゴのパンチ力はもともと人間離れしたもの。それがロッキー対決に向けたトレーニングで、さらに強力になっていく姿を見ていると、いくらロッキーでも？そう思わざるを得なかったが・・・。

■□■結果は同じだが、勝利後のロッキーのメッセージは？■□■

　１９７６年６月２６日のアントニオ猪木VSモハメド・アリの異種格闘技戦は、"世紀の大凡戦"になってしまったが、去る６月２２日に実現した"RISE"の那須川天心と"Ｋ－１"の武尊の試合は迫力満点で面白かった。また、井上尚弥がノニト・ドネアに勝った６月７日のWBA・IBF・WBC世界バンタム級王座統一戦も面白かった。しかし、それに比べても、本作に見るロッキーVSドラゴの対決は１００倍も面白い！私が現実に見てきたヘビー級のタイトルマッチでは、まともにパンチが当たれば１発でノックアウト。しかし、本作はあくまで映画だから、ロッキーはドラゴのパンチで倒されても倒されてもなお起き上がり、ファイトを続けていくから、本作ではそれを大いに楽しみたい。ちなみに、前述のレビューでは、「ロッキーが消力（シャオリー）を使っている！」との記述があるので、それにも注目。そこには、「パンチが当たるその直前に脱力し、顔を反対方向に思い切り振る。汗が飛び散り、激しい音もしているが、ダメージは見た目ほどではない。オーガニック訓練の目的は、ドラゴのパンチを散らす消力を可能にする、しなやかな体づくりのためだったのだ。」と書かれているが、その真偽は？

　本作のクライマックスに向けての注目点は、当初はロッキーへのブーイングだらけだった観客が、ロッキーの奮闘ぶりを目の当たりにするにつれて、何と「ロッキー！ロッキー！」という声援が増えていくこと。それは『ロッキー４　炎の友情』も再編集にかかる本作も同じだ。他方、新旧で両者が大きく異なるのは、ロッキーの勝利、つまりドラゴの敗戦を見届けた、ソ連の指導者が退場する際の態度。『ロッキー４　炎の友情』では、会場の歓声を受けて、彼が立ち上がって拍手していたのに対し、さて本作では？

　さらに、最後の注目点は、ロッキーの試合終了後の観客へのスピーチ。第１作ではエイドリアンに向けて「愛してる！」と絶叫するシーンが感動を誘ったが、『ロッキー４　炎の友情』でも試合終了後のロッキーの会場のみならず全世界の人々に呼びかけるメッセージは大きな感動を呼んだ。しかして、本作ラストのロッキーのメッセージは如何に？それはあなた自身の目で、しっかりと。

２０２２（令和4）年８月30日記

Short ショートコメント ★★★★ **Data** 2022−113

監督：コリン・トレボロウ
出演：クリス・プラット／ブ
ライス・ダラス・ハワ
ード／サム・ニール／
ローラ・ダーン／ジェ
フ・ゴールドブラム／
ママドゥ・アティエ／
ディワンダ・ワイズ

ジュラシック・ワールド 新たなる支配者

2022 年／アメリカ映画
配給：東宝東和／147 分

2022（令和4）年 10 月 1 日鑑賞 TOHO シネマズ西宮 OS

👀 みどころ

　スティーブン・スピルバーグ監督が３０年前にスタートさせた、恐竜を主人公にした奇想天外な物語はバカ受け！『ジュラシック・パーク』シリーズ、『ジュラシック・ワールド』シリーズと続いたが、ついに本作で大団円！

　本作のポイントは、恐竜を集めて研究をしている巨大バイオテクノロジー企業「バイオシン」。その狙いは一体ナニ？３人の科学者たち、主人公になる恐竜の調教師やクローン人間たち、さらにはオールスター勢揃いの恐竜たちがスクリーンいっぱいに躍動する姿を今年の夏の最後に頭をカラッポにして楽しめれば、ああ、幸せ！

———＊———＊———＊———＊———＊———＊———＊———＊———＊

◆スティーブン・スピルバーグ監督の話題作の１つである『ジュラシック・パーク』が公開されたのは１９９３年。今から約３０年前だ。その大ヒットを受けて、『ジュラシック・パーク』シリーズが２部作られ、さらにその後には、『ジュラシック・ワールド』シリーズが作られた。本作は、『ジュラシック・ワールド』シリーズ３作目にして、『ジュラシック・パーク』を含めた、シリーズ全体の最終作だ。

　私は『ジュラシック・ワールド』（15 年）（『シネマ 36』２３７頁）と『ジュラシック・ワールド炎の王国』（『シネマ 42 未掲載』）を見て、その楽しさを知ったが、はっきり言って同時に、"見飽きた感"もあった。そのため、今夏に長期公開され、大ヒット間違いないと思われていた本作にも二の足を踏んでいたが、公開終了間近になってやっと鑑賞！２つのシリーズ全体のラスト作の切り口は如何に？

◆『ジュラシック・ワールド』は、私の理解では、白浜にある「ワールドサファリ」の数百倍の大型版。したがって、そのストーリーに説得力とワクワク感を持たせるためには、「ティラノサウルス」をはじめとする、さまざまな人気恐竜がどこかで大量に生息していることが大前提だ。しかして、それを可能にする考古学、生物学、更には、最新のゲノム理論

等を含む学問的な根拠は・・・？

　日本で生まれ、後にハリウッドに波及した１９５４年の日本映画の『ゴジラ』（『シネマ３３』２５８頁）では、ゴジラは原水爆の申し子だったが、『ジュラシック・パーク』と『ジュラシック・ワールド』シリーズの両者に登場する恐竜は、数億年前の、白亜紀に生存していた動物。それがなぜ現在の地球上に生きているの？なぜ彼らの"動物園"である"ジュラシック・パーク"が建設されたの？さらに、『ジュラシック・ワールド炎の王国』に登場した恐竜「ブルー」と、それ（彼？）を調教するオーウェン・グレイディ（クリス・プラット）との友情は？

◆シルベスター・スタローン主演の『ロッキー』シリーズは、第一世代のロッキー、アポロ、ドラゴらの戦いの物語のネタが尽きると、アポロの息子であるクリードの時代へと"世代交代"させてうまくシリーズを続けた。それと同じように（？）、３０年にわたる壮大な物語の結末を２時間２７分の長尺で締めくくる本作の冒頭では、子供を連れたブルーが登場するので、それに注目。

　恐竜の保護活動を続けるオーウェン・グレイディとクレア・ディアリング（ブライス・ダラス・ハワード）は人里離れた山小屋で静かに暮らしていたが、ある日オーウェンが、子供を連れたブルーと再会するところから本作のストーリーが始まっていく。ところが、ある日、何者かによってブルーの子供が誘拐！さらには、ジュラシック・パークの創設に協力したロックウッドの亡き娘から作られたクローンの少女である１４歳のメイジー・ロックウッド（イザベラ・サーモン）も誘拐されたから、さあ大変。オーウェンはブルーに「俺が取り戻してやる。」と約束し、クレアと救出に向かったが・・・。

◆『ジュラシック・パーク』シリーズでも、『ジュラシック・ワールド』シリーズでも、当然多くの科学者たちが重要な役割を果たしているが、科学者にも“良い科学者”と“悪い科学者”がいるところがミソ。本作には『ジュラシック・パーク』に出演していた①古植物博士であるエリー・サトラー（ローラ・ダーン）、②数学者で現在はバイオシンの内部で働いているイアン・マルコム（ジェフ・ゴールドブラム）、③古生物学者であるアラン・グラント（サム・ニール）ら三人の博士が登場し大活躍する。すると、ジュラシック・シリーズ最終作たる本作で活躍する“悪い科学者”とは一体だれ？

　本作のストーリーのポイントになるのは、世界各地から恐竜を集めて研究をしている巨大バイオテクノロジー企業のバイオシンだが、そこでは一体誰が、どんな研究を、何のために・・・？そんなハラハラドキドキの大活劇は、あなた自身の目でしっかりと！

　　　　　　　　　　　　　　　　　　２０２２（令和4）年１０月１０日記

40

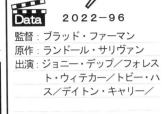

Data 2022-96
監督：ブラッド・ファーマン
原作：ランドール・サリヴァン
出演：ジョニー・デップ／フォレス
ト・ウィテカー／トビー・ハ
ス／デイトン・キャリー／

L.A. コールドケース

2018 年／アメリカ・イギリス映画
配給：キノフィルムズ／112 分

2022（令和4）年 8 月 11 日鑑賞 ｜ シネ・リーブル梅田

👀 みどころ

　日本でも未解決の殺人事件は多いが、アメリカL.A.で１９９６年と97年に起きた、黒人のヒップホップ界２大スター暗殺事件もそれ。もっとも、ケネディ暗殺事件は有名だが、今それを『L.A.コールドケース』と題して映画化する狙いは？

　本作はジョニー・デップ（刑事）とフォレスト・ウィテカー（記者）の２大俳優の共演がミソ！あの時、あの事件が未解決のまま葬り去られたのは一体なぜ？そして１８年後の今、なぜそれを蒸し返すことに・・・？

　２人の重厚な演技もあって、そんなクライム・サスペンスは興味深いが、何しろ難しいのが玉にキズ。こりゃ、よほど腰を据えて鑑賞しなければ・・・。

―― * ―― * ―― * ―― * ―― * ―― * ―― * ―― * ―― * ―― * ―― *

■□■L.A.はロサンゼルス！コールドケースとは？■□■

　『パイレーツ・オブ・カリビアン』シリーズ（『シネマ3』１０１頁、『シネマ11』２０頁、『シネマ15』１４頁、『シネマ42』未掲載）や、近時の『MINAMATA　ミナマタ』（20年）（『シネマ49』36頁）等で、今やハリウッドを代表するスターの1人になっているジョニー・デップと、『ラストキング・オブ・スコットランド』（06年）（『シネマ14』106頁）でのウガンダの元大統領役が強く印象に残ったフォレスト・ウィテカーの二枚看板が初共演だから、こりゃ必見！ところで、L.Aはロサンゼルスのことだが、「コールドケース」とは一体ナニ？

　本作のチラシには「すべてのはじまりは、HIPHOP界2大スター暗殺事件だった――」「≪巨大な闇≫に元刑事と記者が挑む、圧巻のクライム・サスペンス」それは、「誰も望まない≪真実≫」等の見出しが躍っているが、それって一体ナニ？

■□■米国史上最も悪名高い（ノトーリアス）未解決事件とは？■□■

１９６３年１１月２２日に起きたケネディ大統領の暗殺事件は誰でも知っているが、１９９６年と１９９７年にアメリカを騒然とさせたヒップホップ界の２大スター暗殺事件とは一体ナニ？それは、アメリカ史上最も「悪名高い（ノトーリアス）」未解決事件と言われているそうだが、そう言われても、それを知っている日本人はいないはずだ。そのうえ、同事件は現在に至るまで犯人が特定されていないそうだ。

　なぜ、そんな事件が今、映画化されたのかはわからないが、"ハリウッドを代表する２大俳優が激突するクライム・サスペンス"と言われれば、こりゃ必見！

■□■東西人気レーベル同士の争いが殺人事件に！？■□■

　本作冒頭、私には全然馴染みのない HIPHOP 音楽が流れ、１９９０年代の人気ラッパーたちが次々と登場。そんな中、１９９６年と９７年に相次いで黒人人気ラッパーが殺されたから、さあ大変。その１人は、東海岸を代表するレーベル"バッド・ボーイ・レコード"に属するノトーリアス・B.I.G.。もう１人は西海岸を代表するレーベル"デス・ロウ・レコード"に属する２パック。すると、これは両人が所属するレコード会社同士の争い！？

その事件を担当したのはロサンゼルス市警。そして、その責任者が、ラッセル・プール（ジョニー・デップ）だったらしい。しかし、本作はその時の捜査を描くものではなく、それから１５年後のお話だ。

■□■この事件には警官の関与が！その捜査を誰が？■□■

２人の有名ラッパー暗殺事件は、世上で言われるようなレコード会社同士の争いではない！その後頻発した殺人事件や麻薬絡みの事件を含め、それらはすべてL.A.市警の警官たちの犯罪！つまり、有名な黒人ラッパーを抱えて大儲けしている東西のレコード会社は、日本のヤクザが警官を用心棒として抱き込むのと同じように、L.A.市警の警官を用心棒として雇い入れている！熱意あふれる捜査の結果、プールはそう考え始めたが、その捜査をするのはL.A.市警だから、そりゃ大変。プールが指揮する捜査には、さまざまな妨害の手が・・・。

それが身の危険にまで迫る中、プールは退職を余儀なくされたが、彼は今も孤独な調査を続けているらしい。そんなプールを訪ねてきたのは、当時この事件を報じて"ピーボディ賞"を受賞したことのある記者、ジャック・ジャクソン（フォレスト・ウィテカー）。来訪の目的は、過去を回顧する特集記事取材のためだが、今更そんな事件を"回顧"してどうなるの？

■□■一匹狼同士の執念と互いのリスペクトに注目！■□■

本作についてはそんな根本的疑問があるが、当然ながら、初対面でプールはジャクソンの取材をきっぱりと拒否！しかし、お互いにプライドの高い一匹狼であることを嗅ぎとった２人は、その後、互いにリスペクトを抱きつつ、１８年前の真実に少しずつ迫っていくことに・・・。それはそれでいいのだが、本作についてはとにかく事実関係がややこしすぎて難しいのが玉にキズ。これでは日本人にはとても理解は無理・・・？

そう思ったが、もちろんパンフレットを読めば、ヒップホップ界の２大スター暗殺事件の真相に迫るさまざまなネタが紹介されている。また、情報社会の今、ネット上でも今更ながら（？）、ヒップホップ界の２大スター暗殺事件についてのさまざまな情報や意見が飛び交っているので、興味のある人には、是非それらを参照してもらいたい。そうすれば、本作の理解度が格段にアップすることは確実だが・・・。

２０２２（令和4）年8月15日記

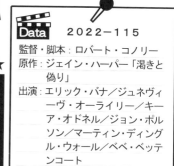

Data 2022-115

監督・脚本：ロバート・コノリー
原作：ジェイン・ハーパー「渇きと偽り」
出演：エリック・バナ／ジュネヴィーヴ・オーライリー／キーア・オドネル／ジョン・ポルソン／マーティン・ディングル・ウォール／ベベ・ベッテンコート

★★★★★

渇きと偽り

2020年／オーストラリア映画
配給：イオンエンターテイメント／117分

2022（令和4）年10月8日鑑賞　｜　シネ・リーブル梅田

👀 みどころ

　近時の日本で多発している水害も怖いが、オーストラリア大陸は渇き（干照り）「The Dry」が怖いらしい。1年間も雨が降っていない街「キエワラ」で、今起きた“ルーク一家心中事件”と、20年前の川に大量の水が流れていた時代に起きた“エリー水死事件”との絡みは・・・？

　原題は『The Dry』だが、原作と邦題は『渇きと偽り』。人間は嘘をつく動物だから、そんな人間の営みに注目すれば、原作と邦題の方が断然ベター。登場人物が多く、フラッシュバック手法で2つの事件の真相究明に挑む本作は超難解だが、これは面白い。

　オーストラリア発、至高のクライムサスペンスをしっかり堪能したい。

──＊──＊──＊──＊──＊──＊──＊──＊──＊──＊──

■□■オーストラリア発、“至高のクライムサスペンス”とは？■□■

　本作の主人公アーロン・フォーク（エリック・バナ）の仕事は連邦警察官。もっとも、連邦と言っても、ソ連邦でもアメリカ合衆国連邦でもなく、オーストラリア連邦の警察官だ。オーストラリアは広大な大陸だが、あまり馴染みのない国で、知っている地名もシドニーとメルボルンぐらい。アーロンの今の職場はメルボルンにあるから、さしずめアメリカで言えば、ワシントンで働く連邦警察官だから、それなりのエリート（のはず）だ。しかし、彼の出身はオーストラリアのウィムラ地方のキエワラという町らしい。

　青春時代に親友のルーク・ハドラー（サム・コーレット）と二人の女友達であるエリー・ディーコン（ベベ・ベッテンコート）、グレッチェン・シェーナー（クロード・スコット＝ミッチェル）といつも“4人組”でつるみながら過ごしていたアーロン（ジョー・クローチェック）はなぜ17歳の時に父親と一緒にキエワラからメルボルンへ移住したの？そして、なぜ今連邦警察官になっているの？本作はそんなことについての説明を全くしないま

ま、ルークの父親から、ルークが妻のカレンと一人息子を殺したうえ自身も自殺してしまった"一家心中事件"の調査を依頼する手紙が届くところから物語が始まっていく。それを受けて、アーロンは２０年ぶりにキエワラへの帰郷を果たし、地元の警官グレッグ・レイコー（キーア・オドネル）と共に調査（捜査？）に乗り出すことに。

本作の原作になったのは、イギリスからオーストラリアに移住し、メルボルンに居住する推理小説作家ジェイン・ハーパーの『渇きと偽り』。主演のアーロンを演ずるエリック・バナはオーストラリアのメルボルン出身のハリウッド俳優だ。オーストラリア出身のハリウッド女優と言えばすぐにニコール・キッドマンを思い出すがエリック・バナも相当有名な俳優らしい。

私はオーストラリアにクライムサスペンス映画が似合うとは全く思っていなかったが、オーストラリア発、至高のクライムサスペンスとは？

■□■原題は『The Dry』VS 原作と邦題は『渇きと偽り』■□■

本来、日本は四季に恵まれた美しい国だが、近時の日本は春と秋がなくなり冬と夏ばかりになっている。また、初夏の集中豪雨と晩夏の台風は近時激しさを増して、水害や土砂災害が多発している。他方、アメリカではなぜか女性の名前が付けられたハリケーンが近時猛威を振るっている。

それに対してオーストラリアは干ばつに悩まされている国らしい。ちなみに、オーストラリア映画によく出てくる「アウトバック」は、オーストラリア内陸部の荒地を指す言葉らしい。本作冒頭は、「豪州地方圏のキエワラは、３２４日雨が降っていない。その結果、土地は枯れ、国の補助金が必要なほど貧しくなっている。ルークはそれが原因で無理心中を図った・・・。」という字幕が流れるが、１年間も一滴も雨が降らない状況は日本人には想像できない。

本作パンフレットには①芝山幹郎氏の「渇いた土地と渇いた心」②高野水登氏の「人を殺人に至らしめるもの」③青木創氏の「原作に忠実な、乾ききって正気を失いかけている町」という３本のレビューがあり、そのすべてがオーストラリアの大地の"渇き"について解説している。しかして、本作の原題は単純に『The Dry』だが、原作と邦題は『渇きと偽り』。それは一体なぜ？どちらがベター？

近時は素人でもドローンによる撮影が容易にできる時代になっている。本作冒頭のスクリーン上に映し出されるオーストラリアのウィムラ地方のDRYぶり（＝干ばつぶり）はすごい。草木が一本もなく、一面干からびた荒れ地では、牛も羊も生きていけないのは当然だが、そんな干からびた農地（？）の中にある一軒家の中で、ルークは妻子を射殺し、自身は荒れ野の中で自殺したらしい。それは一体なぜ？昨年夏の熱海の土砂災害も怖かったし、今年夏の台風１５号被害も怖かったが、オーストラリアの干ばつも怖い。しかし、そんな自然災害以上に怖いのが、実は人間の犯す犯罪・・・？

■□■現在の事件と２０年前の事件との絡みは？■□■

　オーストラリア内陸部のキエワラの"渇き"の中で起きた現在の事件、すなわちルークの一家心中事件を、連邦警察官のアーロンが捜査しているのは一体なぜ？そもそも、地元の人たち、とりわけエリーの父親マル・ディーコン（ウィリアム・ザッパ）やエリーのいとこのグラント・ダウ（マット・ネイブル）が、アーロンの帰郷に猛反発したのは一体なぜ？私が思うに、いかにルークの父親から一家心中事件の調査をしてほしいと言われても、連邦警察から何の命令も受けていないアーロンには、そもそも何の捜査権限もないはず。その権限を有するのは、いかに新米で頼りないと言っても、地元警官のグレッグだけだ。アーロンも当初からそれをわかっているから、あくまで"グレッグの補助"の体を装いながら動いていたが・・・。

　映画にはフラッシュバックという手法があり、本作ではそれが２０年前の４人組が遊んでいた時に発生した"エリーの水死事件"をめぐって多用される。大の仲良しの１７歳の男女２人ずつの４人組がいつも一緒に遊んでいれば、どこかに恋心や嫉妬心が生まれるのは当然。すると、エリーの水死は恋のもつれ？それとも事故？２０年前のウィムラ地方は干ばつに襲われていなかったから、川の水量も豊富だったらしい。教室でエリーとはじめてのキスを交わした１７歳のアーロンは、その続きを期待して（？）エリーに対して「川で待っている」と書いたメモ用紙を渡していたが、水死したエリーの体からそのメモ用紙が発見されたから、さあ大変！アーロンが殺人の第一容疑者にされたのは仕方ない。警察や町中の疑惑がアーロンに注がれる中、アーロンはルークと２人でウサギ撃ちをしていたとのアリバイを主張し、ルークもそれに同調したが・・・。

　本作は忠実に原作に沿って作られているそうだが、登場人物が多いうえ、現在と２０年前の事件を錯綜させながら描いていくから、１度見ただけではわかりにくい。鑑賞後もパンフレットを片手に確認する必要があるほどだ。そんな中、自然災害である"渇き（Dry）"と共に描かれる、人間の悪しき営みである"偽り"とは・・・？

■□■一つの嘘が次の嘘を！２０年前の偽りが今回の事件を！■□■

　推理小説の醍醐味は、当然犯人探し。シャーロック・ホームズも明智小五郎もその能力に長けていたが、連邦警察官のアーロンは新米警官のグレッグよりその能力に長けていたらしい。その結果、本作でもラスト近くになると、ルークの事件が実は心中ではなく"犯人Ｘ"がいたことが明らかにされる。その動機はウィムラ地方の渇きと補助金行政にあったようだが、そのことにアーロンやルークの旧友であるグレッチェン（ジュネウィーヴ・オーライリー）やルークの農場近くの土地を持つ農夫ジェイミー・サリバン（ジェームズ・フレッシュヴィル）たちは、いかなる関係を・・・？

　他方、たった一つの小さな嘘が次第に大きなたくさんの嘘に結びついていくことはスリラー映画ではよくあるが、本作における、最初のたった１つの小さな嘘とは一体ナニ？我が息子アーロンがいつもつるんで遊んでいる４人組の１人であるエリーを殺すはずがない。

アーロンの父親エリック（ジェレミー・リンゼイ・テイラー）がそう確信していたのは当然、そのため、警察や町の人々が一斉にアーロンに疑いの目を向ける中でも、父親は断固それに対抗していたが、ある日、ある時、「１度だけ聞く・・・。」と前置きしてアーロンに質問したこととは・・・？

　２０年ぶりにキエワラに帰郷してきたアーロンに対して、執拗な嫌がらせをするエリーの父親やいとこの姿は、ある意味常軌を逸しているが、その恨みつらみはわからないでもない。だって、アーロンは疑いを晴らせないまま父親とともにキエワラの町を逃げ出していったのだから。それが今、連邦警察官に出世したからといって、ルーク一家心中事件を調査するために戻ってくるとは・・・？本作については複雑かつ巧妙に設定された伏線をしっかり理解しながら犯人捜しをしなければならないが、それ以上に『渇きと偽り』と題された原作と邦題の意味をしっかり考える必要がある。

■□■水害も怖いが、火事も怖い。一体どんな結末に？■□■

　近時の日本で、"線状降水帯"という言葉が毎週のようにニュースになっている。線状降水帯の下では、１時間に１００mmもの集中豪雨になるから怖い。しかし、逆に１年間１滴も雨が降らず、すべてが干からびた状態の中で、、誰かが身体にガソリンをかけ、それに点火すれば・・・？その火はその男だけでなく、瞬く間に周囲に燃え広がり、ウィムラの町にある、スコット（ジョン・ボルソン）が校長を務める学校まで燃やしてしまうのでは？本作ラストでは、犯人探しの醍醐味と共に、そんな火事の怖さも現実化するのでそれに注目！

　なるほど、ルークの一家心中殺人事件は、ルークの父が見込んだ通り無理心中ではなく、ウィムラ地方の干ばつとそれに基づく"補助金行政の歪み"が生み出したものだったらしい。しかし、今それがアーロンの捜査によって判明すれば、２０年前のエリーの水死事件の真相も同時に判明するの？それについては、アーロンが、ルークからの提案によって"ある嘘"をついていたことが明らかにされるが、その嘘を聞かされたグレッチェンはそれに合わせてさらにどんな嘘を？なるほど、神の摂理が織りなす渇き（The Dry）という自然現象も怖いが、人間が織り成す嘘の連鎖はそれ以上に怖い。エリーが川にやってこないため家に戻ったところで父親から、エリーの水死を聞いたアーロンは、急いで川に戻った。彼がそこで見た風景とは・・・？なるほど、すべてがこんなクライムサスペンスだったの！

　原作の素晴らしさと共に、本作の素晴らしさを堪能。

２０２２（令和４）年１０月１７日記

47

Data 2022-79

監督：マーティン・キャンベル
脚本：リチャード・ウェンク
製作：『ジョン・ウィック』製作ス
　　　タジオ
出演：マギー・Q／マイケル・キー
　　　トン／サミュエル・L・ジャ
　　　クソン／ロバート・パトリッ
　　　ク

SHOW-HEY シネマルーム

★★★★

マーベラス

2021 年／アメリカ・イギリス映画
配給：REGENTS／109 分

2022（令和 4）年 7 月 2 日鑑賞　　TOHO シネマズ西宮 OS

👀 みどころ

　私は小難しい社会問題提起作や歴史大作が大好きだが、同時に美女スパイが
活躍する"活劇もの"も大好き！『アトミック・ブロンド』（１７年）や『レッ
ド・スパロー』（１７年）、『ＡＮＮＡ／アナ』（１９年）等に続く、『マーベ
ラス』と題された本作には３人の"マーベラス"（超一流）が登場するが、誰
よりもマギー・Q扮する、復讐に生きる暗殺者・アンナに注目！
敵の手に落ち、いたぶられる場面がこの手の映画の定番なら、重傷を負っての
脱出と復活も定番。しかし、「殺る？それとも、ヤる？」の質問と、その後の
展開にはビックリ。その他さまざまな仕掛けにも注目したいが、"ベッドイン"
経験者同士の最後の対決は如何に？

———＊———＊———＊———＊———＊———＊———＊———＊———＊———＊

■□■美女スパイが大活躍する「スパイもの」大好き！■□■

　シリアスな「スパイもの」も面白いが、たまには美女スパイが大活躍する単純な（？）「活
劇もの」もいい！近時のその代表が、シャーリーズ・セロン主演の『アトミック・ブロン
ド』（１７年）（『シネマ41』１９４頁）、ジェニファー・ローレンス主演の『レッド・ス
パロー』（１７年）（『シネマ41』１８９頁）。サッシャ・ルス主演の『ＡＮＮＡ／アナ』（１
９年）（『シネマ47』７６頁）もそうだった。しかして、本作は？

■□■3人のマーベラス（＝超一流）のアンサンブルに注目！■□■

　「マーベラス」とは「驚くべきさま。感嘆すべきさま。奇跡的で素晴らしいさま。」だが、
それが転じて"超一流"を意味することになる。しかして、「マーベラス」と題された本作
は、「完璧を追求する護衛者」レンブラント（マイケル・キートン）、「復讐に生きる暗殺者」
アンナ（マギー・Q）、「最後の贖罪を願う工作員」ムーディ（サミュエル・L・ジャクソン）
という３人の超一流の主役たちが大活躍！

監督は『００７／カジノ・ロワイヤル』、『００７／ゴールデンアイ』と２作の『００７』を手掛けたマーティン・キャンベル。そして、製作は『ジョン・ウィック』製作スタジオだから、チラシに書いてある通り「３人のプロフェッショナルが織りなす極限のアンサンブル」に注目！

■□■舞台はベトナム！師弟コンビの任務の継承は？■□■

本作冒頭の舞台はベトナム。そこでは若き日のムーディが、ある任務を達成。その後もさまざまな任務を請け負ってきた。しかし、それから３０年後の今は、師弟コンビとして親子のような絆で結ばれた美女アンナに、すべての仕事と財産（？）の継承を考えているらしい。

アンナの表の顔は古書店の女店主だが、ある日そこを訪れてきた男レンブラントは一体何者？そこでのプロ同士の何とも含蓄の多い会話に注目していると、その直後にムーディが殺されてしまったから、アレレ・・・。

■□■ヒロインのキャラは復讐に生きる暗殺者！■□■

『アトミック・ブロンド』の主役は、ＭＩ６に所属する優秀な女スパイだったから、あくまで国家的任務達成のために奮闘していたが、本作は、ムーディの死亡から始まる、アンナの「復讐に生きる暗殺者」としての奮闘がストーリーの中核になる。本作中盤の展開でマーティン・キャンベル監督があえて観客にぼやかすのが、レンブラントたちが仕えている"影の帝王"の人物像。アンナがムーディの復讐を達成するためには、どうしてもその"影の帝王"に辿り着かなければならないが、そこに至るまでにはさまざまな紆余曲折が・・・。

奮闘むなしく、途中でアンナが捕まってしまうストーリーはこの手の映画の定番だが、どんな拷問を受けても弱音を吐かないのもこの手の映画の定番。いかにいたぶられても、美しい顔に傷をつけられることはないし、そのうちに脱出し、復活するのは約束ゴトだと安心して楽しむことができる。さあ、アンナの苦境の乗り越え方は・・・？

■□■「殺る？それとも、ヤる？」この名セリフに注目！■□■

『マーベラス』と題された本作は、敵役のレンブラントに敬意を払い、知能でも格闘術でも超一流の取り扱いをしているところが面白い。したがって、最後はお互いに敬意を抱きながらの、アンナとレンブラントの対決になるが、あっと驚くのは中盤で２人がベッドインしてしまうシークエンス。その前後には、レンブラントがアンナに「殺る？それとも、ヤる？」と質問する名セリフがあるので、それに注目し、アンナがいかなる回答をするのかにも注目！いくら敵同士でも一度ベッドインし情を交わしてしまうと敵対心が落ちるものだが、さて本作は？

■□■マギー・Ｑは、まだまだ元気で美人！■□■

マギー・Ｑの代表作は、香港映画『レディ・ウェポン（赤裸特工）』（０２年）（『シネマ

１７』１４５頁）。その評論で、「私にはハリウッド映画の『チャーリーズ・エンジェル』以上の出来だと思えたが・・・・・・？」と書いたが、１９７９年生まれの彼女は、その当時２０代前半だから綺麗でカッコ良かったのは、当然。それから約２０年後の今、本作に見るマギー・Ｑは、少し年は取ったものの、何の何の！まだまだ元気！まだまだ美人！本作では、そんな彼女の見事なアクションに注目！

　中国語では若くて綺麗なことを「又年轻、又漂亮」というが、本作に見るマギー・Ｑはまさにそれ。そんなマギー・Ｑをたっぷり堪能できただけでも、本作は十分に価値あり！

２０２２（令和４）年７月５日記

『マーベラス』DVD　発売中
税込価格：4,290円
発売元：株式会社ハピネットファントム・スタジオ
販売元：株式会社ハピネット・メディアマーケティング
© 2021 by Makac Production, Inc.

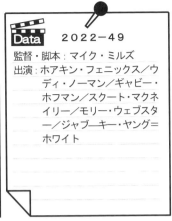

Data 2022-49

監督・脚本：マイク・ミルズ
出演：ホアキン・フェニックス／ウ
ディ・ノーマン／ギャビー・
ホフマン／スクート・マクネ
イリー／モリー・ウェブスタ
ー／ジャブーキー・ヤング＝
ホワイト

SHOW-HEY シネマルーム

★★★★

カモン　カモン（C' MON C' MON）

2021 年／アメリカ映画
配給：ハピネットファントム・スタジオ／108 分

2022（令和 4）年 4 月 23 日鑑賞　　TOHO シネマズ西宮 OS

👀 みどころ

　ド派手な役でも、しっとりした役でも "魅せる" ホアキン・フェニックスが、ラジオ・ジャーナリスト役で熱演！未来についてどう思う？子供たちにそんな質問を投げかけて収録・編集するドキュメンタリー番組は興味深いが、それで喰っていけるの？

　妹から預かった 9 歳の男の子は生意気盛りのうえ超デリケート。全編に流れる 2 人の会話はすべて微妙で、かみ合ってるような、かみ合っていないような・・・。理解し合えていないこと、だけは確かそうだが・・・。

　しかし、それでも本作は "世界が絶賛！" それはなぜ？そもそも「C' MON C' MON」って一体ナニ？とにかく、前へ、前へ（カモン　カモン）だが・・・。

―――＊―――＊―――＊―――＊―――＊―――＊―――＊―――＊―――＊

■□■主人公のお仕事は？これで喰えるの？■□■

　本作の主人公である独身男ジョニー（ホアキン・フェニックス）の仕事は、ラジオ・ジャーナリスト。これは、大きなマイクと録音機器を持って、全米各地の子どもたちに、「未来についてどう思う？」、等とさまざまなインタビュー取材をする仕事だ。そのネタを元にラジオのドキュメンタリー番組を作っているそうだが、今時、そんな良質で地味な仕事で喰っていけるの？日本では、NHK ですらアホバカ・バラエティーの影響を受けて、そんな良質な番組は減り続けているから、やっぱりアメリカの民主主義は本物・・・？

　それはともかく、そんなジョニーが、それまで疎遠だった妹のヴィヴ（ギャビー・ホフマン）から、「しばらくの間、9 歳の息子ジェシーを預かってほしい」と頼まれ、それを承諾したのは、なぜ？

■□■妹の息子を預かって、一緒に仕事を？■□■

　子育ての経験もないのに、また仕事がメチャ忙しいのに、子供の世話などジョニーにで

きるの？しかも、９歳の男の子といえば誰でも生意気盛りだが、大人びた雰囲気を持ったジェシー（ウディ・ノーマン）は口が達者。したがって、「ああ言えば、こう言う」類の会話が多くなるのは仕方ないが、時には"変化球"を投げてきたり、そうかと思うと真正面から"豪速球"を試してくるから、この男の子は対処が難しい。そのうえ、感情豊か（？）だから、笑ったと思うとすぐに泣き出したり、とにかく扱いにくい。

これまで独身を謳歌し、何でも一人で自由に動けたのに、今日からは、仕事中もプライベート中もこんなガキと一緒に？そりゃ、やってられねえよ。私ならそう思って、ヴィヴの頼みを断るだろう。ところが、ジョニーはデトロイトでの仕事中にすんなりそれを引き受けたからビックリ。ロサンゼルスでジェシーと合流した彼は、ニューヨークに戻って仕事。その後はニューオーリンズへも一緒に取材旅行に行くことに。１０８分の本作は、そんな奇妙な２人旅の姿をたっぷりと・・・。全編に流れる２人の会話はすべて微妙で、かみ合ってるような、かみ合っていないような・・・。理解し合えていないこと、だけは確かそうだが・・・。

■□■この名優はド派手役も、ド地味役も！■□■

ハリウッドを代表する名優ホアキン・フェニックスの代表作は、①第１にグラディエーター役のラッセル・クロウがアカデミー賞主演男優賞を受け、暴君（皇帝）役のホアキン・フェニックスがアカデミー賞助演男優賞にノミネートされた、『グラディエーター』（００年）②第２に、最凶の悪役アーサー役を怪演し、アカデミー賞主演男優賞を受けた『JOKER ジョーカー』（１９年）（『シネマ46』20頁）の２本。他方、そんなド派手な役だけでなく、彼が地味な役柄も見事にこなすことは、③『ウォーク・ザ・ライン　君につづく道』（０５年）（『シネマ9』91頁）や④『her　世界でひとつの彼女』（１３年）（『シネマ33』269頁）を観ればわかる。

本作は、その地味な方のラインだ。同じ日に観た『とんび』（２２年）では、主演した阿部寛の過剰気味の演技が目立っていたが、本作のホアキン・フェニックスには派手な演出は全くない。それにもかかわらず本作の評価は上々で、チラシには「圧倒的な多幸感！」「心揺さぶられる」「世界が絶賛！」等と書かれている。それは一体なぜ？

■□■「C'MON　C'MON」の意味は？ラストに注目！■□■

中国語の勉強を続けていると、「来」が「来る」という意味の他に、"積極性"を強調する意味で使われることがわかる。すると、「C'MON　C'MON」（カモン　カモン）という英語の意味は？

品の悪い英語の代表は「FUCK」（ファック）だが、「C'MON　C'MON」はそれとは逆に「前へ、前へ」という、積極的で肯定的な意味らしい。しかして、本作の原題はなぜそんな「C'MON　C'MON」に？また、近時の邦題は意訳したものが多いが、わかりにくいことを覚悟のうえで、邦題をカタカナの「カモン　カモン」にしたのはなぜ？

本作のラストには、ジェシーが「C'MON　C'MON」と何度も繰り返すシークエンスが

登場するので、そのことの意味をしっかり確認したい。そして、ホアキン・フェニックスが『JOKER ジョーカー』の次に選んだ心温まる物語をじっくり楽しみたい。

２０２２（令和４）年４月２７日記

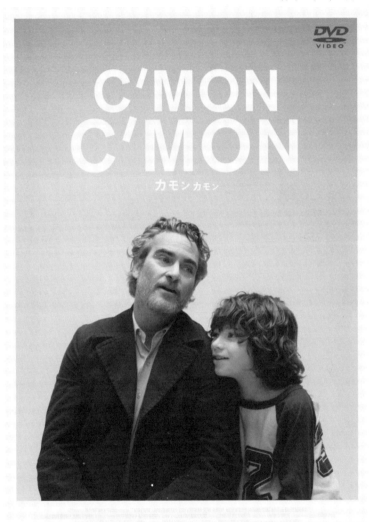

『カモン カモン』ＤＶＤ　　発売中
税込価格：4,290円
発売元：株式会社ハピネットファントム・スタジオ
販売元：株式会社ハピネット・メディアマーケティング
(C)2021 Be Funny When You Can LLC. All Rights Reserved.

Data　2022−83

監督・脚本：ポール・トーマス・ア
ンダーソン

出演：アラナ・ハイム／クーパー・
ホフマン／ショーン・ペン／
トム・ウェイツ／ブラッドリ
ー・クーパー／ベニー・サフ
ディ

★★★★

リコリス・ピザ

2021 年／アメリカ映画
配給：ビターズ・エンド、パルコ／134 分

2022（令和4）年7月7日鑑賞　　TOHO シネマズ西宮 OS

👀 みどころ

　『リコリス・ピザ』って一体ナニ？それは１９７０年代の南カリフォルニア
にあったレコード・チェーン店の名前だ。リコリス（甘草）を噛みながら自由
にレコード談義を！そんなコンセプトが大人気だったらしい。その他、あの人
物も、あの話題も、あのＴＶ番組も、あの店も、本作は "あの頃の気持ちと映
画の楽しさを思い出すものばかり" らしい。

　しかし、しかし・・・。それらは、すべてポール・トーマス・アンダーソン
監督の体験に基づくもの。それを、１５歳とはとても思えない大柄の俳優クー
パー・ホフマンと、１０歳も年上のミニスカートがよく似合う女優アラナ・ハ
イムが織りなす淡い初恋模様の中で次々と描いていく。

　ところが、さまざまに展開されるそれらのエピソードは、私が断片的にしか
知らないものばかり。これなら "昭和はよかった" をテーマにする日本の歌番
組を観ている方がよかったかも・・・。

—— * —— * —— * —— * —— * —— * —— * —— * —— * ——

■□■あの天才の最新作は？３部門候補！キネ旬も超高評価！■□■

　本作は、『マグノリア』（９９年）、『ザ・マスター』（１２年）（『シネマ30』２１３頁）
等の名作で有名なポール・トーマス・アンダーソン監督の最新作。第７４回アカデミー賞
で作品賞、監督賞、脚本賞にノミネートされた名作だ。しかし、「リコリス・ピザ」って一
体ナニ？また、チラシに写る２人の若き主人公の名前と顔もわからない。出演陣には、ショ
ーン・ペンやブラッドリー・クーパー等の著名俳優の名前もあるから、当然それなりの
ものだろう。そう思って、『キネマ旬報』７月下旬号の「REVIEW　日本映画＆外国映画」
を見ると、星５つ、５つ、４つと絶賛されているから、これは必見！

　チラシに、「誰もが "あの頃の気持ち" と "映画の楽しさ" を思い出す！」とあるとおり、

本作は、１９７０年代のアメリカを舞台とした、１５歳の少年ゲイリー（クーパー・ホフマン）と１０歳年上の女性アラナ（アラナ・ハイム）との初恋模様をテーマにしたもの。したがって、７３歳の私が今更そんな映画を観ても・・・。そう思いつつ、新聞紙評を含む本作の評論のあまりの良さに惹かれて、映画館に行くことに。

■□■「リコリス・ピザ」とは？音楽は？ＴＶ番組や映画は？■□■

「リコリス・ピザ」とは、１９７０年代に南カリフォルニアで人気のあったレコード・チェーン店の名前。パンフレットにある、村尾泰郎氏（音楽／映画ライター）の「リコリスの味がする青春のプレイリスト」によれば、リコリス・ピザの店は開放的な雰囲気に満ちていて、客には店名にちなんでリコリス（甘草）が無料で振る舞われ、店内にあるソファーに座ってレコードを自由に試聴したり、店員と音楽について語り合ったらしい。したがって、カリフォルニアで生まれ育ったアンダーソン監督にとっては、そんな「リコリス・ピザ」は７０年代のカリフォルニアを象徴する店、というわけだ。

また、本作に流れる計３８曲もの楽曲は、１９８６年に姿を消したリコリス・ピザの甘酸っぱい記憶を受け継ぐかのように、アンダーソン監督がリコリスを噛みながら聴いた７０年代の青春のプレイリストらしい。なるほど、なるほど。

■□■本作の主人公は？テーマは１９７０年代の体験談！■□■

本作のゲイリー役で主演したクーパー・ホフマンは、２０１４年２月２日に死去した名優フィリップ・シーモア・ホフマンの息子。父親譲りの小太りの体型からして１５歳の役

はちょっとやりすぎだが、演技力はさすがだ。他方、１９７０年代に一世を風靡したミニスカート姿で登場するため、スラリとした綺麗な足が一貫して目立つ、アラナ役のアラナ・ハイムも、三姉妹のバンド、ハイムの三女だそうだが、残念ながら私は全然知らない。

本作の主人公ゲイリー・ヴァレンタインは、実在の人物で、そのモデルはアンダーソン監督の親友ゲイリー・ゴーツマン。したがって、本作に見る彼の少年時代に起きたアラナとの恋物語や、本作に見るウォーターベッド販売店やピンボール開店等の物語は、すべてアンダーソン監督が彼から聞き取った体験談らしい。なるほど、なるほど。しかし、それらアンダーソン監督の１９７０年代の多くの体験は、日本人の私には全然わからない。その他、本作は面白く作られているものの、そのストーリーはすべてアンダーソン監督の"私的体験"にもとづくものであるため、私には程遠いものばかりだ。近時の私は、ＢＳテレビ

で放映されている「昭和はよかった」系の番組を楽しくかつ懐かしく観ているが、それに比べると、本作にはかなりの違和感も・・・。

■□■なぜこんな俳優が？なぜこんなエピソードが？■□■

ショーン・ペンは『ミスティック・リバー』（０３年）（『シネマ４』２５１頁）、『ミルク』（０８年）（『シネマ２２』４２頁）等で有名な俳優。そんな彼が、本作ではジャック・ホールデン役で登場するが、これは私も知っているウィリアム・ホールデンがモデルらしい。また、アラナを見たジャックは「グレースを思い出す」と語り、ティーン・エイジャーのアラナではとても入れないような大人の世界にアラナを誘っていくが、そこでの"グレース"って一体誰？これは、女優からモナコ王女になった超美人女優、グレース・ケリーのことだ。

したがって、それらがわからなければ、本作のストーリー展開の面白さについていけないのは当然だ。ところが、本作はそんな日本人にはわからないエピソードばかり。本作にはもう１人、『アリー／スター誕生』（１８年）（『シネマ４３』４０頁）や、『ナイトメア・アリー』（２１年）（『シネマ５０』３１頁）等で有名な俳優、ブラッドリー・クーパーが最初にウォーターベッドを注文する映画プロデューサー、ジョン・ピーターズ役で出演しているが、このストーリーもわかったようでわからないものだ。さらに、本作に登場するテレビ番組や映画、地名や料理等々も、１９７０年代を生きたアメリカ人なら誰でも知っているエピソードばかりだが、私には基本的にチンプンカンプン。それでは、本作を「あの頃の気持ちと映画の楽しさを思い出しながら楽しめ」と言われても、所詮無理な話だが・・・。

■□■１５歳の子役の事業欲は？２５歳のアラナの選択は？■□■

本作は、１９７０年代にポール・トーマス・アンダーソン監督が体験した色々なエピソードを交えながら、１５歳の子役の男の子ゲイリーと、２５歳のカメラマン・アシスタントであるアラナとの出会いから始まる恋物語を描いていくもの。しかし、その恋物語は１５歳であるにもかかわらず、子役の傍ら、ウォーターベッドの販売を思いついて実行に移し、成功させていくからビックリ！さらに、ピンボール店第１号の開店も実行するからこれにもビックリ！これらのエピソードは監督の作り話ではなく、ゲイリーのモデルとなったゲイリー・ゴーツマンが実際にやってきたことらしいから、本来は説得力十分なはずだ。

他方、ゲイリーとの最初の出会いでは１０歳の"年上感"が目立っていたアラナだが、ゲイリーのＴＶ付き添い役をやったり、ウォーターベッド販売を手伝うようになると、微妙に２人の力関係が変わっていくから、それに注目！しかし、有名な映画俳優ジャック・ホールデンとの物語や、ウォーターベッドを注文した映画プロデューサー、ジョン・ピーターズとの物語を２人で体験する中、２人とも少しずつ成長していったのも当然だ。

しかして、アラナはカリフォルニアの市長選挙に出馬しているジョエル・ワックス（ベニー・サフディ）の選挙活動のボランティアを始めたが、その選択の是非は？他方、ジョエルの事務所に出入りするうちに、禁止されていたピンボールがまもなく解禁されること

を知ったゲイリーは、ピンボール第1号店を開くというアイデアを思いつき、実行。ところが、そこで「この街を変えようという立派な人といて、聞いたのはピンボールのことだけ？」「僕がいなければ君はまだ生徒の写真を撮ってた」と2人の口論が勃発することに。さあ、2人の恋物語の展開は如何に？

■□■15歳の男と25歳の女の恋物語の結末は？■□■

　若きロミオと若きジュリエットの恋物語は悲痛な結末を迎えたが、そんな結末はシェイクスピアが一世一代の悲恋物語を完成したさせようとしたためだ。したがって、ゲイリーとアラナのような1970年代を生きた普通の（？）男女の恋物語については、それと同じような"あっと驚く展開"や"悲劇的な結末"は不要。しかし、ポール・トーマス・アンダーソン監督は、これも実話かどうかは知らないが、市長選挙の結果が出る前のジョエル候補のスキャンダルめいた物語にアラナが巻き込まれていくストーリーで、本作を締めくくっていくので、それに注目！

　そのスキャンダルとは、ジョエルとジョエルの恋人だというマシューという男が2人で食事している席に、アラナが呼び出されること。それは一体なぜなのかは、あなたの目で確かめてもらいたいが、その後の展開を見ていくと、「彼氏はいる？」「クソ野郎か？」と聞かれたアラナ

『リコリス・ピザ』ブルーレイ＋DVD
発売元：NBCユニバーサル・エンターテイメント
価格：5,280円（税込）　発売中

が「ええ！」と答える姿に納得できる。1970年代のアメリカは実にいい時代だったが、たしかにアラナの彼氏になりそうな男は、ゲイリーを含めてみんなクソばかり・・・？かどうかもあなたの目でしっかり確認してもらいたい。もっとも、何度も繰り返す通り、本作のエピソードについては知らないことばかりだから、その判定は難しい。

2022（令和4）年7月13日記

Data 2022-97

監督・脚本：セリーヌ・ヘルド／ローガン・ジョージ
出演：ザイラ・ファーマー／セリーヌ・ヘルド／ファットリップ／ジャレッド・アブラハムソン

SHOW-HEY シネマルーム

★★★

きっと地上には満天の星

2020 年／アメリカ映画
配給：フルモテルモ、オープンセサミ／90 分

2022（令和4）年8月11日鑑賞　　シネ・リーブル梅田

👀 みどころ

　ロマンチックな邦題をつけた本作の舞台は、地下鉄が走るニューヨークのさらにその地下。この母子は、なぜそこでホームレスとして暮らしているの？

　そんな地下空間から脱出した母子の絆の物語は感動の涙を誘うはずだが、残念ながら私にはイマイチ。『翼をください』や『地上の星』の歌詞には共感できても、「もうすぐ翼が生えてくる」という本作の設定（嘘）はどうも・・・？また、地下鉄ではぐれた時の"危機管理"くらいは、しっかりしておかなくちゃ・・・。

—— * —— * —— * —— * —— * —— * —— * —— * —— * ——

■□■ロマンチックな邦題に注目！■□■

　本作の原題は『Topside』だが、その邦題は、絵画的な情趣いっぱい（？）の『きっと地上には満天の星』。この邦題を見た団塊世代のじいさん・ばあさんは、きっと、荒木一郎が歌って大ヒットした『空に星があるように』（６６年）を思い出すはずだ。フォークソング全盛時代のトップバッターになった同曲は、何ともロマンチックな恋愛ソングだったが、さて本作は？

　チラシに躍る「NY の街の奥底で暮らす母娘の、心震える愛の物語。」「地下鉄の廃トンネルで育ったリトルは、まだ夜空を知らない――」「母と娘の強烈な愛の物語。」等の見出しを読めば、それだけで本作は必見！

■□■地下鉄網のさらに下の広大な地下空間とは？■□■

　ドストエフスキーの小説には『地下生活者の手記』があり、近時の有名な映画にはポン・ジュノ監督の『パラサイト　半地下の家族』（１９年）（『シネマ46』１４頁）があるが、ニューヨークには地下鉄をはじめとする広大な地下空間の下に、さらに迷路のように横たわる広大な地下の世界があるらしい。

ちなみに、私は大阪に水害を防ぐ"神殿"ならぬ「地下トンネル」があることを、近時のニュース番組ではじめて知ることができた。この取材は、大阪府東大阪市の若江立坑で行ったもので、ここが全長１３キロに及ぶ「寝屋川南部地下河川」の起点になっているそうだ。その仕組みは、豪雨で下水道の処理能力を超えた水を集めて大阪湾近くまで流し、ポンプでくみ上げて川に放出するというものだ。

　膨大な費用をかけたこの"地下河川"設置工事は目的の明確なれっきとした公共事業だが、本作に見るニューヨーク地下鉄の下に広がる地下迷路は一体ナニ？その整備のために、住民の立ち退きを含む公共事業が必要なことは当然だが・・・。

■□■そこで暮らすホームレスたちは？■□■

　『パラサイト　半地下の家族』（１９年）の冒頭では、携帯の電波の届くところを求めてトイレの上に座るシークエンスの中で、韓国で有名な（悪名高き？）「半地下世界」の実態を垣間見ることができた。２０２２年の夏に日本列島を襲っている水害は大変だが、韓国の半地下では、それはもっと大変らしい。

　本作ではそんな水害の姿は描かれないが、冒頭から暗いスクリーンの中、手持ちカメラで撮影される、地下空間で暮らすホームレスたちのコミュニティーが描かれる。５歳の娘、リトル（ザイラ・ファーマー）と共に暮らす母親ニッキーは、本作が監督初となったセリーヌ・ヘルド自身が演じているそうだが、これはかなりの美人。ところが、何と彼女はコカイン中毒らしいからアレレ・・・。

　ドストエフスキーの『地下生活者の手記』はかなり鬱陶しい小説だったが、遠くから当局による"立ち退き"を促す声が聞こえてくる中、ニッキー、リトル母娘と周辺のホームレスたちが暮らしている姿もかなり鬱陶しい。そんな本作の導入部を観ていると"問題の

論点"はすぐにわかってくるから、そんな薄暗い中での鬱陶しい姿が長々と映し出されると、さらに鬱陶しさが増してくることに・・・。

■□■もしも翼があったなら？それが本作のミソだが・・・■□■

日本の１９８０年代のフォークの名曲に「赤い鳥」が歌った『翼をください』（７１年）がある。「もしも、大空を自由に飛び回れたら・・・」という誰もが抱く夢をテーマにした同曲は卒業式等でもよく歌われるが、人間が翼を持つことはあくまで夢。飛行機の発明はその夢の実現だが、本作ではニッキーがリトルに対して、「大人になったら背中に翼が生えてくるから楽しみに」と教えているところがミソだ。「すでに翼が生えている大人は通常それを畳んでいる」というニッキーの（嘘の）説明を信じ込んでいるリトルは、自分の背中にいつ翼が生えてくるかを楽しみに、暗い地下空間での日々を送っていた。

しかし、リトルの背中にまだ翼が生えていない今の段階で、強硬に立ち退きを迫る当局の圧力の下、ニッキーはついに地上への脱出を決意することに。しかして、その方法は？そんな本格的なストーリーを展開していくについては、なぜニッキーが今ここで生活しているのか、等々の諸前提について教えてもらいたいところだが、本作はその説明が不十分なまま進んでいく。しかし、脱走過程の中で少しずつ、それが明らかにされるので、それにも注目！

■□■母子が地下鉄ではぐれた時の"危機管理"は？■□■

ニューヨークの地下鉄網の実情は知らないが、東京でも大阪でも日本の地下鉄網はすごい。とりわけ大阪では、２０１１年の橋下徹大阪市長の登場後、エレベーター、トイレをはじめとするその快適さは飛躍的に改善されている。

それはともかく、はじめて地下鉄に乗ったリトルが、母親と一緒だったとはいえ、いかに戸惑い、怯えたかは想像に難くない。広大な地下空間から逃げ出したニッキーは、これから一体どうするの？それが明確にされないまま、本作では動き始めた地下鉄の扉が閉じられたある瞬間、ニッキーとリトルが行き別れてしまうことになったから、さあ大変だ。ここから、スクリーン上には、取り乱すニッキーの姿が延々と映し出されるが、それって少し変！なぜニッキーはリトルに対して、「迷子になった場合には、はぐれた場所から動かないで！」と教えていないの？また、本作中盤に見るニッキーの取り乱す姿は一体ナニ？これは、コカイン中毒患者らしい姿を見せるニッキーの姿とともに、私が本作に全然共感できない根拠になっている。なぜ、こんなストーリーが成立し、なぜ『きっと地上には満天の星』というロマンチックな邦題が成立するの？

ちなみに、「風の中のすばる、砂の中の銀河」の歌詞から始まる、中島みゆきの名曲『地上の星』はテレビ番組『プロジェクトＸ～挑戦者たち～』の主題歌として作られたものだが、そのスケール感はすごい。それに比べると、『きっと地上には満天の星』と題された本作は・・・？

２０２２（令和４）年８月１５日記

| Short | ショートコメント | ★★★ | Data | 2022-72 |

炎の少女チャーリー

2022年／アメリカ映画
配給：東宝東和／95分

2022（令和4）年6月18日鑑賞　　TOHO シネマズ西宮 OS

監督：キース・トーマス
原作：スティーヴン・キング
出演：ザック・エフロン／ラ
　　　イアン・キーラ・アー
　　　ムストロング／シド
　　　ニー・レモン／カート
　　　ウッド・スミス／マイ
　　　ケル・グレイアイズ

みどころ

　スティーヴン・キングの原作は、スリラー小説として興味深いものが多い。1984年に『サンタクラリータ・ダイエット』というタイトルで映画化された本作はその典型だが、そのリメイク版たる本作は如何に？

　超能力といえば、かつて"スプーン曲げ"が大流行！邦題を『炎の少女チャーリー』とする本作の超能力は、パイロキネシス（念動放火）だが、それって一体ナニ？怒りを大きな助燃性とするそんな超能力を、軍事利用することができれば・・・？

　そんなシリアスな物語は脚本によっては面白くなりそうだが、さて本作は・・・？

——— * ——— * ——— * ——— * ——— * ——— * ——— * ——— * ——— * ———

◆スティーヴン・キングのスリラー小説は傑作揃い。その中でも、『ファイアスターター』は有名で、1984年に当時"天才子役"と絶賛されていたドリュー・バリモアの主演で映画化されている。本作はそのリメイクだが、1984年版の原題は『サンタクラリータ・ダイエット』だったのに対し、本作の原題は『ファイアスターター』。そして、邦題は『炎の少女チャーリー』だ。しかして、本作は、パイロキネシス（念動放火）の超能力を持つ少女チャーリー（ライアン・キーラ・アームストロング）の過酷な逃亡劇を描くもの。しかし、そもそもパイロキネシス（念動放火）って一体ナニ？

◆超能力といえば、かつて"スプーン曲げ"が大ブームになったが、小説の世界ではどんな超能力を設定しても OK。スーパーマンやスパイダーマン、バットマンなど、いわゆるアメリカン・コミックはその典型だ。そんな主人公の物語は、子供向けでも大人向けでも、また、ハッピーものでも悲劇ものでも、自由に創作することができる。

　生まれた時から子供がパイロキネシス（念動放火）という驚くべき超能力を持っている場合、まず最初に困惑するのは両親だから、本作では、まず父親アンディ（ザック・エフ

ロン）と母親ヴィッキー（シ
ドニー・レモン）との間に生
まれたチャーリーが、赤ちゃ
んの時に見せるその"超能力
ぶり"に注目！あやうく、赤
ちゃん部屋のみならず家全体
が火事に！チャーリーの超能
力をうまく管理できなければ
そんな悲劇に直結することは
明らかだが、問題はそんなレ
ベルで収まるの・・・？

◆私はもちろん原作を読んでいないが、原作はチャーリーが持つその能力を軍事利用しよ
うとする政府機関にチャーリーとその両親が追われる、という内容らしい。すると問題は、
その政府機関が正式のものか、それとも違法なものかだが、それはさて？

　チャーリーにパイロキネシス（念動放火）の能力が発揮されるのは、感情のコントロールがうまくできない時、とりわけ怒りの感情が高まってくる時らしい。学校の中で、いじめっ子たちとうまく協調できない程度の怒りならまだ可愛いものだが、常にそれをコントロールしなければならない本人と両親はとにかく大変。それなのに、世の中にはそんな超能力をうまく利用すればと考える輩がいるらしい。しかも、それが軍事利用となると話は穏やかではない。なるほど、それもわかるが、その点についての本作のストーリー作りは如何に？私見では、もう少し脚本を練る必要があったのでは・・・？

『炎の少女チャーリー』ブルーレイ＋ＤＶＤ
発売元：ＮＢＣユニバーサル・エンターテイメント
価格：5,280円（税込）　発売中

２０２２（令和４）年６月２１日記

Short ショートコメント ★★★

Data 2022-91

監督：アンソニー・ルッソ、
　　　ジョー・ルッソ
出演：ライアン・ゴズリング
　　　／クリス・エヴァンス
　　　／アナ・デ・アルマス
　　　／ジェシカ・ヘンウ
　　　ィック／レジェ＝ジー
　　　ン・ペイジ／ワグネ
　　　ル・モウラ

グレイマン

2022年／アメリカ映画
配給：Netflix／129分

2022（令和4）年7月30日鑑賞 ｜ シネ・リーブル梅田

👀 みどころ

　肉弾戦、銃撃戦、カーチェイスを"売り"にする映画は多いが、2億ドルという Netflix 史上最高額の製作費を投入した本作は、"規格外のスパイアクション映画"が売り！

　たしかに、"三点セット"のアクションはすごい。しかし、"目にも留まらない早ワザ"とか"瞬き禁止のアクション"と言われても、動体視力の衰えた私には、その魅力はイマイチ・・・。

　さらに、映画の命は脚本だが、そもそもグレイマン（＝その正体を知る者がいない男）＝ＣＩＡの隨一の優秀な工作員という設定は、それ自体にどこか矛盾があるのでは・・・？

—— * —— * —— * —— * —— * —— * —— * —— * —— * ——

◆Netflix 史上最高額の製作費2億ドルで完成させた"規格外のスパイアクション映画"たる本作の主人公は、CIA 随一の優秀な工作員コート・ジェントリー（ライアン・ゴズリング）。彼が"グレイマン"と呼ばれているのは、その正体を誰も知る者がいないためだが、そもそも、そんな設定に現実味が・・・？

　本作のストーリーは単純明快。ある日、コートが超重要機密を知ってしまったことで、元同僚のロイド・ハンセン（クリス・エヴァンス）から執拗に命を狙われるというものだが、それもあまり現実味なし・・・？肉弾戦、銃撃戦、カーチェイス等々のド派手なアクションの他、華々しい（？）知能戦を戦わせるのは、この2人の敵対する主人公だが、ダニ・ミランダ（アナ・デ・アルマス）、スザンヌ・ブリューワー（ジェシカ・ヘンウィック）等の美女も彩りよく登場するので、アクション以外にも期待！

◆Netflix が2億ドルもかけた本作だが、スパイアクション映画らしく、スクリーンは総じて暗い。それを見ると、製作費の大半が爆破シーンやカーチェイスに使われていることがわかる。しかし、全編を通じてこの暗いトーンでは嫌になってくる。また残念ながら、本

作では俳優の名前と顔が一致していないので、どこで、誰が、何のために、何をしている（戦っているのか）のかが、よくわからない。また、舞台もあちこちと移動するが、全体としてのストーリー構成が今イチ飲み込めない。そのうえ、本作の命綱（持ち味）とも言うべきスピーディーなアクションに私のいわゆる"動体視力"がついていけないこともあって、全然ワクワク、ドキドキしてこない。そもそも、1人のスパイを殺すのにあんなに大規模な銃撃戦が必要なの？ド派手なカーチェイスも面白いと言えば面白いが、バカげているといえばバカげているようにも・・・。

◆本作については、ネット上で絶賛され、「さらに映像には、先の全く読めない展開に加えて、激しい肉弾戦や銃撃戦、目にもとまらぬ速さで巻き起こるカーチェイスなど、豪華キャスト達が繰り広げる息つく間もない壮絶なアクションシーンも満載。奇襲により街中で突如始まる銃撃戦や、屈強な男たちとの肉弾戦、壮絶な大爆発など、超絶スケールで繰り広げられるダイナミックな映像は瞬き禁止シーンの連発だ。」と解説されている。まさしく、そのとおり。とりわけ、ピッタリくるのは、"瞬き禁止シーンの連発"ということだが、73歳の爺さんの目にはやっぱりこんな映画は、ノーサンキュー・・・。

2022（令和4）年8月2日記

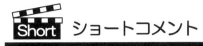

Short ショートコメント ★★★	Data	2022-104

ブレット・トレイン

2022年／アメリカ映画
配給：ソニー・ピクチャーズエンタテインメント／126分

2022（令和4）年9月3日鑑賞　　TOHOシネマズ西宮OS

監督：デヴィッド・リーチ
原作：伊坂幸太郎「マリアビートル」
出演：ブラッド・ピット／ジョーイ・キング／アーロン・テイラー＝ジョンソン／ブライアン・タイリー・ヘンリー／真田広之

みどころ

　「ブレット・トレイン」＝「Bullet Train」＝「弾丸列車」と聞けば、かつて大日本帝国が支配する満州国で南満州鉄道（満鉄）が走らせた特急列車"あじあ"を彷彿させるが、本作のそれは東海道新幹線。

　「潜水艦モノ」や「新幹線モノ」は面白い。「新幹線モノ」の代表は高倉健主演の『新幹線大爆破』（75年）だが、それに比べて本作の出来は？

　伊坂幸太郎の原作を含めてこんな映画が大好きな人もいるだろうが、ブラッド・ピットや真田広之の熱演にもかかわらず、私にはイマイチ・・・。

――＊――＊――＊――＊――＊――＊――＊――＊――＊

◆私はクエンティン・タランティーノ監督の作品が大好き。『キル・ビル〜KILL BILL〜vol.1』（03年）（『シネマ3』131頁）、『キル・ビル〜KILL BILL〜vol.2』（04年）（『シネマ4』164頁）を観た時から、その魅力にハマってしまった。そして私は、その後の①『イングロリアス・バスターズ』（09年）（『シネマ23』17頁）、②『ジャンゴ 繋がれざる者』（12年）（『シネマ30』41頁）、③『ヘイトフル・エイト』（15年）（『シネマ37』40頁）、④『ワンス・アポン・ア・タイム・イン・ハリウッド』（19年）（『シネマ45』137頁）も大好きだ。ハリウッドの映画監督の中でも、彼の日本好き、日本贔屓は突出しているが、ひょっとして本作のデヴィッド・リーチ監督もそうなの？

　スタントマン出身で、過去にブラッド・ピットの代役を何度も務めたことがあるという彼は、ふざけたヒーロー映画『デッドプール2』（18年）で有名らしい。しかし、"その手の映画"があまり好きでない私は、それを観ていないし、彼の名前も知らなかった。また、本作の原作になったという日本の作家、伊坂幸太郎の『マリアビートル』も全然知らなかった。なぜデヴィッド・リーチ監督はそんな原作に興味を？そして、そんなB級映画（？）に、なぜブラッド・ピットが主役で登場することに？

◆事前に資料を読んだ限り、原作の『マリアビートル』も、そして『ブレット・トレイン』

65

とタイトルを変えて映画化された本作も、キャラの立った登場人物が次々と登場する、お
ふざけいっぱいのサスペンス映画！？したがって、どう間違っても、アガサ・クリスティ
ー原作の本格的推理小説やそんな映画が好きな人にはおすすめできない映画？

　もっとも、ブラッド・ピットは二枚目役はもとより、シリアスな役でもおふざけ役でも、
なんでもござれだから、その"怪演"は期待できる。しかし、その他の俳優は？そう思っ
ていると、なんと真田広之も出演しているから、すごい。なるほど、すると、こりゃひょ
っとしてタランティーノ監督ばりの快作に？そう思って、映画館へ。

◆「密室モノ」は面白い！したがって、「潜水艦モノ」と同じように「新幹線モノ」も面白
い！「ブレット・トレイン」＝「Bullet Train」は弾丸列車の意味だが、その正体は日本の
新幹線。原作は東北新幹線が舞台だが、デヴィッド・リーチ監督は伊坂幸太郎の原作を映
画化するについて、舞台は日本の東海道新幹線にこだわったらしい。それは一体なぜ？

　東海道新幹線を舞台にした映画は高倉健の『新幹線大爆破』（７５年）が代表だが、列車
を舞台にすれば、密室である上、到着までの時間が限定されているから物語の進行のスピ
ードが早くなるし、緊張感を維持しやすいのが利点。しかも、それが新幹線になると、停
まる駅が少ないから、それをストーリー構成にどう生かしていくかもポイントになる。本
作はのぞみを借り切って撮影したそうだから、列車内でどんな殺人が起きようと、また、
いかに列車を潰してしまおうとそれは自由。ヘビの持ち込みも可能だし、殺し屋の乗り込
みもフリーパスだ。

◆本作の主人公、レディバグ（ブラッド・ピット）に与えられた任務は、ブリーフケース
を盗んで次の駅で降りるという簡単なミッション。東京駅で新幹線に乗り込み、指示され
たブリーフケースを盗み、品川駅で降りようとしたが、アレレ・・・。意外や意外、彼の
品川での下車は、"ある事情"でパーになってしまうことに。そして、元々「楽勝じゃん！」
という設定だった任務は、その後「殺し屋しか、乗ってこねぇ。」という展開が続き、京都
駅で降りる頃には「最悪じゃん・・・」という結果に。

　なぜ、レディバグは次々と乗り込んでくる殺し屋たちに命を狙われるの？また、狙われ
ているのは彼の命？それともブリーフケース？そして、その中身は一体ナニ？それは、あ
なた自身の目で、しっかりと。夏休みの最後、頭を空っぽにして観るには最適かも！

　なお、『キル・ビル』では、私が大好きだった梶芽衣子が歌う『恨み節』が効果的に使わ
れていたが、本作では、米国でも『スキヤキ』として大ヒットした坂本九が歌った『上を
向いて歩こう』や、カルメン・マキが歌って大ヒットした『時には母のない子のように』
が効果的に使われているので、それにも注目！そんな音楽の使い方でも本作のテイストは、
まさにタランティーノ色に染まっているが、その出来はやっぱりデヴィッド・リーチ監督
より、タランティーノ監督の方が一枚上・・・？　　２０２２（令和4）年9月5日記

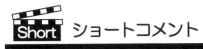

Data 2022-117

監督・脚本：ライリー・ステ
アンズ
出演：カレン・ギラン／アー
ロン・ポール／ビュー
ラ・コアレ／テオ・ジ
ェームズ

デュアル

2022年／アメリカ映画
配給：アルバトロス・フィルム／95分

| 2022（令和4）年10月15日鑑賞 | シネ・リーブル梅田 |

 みどころ

「カレン・ギラン×カレン・ギラン」「敵はもう1人の自分——。」「同じ顔、同じ体。同じ能力。違うのは、瞳の色だけ。」チラシに躍るそんな文句は一体ナニ？さらに、「オリジナル≪人間≫ＶＳクローン≪複製≫　生き残りを賭けた決闘裁判！！」とは？

リドリー・スコット監督の『最後の決闘裁判』（21年）は、妻の強姦（？）を巡って行われたもので、弁護士の私には違和感があったが、本作はＳＦスリラーだから、違和感はそれ以上！

リプレイスメント（継承者）の必要性を解く脚本に説得力がないのは残念だ。さて、本作の出来の良し悪しについてのあなたの判断は・・・？

—— ＊ —— ＊ —— ＊ —— ＊ —— ＊ —— ＊ —— ＊ —— ＊ —— ＊ ——

◆サンダンス映画祭への出品作や受賞作は、低予算ながら個性的で野心的なものが多い。本作のチラシの表には大きく「カレン・ギラン×カレン・ギラン」の文字が躍り、銃を持ったカレン・ギランと、斧を持ったカレン・ギランの両者が写っている。そして、その下には「オリジナル≪人間≫ＶＳクローン≪複製≫　生き残りを賭けた決闘裁判！！」の文字が躍っている。こりゃ面白そう！こりゃ、必見！

◆さらにチラシの裏には、「同じ顔。同じ体。同じ能力。違うのは、瞳の色だけ。」の見出しの下に「5種類の武器を5秒で選択。決着は、片方が死ぬまで——。」の文章が。そんな、"ハリウッドのニューヒロイン"カレン・ギラン主演のＳＦスリラーは必見！

◆私はリドリー・スコット監督の『最後の決闘裁判』（21年）（『シネマ50』117頁）を観てはじめて、中世ヨーロッパでは、妻の強姦（？）を巡って"決闘裁判"が行われていたことを知ったが、本作にはそれとは全く異質の"決闘裁判"が焦点になるので、それに注目！

本作冒頭、多くの観客が見守る中、わけのわからない決闘の姿が紹介されるが、これが本作のいう決闘裁判だというのがわかるのは、ずっとストーリーが進んでからになる。

◆昨年１０月の組閣当初は順調だった岸田文雄内閣は、１年を経た今、政策面についても少しずつ“化けの皮”が剥がれてきた上、旧統一教会問題への対応のあまりのデタラメさによって、支持と不支持が逆転している。そんな中、浮上している１つの政策が“リスキリング”だが、本作では“リプレイスメント（継承者）”なるキーワードが登場するので、それに注目。

　これは「余命わずか」と告げられたヒロインのサラ（カレン・ギラン）が、死期を悟ったものが遺族を癒すために自分のクローンを作りだすというプログラム＝「リプレイスメント（継承者）」の利用を決意するというストーリーの中で登場する。しかし、それって一体ナニ？

◆クローン（複製）は既に聞き慣れた言葉になっているが、本作ではクローンで作られたサラは“ダブル”と表現される。しかし、リプレイスメント（継承者）を残すことを決意したのは、サラのはず。しかして、なぜ敵はもう１人の自分となり、カレン・ギラン×カレン・ギランの生き残りを賭けた決闘裁判になってしまうの？その顛末は、あなた自身の目で、しっかりと。

２０２２（令和４）年１０月２４日記

第2章
ヨーロッパは広い（１）
ーイギリス・ドイツ・イタリアー

Data 2022-71

監督・脚本・ナレーション：マーク・カズンズ

出演：アニエス・ヴァルダ／チャールズ・バーネット／アリ・アスター／シャンタル・アケルマン

SHOW-HEY シネマルーム

★★★★

ストーリー・オブ・フィルム 111の映画旅行

2021年／イギリス映画
配給：JAIHO／167分

2022（令和4）年6月13日鑑賞　｜　シネ・リーブル梅田

みどころ

　私は年間150～200本の映画を20年近く鑑賞し続けているが、イギリスのマーク・カズンズ監督がこれまでの人生で鑑賞した総本数は、何と1万6,000作品。

　そんな "365日映画を鑑賞する男" が、映画を取り巻く環境や表現手段が劇的に変わった2010～21年の11年間にスポットを当てて "厳選" した111本の映画を、167分間にわたって論評したのが本作だ。

　私は111本のうち35本を鑑賞し評論しているから、興味のある人は是非本作と対比を。

———＊———＊———＊———＊———＊———＊———＊———＊———

■□■ "365日映画を鑑賞する男" マーク・カズンズに注目！■□■

　小中学生時代から映画が大好きだった私は、2001年3月にホームページを開設したことを契機として映画評論を書き始めた。そして、2002年6月に『SHOW-HEY シネマルームⅠ』を出版した後も、その出版が続き、2022年7月には『SHOW-HEY シネマルーム50』に達した。その50冊で評論した作品は、約3,500本に上っている。

　それはそれですごいが、イギリスには "365日映画を鑑賞する男"、マーク・カズンズ監督がいるらしい。彼は毎日欠かさず新たな映画が追い求め、これまでの人生で鑑賞した総本数が1万6,000作品を超えるというから、すごい。

■□■『ストーリー・オブ・フィルム』は全編900分以上！■□■

　イギリスでは、2011年に驚くべきドキュメンタリーの TV シリーズが制作され、同作はトロント国際映画祭に出品されるなど、世界各国でリリースされた。その作品は、19世紀末の草創期から2000年代に至る映画120年の歴史を、全15章、全編900分以上という構成でたどったシリーズだ。数多くの名監督、名優のインタビューを敢行し、

膨大な数の映画の印象的なシーンを引用したこのドキュメンタリーは、映画史を新しい視点で紐解こうとする試みに加え、ユニークな作品選びや編集のセンスも評判になり、世界中の映画ファンを夢中にさせた。これが、北アイルランド・ベルファスト生まれのフィルムメーカーで作家でもあるマーク・カズンズ監督が、制作に6年の歳月を費やし、映画に関するありったけの知識と愛情を注ぎこんだ画期的なシリーズだ。

そんなマーク・カズンズ監督が、めまぐるしい社会の変化、テクノロジーの進化とともに、映画を取り巻く環境や表現手段が劇的に変わった2010年から2021年の11年間にスポットを当てて完成させたのが、シリーズ最新作『ストーリー・オブ・フィルム 111の映画旅行』。劇中に登場する111本の映画はハリウッド・メジャー大作からアートハウス系、知られざる日本未公開作まで実に幅広く、取り上げるジャンル、テーマも多種多様。「映画をもっと深く知りたい」「未知の映画を発見したい」と願うすべての観客を、壮大な冒険旅行へと誘う"フィルム・ドキュメンタリー"だ。

■□■全編マーク監督のナレーションで！その視点に注目！■□■

本作は167分の中で111本の映画を評論する映画だから、かなり忙しい。そこで、第1の問題は、何を基準に111本を選んだのかだが、それは受賞歴や興行成績、さらにベストテン等の選択基準ではなく、あくまでマーク・カズンズ監督の視点だ。そのため、よく言えば、彼の映画鑑賞眼による選択、悪く言えば、彼の独断と偏見による選択だ。第2はそれをいかに批評するかだが、本作に見るそれは彼のナレーションと111本の映画の各種シーンの活用だから、彼の語りの視点に注目！

しかして、本作の最初に登場するのは、世界的に有名な『JOKER ジョーカー』（19年）（『シネマ46』20頁）と『アナと雪の女王』（13年）（『シネマ33』未掲載）。そして、そこで彼が解説するのは、一見何の関連もない2作品が、実は"解放"というキーワードで共通していること。なるほど、なるほど、そう解説されれば・・・。

本作は、第1部＜映画言語の拡張＞、第2部＜我々は何を探ってきたのか＞という、2部構成で、規制概念にとらわれず、革新的な映画表現を実践した映画を検証していくので、全編を通じて興味深い。私の尊敬する浜村淳さんの映画の語りは絶品だが、さて本作に見る彼の評論の視点は？もっとも、167分間ずっと彼のナレーションを聞き続けていると、いい加減、飽きてくる感も・・・。

■□■111本のうち、私は35本を鑑賞し、評論書き！■□■

2010年から2021年の11年間にスポットを当ててマーク・カズンズ監督が選んだ111本は、冒頭の2作品をはじめとして、『ゼロ・グラビティ』（13年）、『ムーンライト』（16年）、『万引き家族』（18年）、『百年恋歌』（05年）、『パラサイト 半地下の家族』（19年）、『猿の惑星：聖戦記（グレート・ウォー）』（17年）、『スパイダーマン：スパイダーバース』（18年）等のように、超有名な作品も多い。しかし、他方で中国映画、『象は静かに座っている』（18年）、チリ映画『チリの闘い』（75〜78年）、イタリア

映画『幸福なラザロ』（18年）等、世間にあまり知られていない作品も多い。もちろん、私が観たことも聞いたこともない映画もたくさんある。

　しかし、パンフレットのラストに収録されている１１１本を１つずつチェックしてみると、そのうち下記の３５本を鑑賞、評論書いているから、私もすごい。その３５本については、本作でマーク・カズンズ監督がナレーションで解説していることと、私が『SHOW-HEY シネマルーム』１～５０で評論していることを、是非対比してもらいたいものだ。

記

001.『ジョーカー』(2019／アメリカ／トッド・フィリップス監督)
002.『アナと雪の女王』(2013／アメリカ／クリス・バック、ジェニファー・リー監督)
005.『PK　ピーケイ』(2014／インド／ラージクマール・ヒラニ監督)
011.『冷たい雨に撃て、約束の銃弾を』(2009／フランス＝香港／ジョニー・トー監督)
014.『マッドマックス　怒りのデス・ロード』(2015／オーストラリア／ジョージ・ミラー監督)
020.『ムーンライト』(2016／アメリカ／バリー・ジェンキンス監督)
021.『百年恋歌』(2005／台湾／ホウ・シャオシエン監督)
027.『ゼロ・グラビティ』(2013／アメリカ／アルフォンソ・キュアロン監督)
037.『象は静かに座っている』(2018／中国／フー・ボー監督)
040.『チリの闘い』(1975～1978／チリ／パトリシオ・グスマン監督)
043.『心と体と』(2017／ハンガリー／イルディコー・エニェディ監督)
048.『ホーリー・モーターズ』(2012／フランス＝ドイツ／レオス・カラックス監督)
059.『アクト・オブ・キリング』(2012／デンマークほか／ジョシュア・オッペンハイマー監督)
062.『猿の惑星：聖戦記（グレート・ウォー）』(2017／アメリカ／マット・リーヴス監督)
063.『アイリッシュマン』(2019／アメリカ／マーティン・スコセッシ監督)
066.『サウルの息子』(2015／ハンガリー／ネメシュ・ラースロー監督)
069.『パラサイト　半地下の家族』(2019／韓国／ポン・ジュノ監督)
073.『ブラックパンサー』(2018／アメリカ／ライアン・クーグラー監督)
074.『ボーダー　二つの世界』(2018／スウェーデン＝デンマーク／アリ・アッバシ監督)
075.『フェアウェル』(2019／アメリカ＝中国／ルル・ワン監督)
076.『アイダよ、何処へ？』(2020／ボスニア・ヘルツェゴビナほか／ヤスミラ・ジュバニッチ監督)
077.『万引き家族』(2018／日本／是枝裕和監督)
080.『幸福なラザロ』(2018／イタリア／アリーチェ・ロルヴァケル監督)
081.『ナチュラル・ウーマン』(2017／チリほか／セバスチャン・レリオ監督)
084.『燃ゆる女の肖像』(2019／フランス／セリーヌ・シアマ監督)
085.『COLD WAR　あの歌、２つの心』(2018／ポーランドほか／パヴェウ・パヴリコフスキ監督)
086.『スパイダーマン：スパイダーバース』(2018／アメリカ／ボブ・ペルシケッティ、ピーター・ラムジー、ロドニー・ロスマン監督)
095.『２００１年宇宙の旅』(1968／アメリカ／スタンリー・キューブリック監督)
099.『郊遊＜ピクニック＞』(2013／台湾、フランス／ツァイ・ミンリャン監督)
101.『白雪姫』(1937／アメリカ／デヴィッド・ハンド監督)
105.『ゲット・アウト』(2017／アメリカ／ジョーダン・ピール監督)
106.『裁かるゝジャンヌ』(1928／フランス／カール・テオドア・ドライヤー監督)
108.『バルタザールどこへ行く』(1966／フランス／ロベール・ブレッソン監督)
110.『麦秋』(1951／日本／小津安二郎監督)
111.『テオレマ』(1968／イタリア／ピエル・パオロ・パリゾーニ監督)

２０２２（令和４）年６月１７日記

Data 2022-54
監督・脚本：ショーン・ダーキン
出演：ジュード・ロウ／キャリー・
クーン／チャーリー・ショッ
トウェル／アディール・アク
タル

★★★★

不都合な理想の夫婦

2019年／イギリス映画
配給：キノシネマ／107分

| 2022（令和4）年5月3日鑑賞 | シネ・リーブル梅田 |

👀みどころ

　時代は１９８６年。バブル崩壊直前の日本は「我が世の春」を謳歌していたが、それはニューヨークで成功した本作の主人公も同じ。今、ロンドンに移住すれば、さらなる大金を！

　彼の儲け話は企業合併だが、保守的な英国に"イケイケドンドン"の米国流を導入すれば、成功間違いなし！英国人の夫のそんな考えに対して、米国人の妻は意外にも正反対！？

　この男の真の実力は？それが見せられないまま、ストーリーは彼の中身の無さを少しずつ暴露していくので、アレレ、アレレ・・・。『不都合な理想の夫婦』という、わかったような、わからないようなタイトルをかみしめながら、ラストに見る4人家族の食卓に注目したい。

—— * —— * —— * —— * —— * —— * —— * —— * —— * ——

■□■『我愛你』は面白かったが、本作の夫婦は？■□■

　中国第6世代監督の旗手、張元（チャン・ユアン）が演出した『我愛你（I LOVE YOU）』（０３年）（『シネマ１７』345頁）は、犬も喰わないはずの夫婦ゲンカを描く「ドキュドラマ」だった。中国四大女優の１人、徐静蕾（シュー・ジンレイ）が夫に対してヒステリックにわめく姿はあまり見たくないが、彼女がそうなったのには、ある深い理由があったらしい。したがって、同作ではわが身、わが夫婦を省みながら、スクリーン上で繰り広げられる「夫婦ゲンカ」の根の深さ、そして「我愛你」と言う言葉にとことんこだわる女心をじっくりと研究することができた。

　それに対して、本作のタイトルになっている『不都合な理想の夫婦』とは一体ナニ？私はいくら考えてもその実態を掴めないが、さて、本作の夫婦は？

■□■１９８６年、世界は好景気！移住すればさらに大金を？■□■

『スターリングラード』（０１年）（『シネマ１』８頁）で主人公となるソ連の狙撃兵（スナイパー）役を演じ、「最高のベッドシーン」と「息づまる決闘」を見せてくれたのが、若き日のジュード・ロウ。あれから２０年経っても彼のカッコ良さは変わらない。

本作の時代は、日本を筆頭に、アメリカもイギリスもバブル景気に浮かれていた１９８６年。ニューヨークで貿易商を営む英国人のローリー（ジュード・ロウ）は英国人の妻アリソン（キャリー・クーン）、息子と娘の４人で幸せに暮らしていたが、さらに大金を稼ぐ夢を追って好景気に沸くロンドンへの移住を妻に提案し、強引に妻の同意を獲得。ロンドンでの理想の生活を実現した、かに思えたが・・・。

■□■この大邸宅は理想への第一歩？それとも・・・？■□■

移住した大邸宅は子供用とはいえサッカー場まである大邸宅だが、いかにも古そう。これでは補修や維持管理に金がかかるのでは？また、馬を飼っているアリソンのために新たな馬小屋を作るそうだが、２人の子供の学校の送り迎えは大変そう。勤勉なローリーは朝寝坊なアリソンを無理に起こさず会社に向かったが、車は１台しかないようだから、アレレ・・・。

かつての上司が経営する商社に舞い戻ったローリーは、社長からも元同僚からもその才能を高く評価されていたが、彼が目指す大金稼ぎの狙いは不動産？それとも企業合併？カネ余りのご時世だから、投資家はたくさんいるだろうが、ホントにうまい話がゴロゴロ転がっているの？ローリーの実力はホンモノ？それとも・・・？

本作は、最初からローリーが才能豊かなビジネスマンとして大成功を収めている、という前提でスタートしている。しかし、あるパーティの席で演劇論を語る彼の姿をみても、かなり薄っぺら。したがって、もし妻から「この人、演劇なんて見たことがないのよ」などと暴露されてしまうと・・・。

■□■米国流の合併案件の成否は？■□■

英国人は保守的で何かと慎重だが、米国人は新進の精神にあふれ行動的。すると、カネが動いている今のご時世は、英国流より米国流の方がベター。企業合併を進めていけば、どんどん金は入ってくる。それがローリーの持論だから、社長にも自分の会社を身売りし、さらなる転身を図るよう提案したが、それってホント？

他方、朝早くから会社に出かけていくローリーに対して、馬の調教などで何かと家にいることが多いアリソンの方は、いろいろと家の古さが気になるらしい。ここも補修、あそこも補修・・・。ちなみに、こんな大きなお屋敷の冷暖房費は How much？ローリーはホントにそんなことまで頭に入れているの？ある日、アリソンが「補修に来てくれ」と業者に電話すると、意外にも「料金が未払いだ」と言われたから、アレレ。大型の合併話に奔走中のローリーは、それがまとまれば大金が入ってくると信じているようだが、それはまだ協議中の案件で、確定した収入ではないのでは？

そんなこんなのストーリー展開を見ていると、ローリーは本当に実力あるビジネスマン

なの？５０年近く弁護士をやってきた私には、こんな怪しげな口ばっかりの男は信用できないが・・・。

■□■米国型？英国型？どちらがベター？■□■

英国人と米国人の異同はナニ？それは、例えば昔のチャーチル首相と１期前のトランプ大統領を比較すれば明らかだが、『不都合な理想の夫婦』と題された本作の夫は英国人で、妻は米国人。そんな国籍の異なる夫婦がハナから抱える問題は・・・？

それは結婚前に考えるべき問題だが、本作を観ていると、冒頭からこの夫婦の意見はあまり一致していないことがわかる。ロンドンへの移住もアリソンは強引なローリーの提案に渋々従っただけだ。そのため、「満足している？」という質問には「ＹＥＳ」と答えたが、その実は・・・？

■□■この男はホンモノ？それともカッコだけ？■□■

私は近時、中国の歴史時代劇をたくさん見ているが、そのすべてが面白い。とりわけ「三國志」に関連するものは面白い。それは、全５０話近いストーリー展開の中で英雄豪傑たちの本性が否応なく浮かび上がってくるため。つまり、カッコだけの奴とホンモノとの仕分けが明確になされていく過程が面白いわけだ。

本作では、ローリーが能力を発揮し、大成功に至るまでの姿は全く描かれていないが、ロンドンへ移住した後は彼の中身のなさ（薄っぺらさ）が否応なく暴露されてくるので、それに注目！本作でさらに注目したいのは、それを隠すのではなく、逆に手を貸すのが妻のアリソンだということ。中国映画『活きる』（９４年）（『シネマ２』２５頁、『シネマ５』１１１頁）では、夫唱婦随の頑張りによって何とか人生を乗り切っていたが、本作のように少しずつ妻が夫から離反していけば？

本作ラストでは、ついにローリーも"方向転換"を決意するが、さて２人の子供を含めた「不都合な理想の夫婦」の今後は？いくら大きなお屋敷でも、家族４人の食卓はほどほどの大きさ。しかして、本作ラストに見る４人家族の食卓は如何に？

２０２２（令和４）年５月６日記

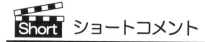

Data 2022-111

監督：エド・パーキンズ
出演：ウェールズ公妃ダイアナ／チャールズ皇太子／エリザベス女王／サラミ・パーカー＝ボウルズ

プリンセス・ダイアナ

2022年／イギリス映画
配給 STAR CHANNEL MOVIES／109分

2022（令和4）年10月1日鑑賞　TOHO シネマズ西宮 OS

👁👁 みどころ

　今年はパパラッチに追いかけられたダイアナ妃が死亡してから２５年。そこで、『スペンサー　ダイアナの決意』と本作が連続公開されたが、両者その出来は？

　膨大な記録映像を大スクリーンで観るまでもなく、ダイアナ妃のお姫様のような魅力は明白。しかし、その裏にさまざまな確執と苦悩があったことは間違いない。しかし、今さらそれを映像で追っても・・・？

　むしろ、エリザベス女王（２世）の９６歳での大往生を考え、また英国王室の在り方を論ずることの方が、意味があるのでは・・・？

――＊――＊――＊――＊――＊――＊――＊――＊――＊――＊――

◆１９９７年８月３１日に３６歳で亡くなったダイアナ妃のドキュメンタリー映画を鑑賞した１０月０１日の土曜日、自宅に帰ると、夕刊で、プロレスラー・政治家のアントニオ猪木氏の訃報が報じられていた。彼が難病と戦っている姿は何度か TV で見たが、さすがに７９歳で力尽きたらしい。同じ日に８８歳で亡くなった、新党さきがけの創始者である武村正義氏や、２０２２年２月１日に８９歳で亡くなった石原慎太郎氏等を含めて、彼らはみんなやるべきことをやった上で、天命を全うしての死だった。

　しかし、パパラッチから追跡される中で、交通事故によってダイアナ妃が死んでしまったことは、まさに青天の霹靂だった。チャールズ皇太子との結婚、ウィリアム王子の誕生と、２人の結婚生活は幸せいっぱいに見えていたが、その実は・・・？

◆私はもともと日本の皇室にもイギリスの王室にもあまり興味ないが、２人の結婚を巡って俄然高まったイギリス王室の人気はすごかった。ダイアナ妃を狙うカメラが至るところに設置されると共に、彼女の周りにはカメラマンが群がり、ダイアナ妃をテーマにした雑誌が、次々と発刊された。そんな状況を見て私は、伝統あるイギリスも、意外に"ミーハー"が多いものだと考えていたが、パパラッチの急激な繁殖にはビックリ！そして、その過激

な取材競争の中、パパラッチの追跡から逃れる中で起きた死亡交通事故には、さすがにビックリ！しかして、その中で浮かび上がってきた、夫婦の亀裂とは・・・？

◆外部から夫婦喧嘩を見ながら、何の責任もなくあれこれと言いたい放題にモノ申すのは、誰だって楽しいもの。それは、それ自体が、自分が持つさまざまな欲求不満のはけ口になるからだ。日本の皇室ウオッチャーの間では、近時、秋篠宮家・長女の眞子さまと小室圭氏との結婚問題があれこれ言われている。しかし、日本のマスコミは、政治家批判については言いたい放題やるくせに、皇室批判についてはなぜか（自己）抑制が効いている。

　しかし、イギリスでは、不倫問題についての王室批判も自由で容赦ないから、チャールズ皇太子は大変だ。そんな中、過去に交際相手がいないまま、お嬢様状態でチャールズと結婚した、一回りも年下のダイアナはどう対応すればよかったの？

◆ダイアナ妃がそれを容易に見つけることができなかったのは仕方ない。それだけならまだしも、マスコミの人気がダイアナ一色になる中、チャールズ皇太子の"嫉妬心"が強まると、昔からの恋人だった（？）カミラ夫人との仲が、復活するのは時間の問題・・・？弁護士生活５０年近くになり、離婚相談を山ほど聞いてきた私がは、そんなケースに接したことは何度もある。したがって、ダイアナ妃 VS チャールズ皇太子の離婚問題にも、格別興味はないから、そのドキュメンタリー映画たる本作にも興味なし。それなのに本作を観たのは、一種の日程調整、時間調整のためだが、情報整理に役立ったことは間違いない。

　しかし、なぜ今、こんなドキュメンタリー映画が作られたの？それは、今年がダイアナ妃の死亡から２５年の節目になるためだが、今年はもう一本『スペンサー　ダイアナの決意』が連続公開されるので興味がある人は是非、ドキュメンタリー作たる本作と対比を！

◆本作には、当然ながらチャールズ皇太子とダイアナ妃の結婚を祝福するエリザベス女王の姿も登場する。そのエリザベス女王が９６歳で亡くなったことを受けて、イギリスでは９月１９日に盛大な国葬が行われた。私はその儀式にはあまり興味はないが、それを契機に、改めて在位７０年間も続けたエリザベス女王（２世）と、スペインの無敵艦隊を破り、大英帝国の礎を築いたエリザベス女王（１世）との対比ができたのは、大いに勉強になった。エリザベス１世を描く映画は『エリザベス：ゴールデン・エイジ』（０７年）（『シネマ１８』１７４頁）等をはじめとしてたくさんあるが、エリザベス２世が亡くなった今、彼女に焦点を当てた映画が今後たくさん作られるだろう。

　ダイアナ妃を巡っては１０月１４日から『スペンサー　ダイアナの決意』が公開されるが、ハッキリ言って私は、それよりもエリザベス２世を描く映画の方に期待したい。そんなこんなの感想も含めて、本作の出来はイマイチで星３つ。

２０２２（令和４）年１０月３日記

Data 2022-74
監督：ドミニク・グラフ
原作：エーリヒ・ケストナー『ファ
　　　ビアン　あるモラリストの
　　　物語』
出演：トム・シリング／ザスキア・
　　　ローゼンダール／アルブレ
　　　ヒト・シューフ／メレット・
　　　ベッカー／ペトラ・カルクチ
　　　ュケ／ミヒャエン・ヴィッテ
　　　ンボルン

★★★★★

さよなら、ベルリン
またはファビアンの選択について

2021年／ドイツ映画
配給：ムヴィオラ／178分

2022（令和4）年6月20日鑑賞　│　シネ・リーブル梅田

👁👁 みどころ

　１９３１年、ワイマール体制下のドイツは、ヒトラーの抬頭と第２次世界大戦の前夜。そんな不安な時代を生きる作家志望の青年ファビアンの選択は？

　秦の始皇帝が行った「焚書坑儒」と同じことがナチスドイツでも行われ、本作の原作はそのターゲットにされたが、それはなぜ？ウクライナ戦争が長期化し、第３次世界大戦の予感までささやかれている今、本作は必見！

　どこへ歩き出せばいい？その答えは誰にもわからないが、９０年前の小説が「今この世界」の映画になったのだから、今を生きる若者たちは、本作を観てしっかりそれを考えなければ！

———＊———＊———＊———＊———＊———＊———＊———＊———＊———

■□■178分の名作だが、原作は？著者は？原題は？監督は？■□■

　本作は１７８分の長尺だが、２０２１年ドイツ映画賞で最多１０部門ノミネートされ、主要３部門を受賞した名作らしい。また、１９５２年ミュンヘン生まれのドミニク・グラフ監督は有名だし、原作は『飛ぶ教室』等で知られる児童文学の大家エーリヒ・ケストナー唯一の大人向け長編小説にして最高傑作の『ファビアン　あるモラリストの物語』だ。

　監督インタビューによると、映画の原題である「Fabian」についている副題は「Going to the Dogs」で、それは「破滅していく」という意味らしい。中国ではじめての統一国家、秦を築いた始皇帝は「焚書坑儒」という暴挙を行ったが、それと同じことを、中国では文化大革命の時代に、ドイツではナチスの時代に行っている。本作ラストには、それを象徴する印象的なシーンが登場するが、そこで燃やされていた多くの本の中の１冊が『ファビアン　あるモラリストの物語』だったらしい。

　日本でも満州事変から太平洋戦争に向かう時代に思想統制が進み、プロレタリア文学はもとより、自由主義的風潮の書物はすべて弾圧されたが、ナチスドイツの時代でもそれは

78

同じだったわけだ。そんな中でもケストナーは自由主義・民主主義を擁護し、ファシズムを非難したため、第2次大戦中には執筆禁止となったが、亡命をしないまま終戦を迎えたらしい。そして、戦後は初代西ドイツペンクラブ会長としてドイツ文壇の中心的人物となり、ナチスを復活させないための平和運動にも尽力し続けたそうだ。

　そんな原作を、ドミニク・グラフ監督が１７８分の大作にまとめた本作は、こりゃ必見！

■□■焦点は、２０２２年の今VS１９３１年のドイツ！■□■

　２０２２年２月２４日のロシアによるクライナ侵攻は、プーチン大統領の主張によれば「ウクライナ東部のナチ化を防ぐため」だから、ビックリ。１９４５年の第2次世界大戦の終了から８０年近く経った今、核兵器使用を含む第3次世界大戦の危険が一部で語られているが、２０２２年の今は、ナチズムの足跡が聞こえていた１９３１年当時のドイツとよく似ているの？ちなみに、ベルリンでの五輪はボイコットされることなく１９３６年に開催され、ナチスドイツの国威発揚に有効活用された。他方、新型コロナウイルスというパンデミック騒動の中でも、２０２１年の東京での夏季五輪に続いて、２０２２年２月には北京での冬季五輪が開催されたが、そこでの中国の国威発揚ぶりは？戦後、憲法9条に守られ続けた日本も、ウクライナ戦争を契機として、やっと安全保障や憲法改正の動きが現実化しているが、さて？

　本作冒頭は、地下鉄の駅をカメラが追っていくもの。列車の数は地下鉄御堂筋線ほど多くはないが、ここは現代のベルリン近くにあるハイデルベルガー・プラッツ駅らしい。アーチ状の天井の美しさは“さすがドイツ”と感心させられるが、ここ数年、大阪市が精力的に進めてきたエレベーターや公衆トイレの設置は見受けられない。多分、これは便利さより伝統を重んじるドイツの国民性だろう。そんなこと考えながらスクリーンを見ていたが、男が階段を上がると、なぜかそこは１９３０年代初頭、ワイマール共和国時代のドイツに！そして、先の戦争（第1次世界大戦）で顔面を破壊された男が主人公のファビアン（トム・シリング）に話しかけてくるが、そのセリフは・・・？

■□■作家を目指すも、この自堕落さは！親友は？恋人は？■□■

　本作冒頭の舞台は、１９３１年のベルリン。ファビアンは作家を目指して故郷ドレスデンからベルリンにやってきたものの、今はタバコ会社のコピーライターとして働く日々だ。もっとも、３２歳のファビアンは、夜な夜な親友のラブーデ（アルブレヒト・シューフ）と共に、芸術家たちの溜まり場や売春宿が立ち並ぶ界隈をさまよい歩いていたし、その費用はすべて裕福な家庭の息子であるラブーデが負担していたようだから、ノープロブレム？いやいや、意外にそうではなく、ファビアンは不安な時代状況の中、不安な心理状態のまま悶々とした毎日を送っていたらしい。不安な時代には怪しげなクラブが流行るもの。しかして、ファビアンがある夜、怪しげなクラブで出会ったイレーネ・モル（メレット・ベッカー）という女性に連れられて、彼女の屋敷の中に入ってみると・・・？

　ベルリンは「欧州の没落」に溢れているらしい。本作導入部では、ドミニク・グラフ監

督がニュース映像や8ミリ映像などを交えた画面で演出するワイマール共和国時代特有の
（？）ドイツ（ベルリン）に生きるファビアンやラブーデたち若者の"自堕落さ"に注目
したい。

　他方、そんなベルリンだけではなく、ファビアンと同じ下宿に、ある日、女優を夢見る
２５歳の女性コルネリア（ザスキア・ローゼンダール）が引っ越して来たからラッキー。
作家を目指すファビアンと女優を夢見るコルネリアは瞬く間に恋に落ちていくことに・・・。

■□■この友人はすごい！遊ぶだけでなく勉強も社会活動も！■□■

　本作の主人公はタイトルにされているファビアンだが、全編を通じて彼の（唯一の）友
人ラブーデの存在感が強いので、彼にも注目！導入部で紹介されるラブーデのお屋敷の広
さにはビックリ。彼は冷え切った関係にもかかわらず夫婦関係を解消しない両親を軽蔑し
て家には寄りつかず、金持ちの放蕩息子として自堕落な生活を送っていが、他方で彼はし
っかり勉強をし、文学博士を目指して教授資格論文の完成に全力を傾注していたらしい。
さらに、小説を書くことばかり夢見て、ラブーデと一緒に遊び呆けているファビアンが社
会問題に何の関心も示さないのに対して、ラブーデの方はマルクス主義を信奉し、世界革
命を夢見て現実の革命運動に身を投じていたから偉い。

しかし、しばらく後にヒトラーの抬頭を許してしまう不安定な１９３１年当時のドイツで、
ラブーデが夢見た世界革命が実現するはずはない。ある日、ファビアンはラブーデの父親
から、「デモでラブーデが逮捕され、釈放後に姿を消した」と聞かされたからビックリ。彼
の情報集めに奔走することに。やっと見つけたラブーデは、芸術家を気取り、男に裏切ら
れた女たち集めて娼婦として客を取らせている「男爵」と呼ばれるライター女史の元にい
たが、世界革命の夢に敗れ、婚約者にも裏切られて絶望した彼は、男を信じない女たちに
囲まれている瞬間だけ安らぎを感じているようだった。そんな彼に、大学から「論文失格」
の手紙が届くと・・・。

　もっとも、それは同級生の意地悪な悪戯心からでた偽りの手紙だったからアレレ・・・。
自分の人生をかけて書き上げた論文に対して、そんな悪質な悪戯をするとは！そこから生
まれてくる、ファビアン唯一最大の友人の悲劇は、あなた自身の目でしっかりと。

■□■不安な時代には、モルのようなしたたかな女も！■□■

　五木寛之の『青春の門』では、福岡県の筑豊から上京し早稲田大学に入学した若き主人
公、伊吹信介の周りに、彼の人格形成に影響を与えるさまざまな人物がいた。第２部「自
立篇」では、大学の体育の教授でありながら、なぜか信介に個人的にボクシングを教え始
める石井忠雄がその筆頭だが、他方では、娼婦ながら、美人できっぷの良い姉御肌の女・
カオルが興味深い存在だった。

　本作でそのカオルに匹敵する女（？）が、本作導入部でファビアンを怪しげな自分の家
に引っ張り込む女、イレーネ・モルかもしれない。そのモルは、ファビアンがラブーデと
の友情模様やコルネリアとの恋模様を展開している本作中盤にも突如登場してくるので、

それにも注目。夫であるモル博士は、妻と「妻が他人と深い関係になることを望む場合は夫に紹介すること」という契約を交わした上で、妻が酔いと色情に乱れる姿を楽しんでいたが、さすがにあの時のファビアンはそれには耐えられなかったらしい。しかして、今モル博士は横領の容疑でフランスに高飛びしたため、残された妻は若い男の子を集めて有閑マダム相手に男娼の館をやっているらしい。『青春の門』のカオルも相当したたかな女だったが、世界が大きく変わる予感と不安でいっぱいの１９３０年代のドイツで生きる女・モルはそれ以上にしたたかだ。そんなモルは失業で困窮している様子のファビアンに対して、自分の店で働かないかと誘いをかけたが、さてファビアンは？

■□■ファビアンとの恋を？女優の道を？女心の機微は？■□■

　１７８分の本作で、若いフェビアン、ラブーデ、コルネリアの３人が最も幸せだったのは、ラブーデのお屋敷近くの湖で泳ぎ、射撃をして遊んだ一瞬だけ。それ以外はすべて３人が３人ともさまざまな試練を受け、もがき苦しんでいる姿になる。とりわけ、ラブーデが受ける運命の理不尽さと不幸な結末は前述の通りで哀れだ。

それでも、ファビアンとコルネリアの恋物語が順調に進めば、それなりに幸せがやって
くるのかもしれないが、ある時、ファビアンはドレスデンからやってきた母親にコルネリ
アを紹介し、３人でレストランに入ったにもかかわらず、そこに大物監督のマーカルトと
そのスタッフと共に入ってくると・・・？そんな偶然の“売り込み”が成功するケースは
少ないはずだが、巧みな自己アピールによってマーカルトとそのスタッフの中に入ってい
ったコルネリアは、その後フェビアンと母が待っているテーブルに戻ってくることはなか
ったから、ある意味でラッキー・・・。

　しかして、マーカルトに気に入られたコルネリアは、この後ファビアンとの恋を選ぶの？
それとも、マーカルトの懐に飛び込み、女優の道を選ぶの？その選択を迫られたコルネリ
アは、さて・・・？

■□■衝撃的なラストに注目！泳げないのになぜ！？■□■

　成功を夢見て上京したものの、夢破れて故郷に戻ることに。立身出世物語とは全く逆の
そんな物語も日本では多いが、本作のファビアンは、ドイツ版のそれだ。ラブーデの論文
が不合格とされたことに猛抗議したものの、悲惨な結末は変わることはなかった。また、
金はなくても愛さえあれば。そう思っていた恋も、結局、力のあるマーカルト監督を頼り、
女優への現実的な路線に踏み込んだコルネリアと別れてしまうことに。その結果、傷心の
ファビアンは今ベルリンを離れ、故郷のドレスデンに戻っていたが、そこで見たのは、新
進気鋭のスターとして雑誌を飾るコルネリアの姿だ。

　今更連絡を取っても、コルネリアは無視してしまうのでは・・・？ファビアンはそんな
不安でいっぱいだったが、夜を通して電話のもとでコルネリアからの連絡を待っていると、
電話のベルが鳴ったからラッキー。そして、ファビアンは日曜日の４時、カフェ・シュパ
ルテホルツでコルネリアとの再会を約束することに。アレレ、意外にも本作はそんなハッ
ピーエンドになるの？

　そう思っていると、本作は何とも衝撃的なラストが訪れるので、それに注目！ドミニク・
グラフ監督が本作のサブタイトルにした「Going to the Dogs」は「破滅していく」という
意味だが、そのサブタイトルにドミニク・グラフ監督が込めた意味は？また、本作では「風
向きが変わった」という言葉が、人生に疲れた青年の遺書に現れるが、それってどういう
意味？さらに、もう一つの劇中のいくつかのシーンに登場する宣伝ポスターに見える不吉
な言葉が「水泳を習おう」だが、その意味は？近時、長谷川博己と綾瀬はるかが共演した
『はい、泳げません』（２２年）と題する邦画が公開されており、同作でも「水泳を習おう」
が１つのテーマにされているようだが、本作はそれとは違うはず。本作のそれは、本作ラ
ストのシークエンスを見ながらじっくり考えたい。

２０２２（令和４）年６月２８日記

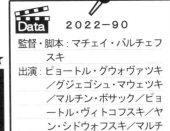

Data 2022-90

監督・脚本：マチェイ・バルチェフスキ

出演：ピョートル・グウォヴァツキ／グジェゴシュ・マウェツキ／マルチン・ボサック／ピョートル・ヴィトコフスキ／ヤン・シドウォフスキ／マルチン・チャルニク／マリアン・チェチェル

アウシュヴィッツのチャンピオン

2020年／ポーランド映画
配給：アンプラグド／91分

2022（令和4）年7月28日鑑賞　テアトル梅田

みどころ

“ボクシングもの”、“アウシュヴィッツもの”にはそれぞれ名作が多い。しかして、その両者を結合したのが本作！しかも、実話に基づく物語だ！

アウシュヴィッツ収容所の建設は１９４０年。１９３９年９月１日のナチスによるポーランド侵攻の翌年だ。そのため、当初の囚人はユダヤ人ではなく、ポーランド人だったから、本作の主人公テディ“囚人番号７７”は、いわばアウシュヴィッツ第１期生！

「グラディエーター」はコロシアム（円形闘技場）で戦う奴隷だったが、テディが戦ったのはパンのため、薬のため。その奮闘はお見事だが、軽量級・防御型の彼の最後のお相手は？

そして、その直後の移送はなぜ？どこへ？彼のその後は？その歴史的検証もしっかりと！

――＊――＊――＊――＊――＊――＊――＊――＊――＊――＊――

■□■「アウシュヴィッツもの」初の「ボクシングもの」が！■□■

私は２０２０年５月に『ヒトラーもの、ホロコーストもの、ナチス映画大全集－戦後７５年を迎えて－』を出版し、合計７２本のヒトラーもの、ホロコーストもの、ナチス映画を収録した。しかし、そこには「ボクシングもの」は１本もなかった。言うまでもなく、「ボクシングもの」の代表は『ロッキー』シリーズだが、それ以外にも世界的な名作が多く、日本にも『あしたのジョー』等の名作がある。

古代ローマ帝国の時代に、ローマ市民の娯楽場として円形闘技場「コロシアム」があり、そこには戦う奴隷としての「グラディエーター」がいたことは、ラッセル・クロウが主演した『グラディエーター』（００年）やカーク・ダグラスが主演した『スパルタクス』（６０年）等で有名だ。しかし、ヨーロッパ地域最大の絶滅収容所であるアウシュヴィッツ収

容所を舞台にした「ボクシングもの」があったことにビックリ！そのボクサーは、ポーランド人のタデウシュ・"テディ"・ピエトシコフスキだ。

■□■ロッキーは架空！本作は実在のボクサー！驚愕の実話！■□■

「アウシュヴィッツもの」と「ボクシングもの」を組み合わせれば、きっと面白いはず！『ロッキー』シリーズとして一世を風靡した「ボクシングもの」である『ロッキー』（７６年）は、１９７５年のモハメド・アリの試合に感銘を受けたシルヴェスター・スタローンが、それをヒントにわずか３日で書き上げた脚本を映画会社に売り込むことによって成立したそうだ。それを考えると、「アウシュヴィッツもの」と「ボクシングもの」を組み合わせる架空の物語の脚本も、３日あれば書けるのでは？

そんな考え方もあるかもしれないが、マチェイ・バルチェフスキ監督は、収容所の中でも生きることを諦めなかったポーランド出身の実在のボクサー、タデウシュ・"テディ"・ピエトシコフスキに焦点を当て長編デビュー作の脚本を書き上げたからすごい。その動機や活力になったのは、きっとマチェイ・バルチェフスキ監督自身がホロコースト生存者の孫だという"出自"によるのだろう。

アウシュヴィッツは、ユダヤ人を大量虐殺するための"絶滅収容所"として有名だが、当初収容されたのはポーランド人だったらしい。収容所の因人たちに通し番号がつけられたのは当然だが、テディのそれは７７番。つまり、彼はアウシュヴィッツに最初に送り込まれた因人たちの１人で、いわば"アウシュヴィッツの第１期生"ということだ。時は、１９４０年。１９３９年９月１日のナチスによるポーランド侵攻の翌年だ。

本作冒頭、そんなシークエンスが登場するので、それに注目！そこでは、まず収容所を建設するための労働力が求められたから、労働力にならないとみなされた高齢者や病人、女性、子供はシャワー室だと聞かされてガス室に送り込まれ、男たちには過酷な労働が命じられた。第２次世界大戦後、日本兵が抑留されたシベリアに比べれば、アウシュヴィッツが極寒でないのはありがたいが、それでも寒い。そして、食事は、１日１回の水みたいなスープだけ。これでは体力が持たず、男たちも順次死んでいくだけ。テディを含め、誰もがそう思ったが・・・。

■□■試合に勝てばパンが！それなら・・・■□■

『サウルの息子』（１５年）（『シネマ３７』１５２頁）では「ナチスが収容者の中から選抜した死体処理に従事する特殊部隊」である"ゾンダーコマンド"の存在をはじめて知ったが、本作では"カポ"と呼ばれる因人の中から選ばれた統率者がいることをはじめて知ることができた。そして、本作では、"７７番"がバンタム級のボクサーであることに気付いた、ある"カポ"が、収容所長のヘス（グジェゴシュ・マウェツキ）たちに「退屈して街で問題を起こしていた衛兵たちのいい気晴らしになる」と進言したところから、アウシュヴィッツ版の「グラディエーター」が始まることになる。ぶっつけ本番でリングに上がったテディだが、バンタム級の王者としての力は健在。相手のパンチを軽くかわし続けた

後、反撃を加えると相手はあっけなくダウン。これにてテディは約束のパンにありつくことに・・・。

　アウシュヴィッツでは、反抗する者はもとより、弱者も容赦なく殺されたから、大人と同じ肉体労働に就く少年ヤネック（ヤン・シドウォフスキ）は大変。ある日、テディが盗んだ果物のせいで、ヤネックも体罰を受けてしまったから、さらに大変だ。そんなヤネックのためにも、以降テディは「試合に勝てばパンを！」の声に釣られて対戦を繰り返したが、さて、彼のプライドは？本心は？

■□■テディは軽量級の防御型！それでも超重量級のKOを！■□■

　来る８月１９日からは『ロッキー VS ドラゴ　ROCKY Ⅳ』（２１年）と題された、『トップガン』、『バック・トゥ・ザ・フューチャー』と並ぶ８０年代の金字塔が、装いも新たに大スクリーンのリングで激突する！これは、コロナ禍で時間ができたスタローンが、すべての映像に目を通して何百時間もかけて見直し、ロッキー、アポロ、ドラゴの戦いまでの道のりに焦点を当てて物語を再構築したものだ。当初は、ロッキーの最大の敵は同じ重量級のチャンピオン、アポロだと思われていたが、その後登場するソ連の殺人マシーン・ドラゴは、超重量級。シルヴェスター・スタローンでさえ、その体重、身長において大きく劣っていた。

　ボクシングは、レスリングや柔道とともに体重別が厳格なスポーツ。しかし、それは公式のリングでのことで、アウシュヴィッツの「グラディエーター」ではそんなルールは無視。したがって、バンタム級の王者だったテディの対戦相手には重量級の男もいたが、テディはそれらを次々と倒し、アウシュヴィッツ収容所で無敵のチャンピオンとして君臨したから立派なものだ。そのため、彼が獲得する報酬としてのパンは相当な量となり、囚人たちを喜ばせていた。しかし、ある日、アウシュヴィッツにやってきた元ボクシング選手だったというドイツ人は超重量級。これではいくらフットワークが軽くとも、防御型のテディでは到底、太刀打ちは無理。誰もがそう思ったが、あえてあごを出すようなリスキーな戦法の後、超重量級をノックアウト！見事に勝利を！

■□■なぜ移送？ナチス側の意図は？テディのその後は？■□■

　ラッセル・クロウが主演して主演男優賞等を受賞した『グラディエーター』は、導入部も途中経過もハイライトも、格闘シーンを存分に楽しむことができた。しかし、本作におけるテディのファイトシーンを、ナチス兵士でない私たちが楽しむことができないのは当然。私たちは勝利することによって何とかパンや薬にありつけたことを共に喜ぶしかないが、テディと超重量級のボクサーとの対戦が実現したのは一体なぜ？また、その対戦でテディが勝利した後に、テディがアウシュヴィッツからノイエンガンメ収容所へ移送されることになったのは、一体なぜ？そこに透けて見えるナチス側の意図は一体ナニ？

　本作では、収容所長ヘスの家から、隙を見て果物を盗み取る導入部のシーンや、ボクシングの試合で勝利した後、建設現場の過酷な労働からかなり楽で食事も適度に与えられる

ヘスの馬番として働くシーン等で、テディとヘスとの人間関係が対比されて描かれるので、それにも注目。囚人の目から見れば、ヘスの生活は王様のようだが、チフスで最愛の息子を失ってしまう等、ヘスはヘスで苦労は絶えなかったらしい。スパルタクスは反乱奴隷のリーダーとしてローマ軍と戦ったが、結果は敗北。しかし、敗軍の将として彼がいかなる扱いを受けたかは、同作ラストの感動的なシーンを観ればよくわかる。また、源義経は兄・頼朝の手で殺されたはずだが、なぜか判官びいきの日本では、"ジンギスカン伝説"まで生まれている。したがって、アウシュヴィッツ収容所内でテディがヒーローになっていくと・・・?ヘスがそう考えたとしても不思議ではない。その結果、迎える本作ラストにもしっかり注目したい。

２０２２（令和４）年８月４日記

Data 2022-107

監督・脚本・編集：ダニエーレ・ル
ケッティ
脚本：ドメニコ・スタルノーネ／フ
ランチェスコ・ピッコロ
原作：ドメニコ・スタルノーネ『靴
ひも』
出演：アルバ・ロルヴァケル／ルイ
ジ・ロ・カーショ／ラウラ・モ
ランテ／シルヴィオ・オルラン
ド／ジョヴァンナ・メッツォジ
ョルノ／アドリアーノ・ジャン
ニーニ／リンダ・カリーディ

SHOW-HEY シネマルーム

★★★★★

靴ひものロンド

2020年／イタリア映画
配給：樂舎／100分

2022（令和4）年9月17日鑑賞　　シネ・リーブル梅田

👀 みどころ

　夫による浮気の告白。何度もそれを聞かされた豊臣秀吉の妻ねねならそれなりの対応が可能だが、さて本作では？本作に見る別居と養育をめぐる争いは想定内だが、妻の自殺未遂にはびっくり！そこまでやるか！

　若き日と老齢期の主人公を登場させる映画は多いが、本作は大人になった2人の子供たちも登場させて"家族のロンド"を描くから面白い。山田洋次監督流のそれとの対比もぜひ。

　さらに、原題を『Lacci』、英題を『The Ties』とする本作の邦題は近時の大ヒット。この粋でおしゃれな邦題の中身をしっかり噛み締めたい。

———＊———＊———＊———＊———＊———＊———＊———＊———

■□■ダニエーレ・ルケッティ監督とは？3人の共同脚本は？■□■

　本作ではまず、監督、脚本、編集したイタリアのダニエーレ・ルケッティに注目。私は彼の作品を『ローマ法王になる日まで』（17年）（『シネマ40』未掲載）しか観ていなかったが、本作を観て再注目！プロダクションノートによると、彼はドメニコ・スタルノーネの原作『靴ひも』を読む中で、「愛に支配された人生を私たちは受け入れ生きていくことはできるか」という命題を見つけたそうだ。そして「わたしが最も関心があるのは人間同士のつながりです。このテーマこそが、作品を作りたいと感じるインスピレーションの源であり、最も情熱を注ぐ要素なのだと思います。社会や政治的文脈を背負ったもの、もしくは私的で限られた文脈に関わらず、人間関係を描くことで、単に"私たち"というだけではなく、"現代に生きる私たち"を語ることができるはずです」と語る彼は、本作の脚本を原作者のドメニコ・スタルノーネ、そして盟友である脚本家フランチェスコ・ピッコロとの3人で書き上げたそうだ。

　家族をテーマにした映画は多い。日本では山田洋次監督がその筆頭だが、いきなり夫の

浮気の告白から始まる本作が描く家族とは？

■□■なぜ夫は浮気の告白を？舞台は？時代は？■□■

　令和の時代になった今、昭和の歌手、坂本九を知らない人も多いだろうが、本作冒頭、彼が１９６６年に歌って大ヒットした「レットキス（ジェンカ）」の曲に乗って、夫のアルド（ルイジ・ロ・カーショ）と、妻のヴァンダ（アルバ・ロルバケル）が大勢の仲間たちと楽しそうにフィンランドのフォークソングである『ジェンカ』を踊るシークエンスが登場する。ＡＫＢ４８、乃木坂４８、欅坂４８などのアイドルたちが歌い、踊る令和の曲は複雑だが、昭和の良き時代に大ヒットした『ジェンカ』の踊りは極めて簡単だ。その舞台はイタリアのナポリ、時代は１９８０年初頭だ。

　帰宅し、長女アンナと、長男サンドロが眠った後、何を思ったのかアルドは突然ヴァンダに対して「僕はある女性と関係を持った・・・」と浮気の告白を。夫の浮気をテーマにした映画や小説も多いが、その大半は、コトがバレたのち、やむなく告白するもの。妻から何の質問もされないのに、あえて自分から浮気の告白をするケース（バカ？）は少ないはずだ。逆に追及されても、のらりくらり逃げ回ることが多いのは、現在大問題になっている、旧統一協会と自民党の国会議員との"関係"を見ればよくわかるはずだ。それなのに、アルドはなぜ今そんな告白を？

■□■妻の言い分は？夫の対応は？論点を整理すると・・・■□■

　それはともかく、そこで注目すべきは妻の態度。夫の浮気に散々苦しめられてきた妻の代表は、豊臣秀吉の妻ね。秀吉の女遍歴はすごいから、彼女くらいの経験を重ねれば、その対応も"大人のもの"になるが、本作に見るヴァンダが夫からの突然の浮気の告白に納得できず、悩み、苦しんだのは仕方がない。

　夫のアルドはラジオ朗読のホストの仕事をしているから知的レベルは高い。そのため、あくまで冷静かつ論理的にコトの説明をしようとするが、ヴァンダの方はどう見ても感情的。その場ですぐに「出ていけ」と言われたアルドは、言われる通り家族のもとを去ったが、その数日後ヴァンダは彼を追いかけて職場まで押しかけて行ったからヤバい。その後ヴァンダの主張は、「私だって別の人生を生きたかった。でも結婚したら一生添い遂げると約束したから」「これは愛情だけじゃなくて、誠意の問題なの」だが、それってホントにそうなの？他方、激しい言葉で思いの丈をぶつけるヴァンダに対するアルドの対応はあくまで冷静だが、それもホントにそれでいいの？

　面白いのは、その時点でヴァンダは夫の浮気相手の名前も顔も知らないにもかかわらず、それを探り当てる女の勘のすごさ。夫の職場からの帰り道、ある美しい女性とすれ違ったヴァンダは、「この女こそが夫の浮気相手だ」と直感することに。その直感通り、アルドの浮気相手は職場の同僚リディア（リンダ・カリーディ）だったが、その後アルドはリディアの元に移り住んでしまったから、ヴァンダによる職場への押し掛け騒動は、かえって事を荒だてただけかも・・・。

■□■想定内の展開が一転！自殺までするか！■□■

　夫の浮気の発覚、告白から別居、離婚、子供の親権者と慰謝料額の決定。これは弁護士の私には想定内の展開だ。そして、スクリーン上はその想定通り進んでいく。面白いのは、その方向性をリードするのはヴァンダで、アルドは基本的にヴァンダの要求に従うだけだということ。さらに面白いのは、アルドはいかにも身勝手な男だが、愛人のリディアを愛するのと同じように、2人の子供たちをしっかりと愛していることだ。

　私の目には、離婚に向けての本作の進展（？）はヴァンダの思い通りに進んでいると思われたが、そんな中、ある日、ヴァンダは窓から飛び降り自殺を図ったからびっくり！こりゃ一体ナゼ？もっとも、これで一巻の終わりとならず、自殺未遂で終わるところが本作のミソだ。これはひょっとして狂言自殺？それとも・・・？

　私は本作中盤に見るヴァンダの自殺騒動に納得できないままスクリーンを見ていたが、幸いヴァンダは命を取り留め、それを契機に、女手一つで子供を育てることに。弁護士の目から見れば、『靴ひものロンド』と題された本作のストーリーは、これからが本番だ。

■□■あれから数十年！四人家族のロンドは？■□■

　NHKの大河ドラマは、一人の俳優が若き日の主人公と年老いた主人公を一人で演じるケースが多い。しかし、映画では、若き時代と年老いた時代の主人公を別の俳優が演じるケースも多い。どちらも一長一短だが、いずれの場合も連続性に違和感がないことが大切になる。

　しかして本作は、何と冒頭の浮気騒動で丁々発止のやり取りを見せるアルドとヴァンダが、ラスト近くでは年老いたアルド（シルヴィオ・オルランド）と年老いたヴァンダ（ラウラ・モランテ）として登場するので、はっきり言ってその連続性にかなりの違和感がある。他方、導入部で登場する2人の子供も、ラスト近くではいい年のおじさんサンドロ（アドリアーノ・ジャンニーニ）と、おばさんアンナ（ジョヴァンナ・メッツォジョルノ）として登場するので、これがあの2人の子供の成長した姿？とかなりの違和感がある。本作をそんなキャスト構成にしたのは、ダニエーレ・ルケッティ監督がアルドとヴァンダ夫婦だけでなく、サンドロとアンナという2人の子供を含めた4人家族のあり方を、数十年のオーダーで描きたかったためだ。

　本作の原題は『Lacci』、英題は『The Ties』だが、邦題は『靴ひものロンド』と、近時の邦題にしては粋でしゃれている。ロンド形式とは、音楽で有名な、異なる旋律を挟みながら、同じ旋律（ロンド主題）を何度も繰り返す形式だが、人生もそれと同じようなロンド・・・？他方、靴ひもは誰でも知っている靴ひものことだが、その結び方は人によってさまざま。しかして、アルドの靴ひもの結び方は？

　本作中盤、大人になった2人の子供たちと久しぶりに再会したアルドは、「弟が一風変わった靴ひもの結び方をする」と主張するアンナから「結んでみせて」と言われるままに靴ひもの結び方を見せてやったが、その中で生まれてきたものとは？それはどうやら、単なる靴ひもの結び方だけではなく、心の結び方だったらしい。本作中盤では、あれから数十

年後の４人家族が織りなすロンドをしっかり確認したい。

■□■ラストに注目！キューブの中には何が？猫はどこへ？■□■

　本作ラストは、冷え切った関係のままで、老齢期を迎えた２人が、夏のバカンスを過ごす風景が描かれる。それ自体は面白くも何ともないが、面白いのは、２人が留守の間に家に入り込んだアンナとサンドロが家の中で起こす大騒動だ。

　日本でもかつてルービックキューブが大流行したが、本作前半にはかなり大型のルービックキューブ（？）が登場する。これはよほどの手品を使わないと開けられないようだが、そのルービックキューブの中には一体何が入っているの？両親の留守宅に入り込んだアンナとサンドロは、アルドが大切な秘密として持っていたそのルービックキューブのありかを探そうとしたが、そこで２人が取ったあっと驚く行動とは？それはあなた自身の目で確認してもらいたいが、バカンスから戻った２人は、玄関の鍵が開かないことに往生したばかりか、中に入ってみるとまるで空き巣に荒らされたように部屋の中はめちゃくちゃ。その上、ヴァンダの飼い猫ラベスまで失踪していたから、さあ大変だ。これは警察に届けるべきが当然だが、そこから見えてくる４人家族の本当の姿とは？

　山田洋次監督が描く家族は常に、貧しくても明るく前向きだから、吉永小百合の主演がピッタリ。しかし、本作でダニエーレ・ルケッティ監督が描く４人家族とは？浮気の告白から始まった夫婦関係の崩壊は否応なく２人の子供たちを巻き込んだが、ある日、靴紐の結び方を通じて、少なくともアルドと２人の子供たちの間には、新たな心の結び方が生まれたらしい。その後、家族は再び４人で暮らし始めたが、もちろんそれは元の幸せな姿ではなかった。しかして、本作ラストに見る４人家族の実態とは？山田洋次監督のそれとは明確に異なる、本作に見るダニエーレ・ルケッティ監督の視座に注目！

２０２２（令和４）年９月２３日記

Data 2022−110

監督・脚本：ナンニ・モレッティ
原作：エシュコル・ネヴォ『三階　あ
　　　の日テルアビブのアパート
　　　で起きたこと』五月書房新社
出演：マルゲリータ・ブイ／リッカ
　　　ルド・スカマルチョ／アル
　　　バ・ロルヴァケル／アドリア
　　　ーノ・ジャンニーニ／エレ
　　　ナ・リエッティ／アレッサン
　　　ドロ・スペルドゥーティ／デ
　　　ニーズ・タントゥッチ／ナン
　　　ニ・モレッティ

SHOW-HEY シネマルーム

★★★★★

3つの鍵

2021年／イタリア・フランス映画
配給：チャイルド・フィルム／119分

2022（令和4）年9月24日鑑賞　　シネ・リーブル梅田

みどころ

　本作の舞台は3つの家族が1F、2F、3Fを所有する共同住宅。そのため、タイトルは『3つの鍵』だが、冒頭、いきなり車がその1Fに突っ込んできたから大変。そこから少しずつ明らかになる3つの家族の素顔とは・・・？

　原作『三階　あの日テルアビブのアパートで起きたこと』をイタリアの巨匠ナンニ・モレッティ監督が跡形なきまでに変更して描いた家族模様は、こんな事件、あんな事件が次々と続く中、人間の本性があぶり出されていくので、それに注目！

　さらに本作は、「その5年後」と「その10年後」も・・・。コロナ禍が続く中、世界はますます閉じ込められていくの？いやいや、本作を観れば必ずしもそうではないだろう。そんな希望も少しは・・・。

────＊────＊────＊────＊────＊────＊────＊────

■□■イタリアの巨匠ナンニ・モレッティに注目！作風は？■□■

　私が『シネマ1』をはじめて出版したのは2002年6月。その中に1本イタリアの巨匠ナンニ・モレッティ監督の『息子の部屋』がある（57頁）。その「みどころ」に、私は「パルムドール賞受賞作品。大切な息子の死を巡って、さまざまな人間模様が・・・。しかし、重くしんどい。」と書いた。本文中の「小見出し」も、「暗い、しんどい、疲れる・・・」だし、評論のラストは「考えさせられる映画ではあるが、もう一度観てみようという気になる作品ではない。パルムドール賞の出来としては、断然、昨年の「ダンサー・イン・ザ・ダーク」の方が上だ。」だから、かなり手厳しい。

　私を含めて日本人の多くはナンニ・モレッティのことをよく知らないが、彼はカンヌ国際映画祭の常連である上、ベネチア、ベルリンの映画祭をも制しているイタリアの巨匠だ。本作のパンフレットには、ティエリー・フレモーの「ナンニ・モレッティについて」と、

小柳帝（ライター・編集者）の「『３つの鍵』に見るモレッティの作家性」があるので、「ナンニ・モレッティ監督からのメッセージ」と「ナンニ・モレッティ監督へのインタビュー」に合わせてこの２つを読めば、彼の作風がよくわかる。

　それらを読むと、彼は映画監督だけでなく、プロデューサー、配給者、作家、政治家、スポーツマンでもあるそうだが、さらに脚本家、俳優、映画館の経営者であることもわかる。そんな彼が、「配信サービスに自分の映画を"捨てる"気は全くない。」と語っているのも興味深い。本作については、そんなナンニ・モレッティ監督に注目！

■□■タイトルの意味は？なるほど、なるほど…■□■

　本作は、同じ建物に住む３つの家族の物語。１Ｆにはルーチョ（リッカルド・スカマルチョ）と弁護士の妻サーラ（エレナ・リエッティ）が、愛娘のフランチェスカ（キアラ・アバル）と共に居住。２Ｆは夫が長期出張中で陣痛が始まったばかりのモニカ（アルバ・ロルヴァケル）が居住。そして、３Ｆに住むのは、裁判官夫婦であるヴィットリオ（ナンニ・モレッティ）とドーラ（マルゲリータ・ブイ）、そして息子のアンドレア（アレッサンドロ・スペルドゥティ）だ。

　都市問題をライフワークにしてきた私は、数名が共同で建物を建てるプロジェクトに関与したことがあるが、それには一長一短がある。もっとも、本作では３つの家族がどんな経緯でワンフロアずつ所有する共同建物に住んでいるのかは説明されず、単に『３つの鍵』とタイトルされるだけだ。しかし、後半には３Ｆを売りに出すシークエンスの中で、その間取り等も明確にされるので、興味のある人はそこにも注目！

　ナンニ・モレッティ監督のメッセージによれば、本作は「罪悪感、選択の結果、正義、親としての責任など、普遍的なテーマを扱っている」そうだが、彼の映画の登場人物は、裁判官、弁護士、建築家等のそれなりの地位と財力を持った人物が多いらしい。日本では裁判官には官舎が与えられるから、３Ｆに裁判官夫婦が住んでいるという設定は考えづらいが、それはともかく、共同建物に住む"３つの家族"を描く映画だから、タイトルは『３つの鍵』。なるほど、なるほど・・・。

■□■サスペンス風の導入部だが、その実態は交通事故！■□■

　今ドキの邦画は、何でも説明調のわかりやすいものが多いが、フランス、イタリア等の映画は説明を避けて、ひねっているものが多いから、分かりにくいものも多い。本作冒頭は、一人の女性が立たずむサスペンス風の導入部だが、そこでは続いて、その女性を轢いた車がそのまま建物の中に突っ込むシークエンスが描かれる。これは、今ドキ日本で多発している高齢ドライバーによるアクセルとブレーキの踏み間違い・・・？いやいや、そうではなく、停まった車の運転席には若者の姿が！飲酒運転の上で女性を撥ね、さらに建物の１Ｆに突っ込んできたこの若者は、何と３Ｆに住む裁判官夫婦の息子アンドレアだった。ここから、"３つの鍵"の物語がスタートする。飲酒運転の問題点を問う映画ならば、これからアンドレアの刑事裁判の進め方が詳しく描かれるはずだが、タイトルからしてもナン

ニ・モレッティ監督の作風からして、そうではないはずだ。

　２Ｆのモニカはこの交通事故に直接の関係はないが、１Ｆはひどい被害を受けたから大変。被害直後の混乱の中、ルーチョとサーラ夫婦は仕方なくフランチェスカを向かいの家に住む老夫婦に預けたが、そんな安易なことをしていいの？他方、３Ｆの裁判官夫婦は、我が息子の犯した罪をしっかり受け止める決意を固めているようだが、肝心のバカ息子は・・・？

　さあ、冒頭に見たこんな交通事故（暴走、死亡事故）は、"３つの鍵"をキーワードとする"３つの家族"の人間模様にいかなる影響を・・・？それこそが本作のテーマだ。

■□■こんな事件、あんな事件が、次々と■□■

　『ハンナ・アーレント』（１２年）を観ると、「アイヒマン裁判」を傍聴したハンナ・アーレントが書いた傍聴記の結論が、「悪の陳腐さ（凡庸さ）」であったことの意味がよくわかる（『シネマ３２』２１５頁）。つまり、ユダヤ人の大量虐殺を、平然と実行するという特異な事件は、必ずしも特異な人間の特異な犯罪ではなく、凡庸な人間がいくらでも残忍で非人間的な行為ができるということだ。私が、ここでなぜそんなことを書くのかというと、愛娘のフランチェスカを、向かいの老夫婦に預けたことによって、"ある事件"が起きるためだ。一見人の好い、あの認知症（気味）の老人が、幼い娘によからぬ性的いたずらを・・・？弁護士をしている母親のサーラは警察の事情聴取に納得したが、父親のルーチ

93

ョの方は、「このじいさんはきっと・・・。」と、とことん疑いの目を向けていくことに。

　そんな事件に続いて、本作中盤には、パリから祖父母家に戻ってきた孫娘のシャルロット（デニーズ・タントゥッチ）とルーチョとの間に"あっと驚く事件"が起こり、これが強姦の刑事裁判にまで発展していくから、アレレ・・・。もっとも本作では、観客はスクリーン上で"コトの真相"を見せられているので、強姦の刑事事件がどう展開していくのかを興味深く見守るだけだが、そのストーリー展開は如何に？

　本作で目立つのはアンドレアのバカさ加減だが、実はこれは両親ともに裁判官という（恵まれた）家庭に生まれたアンドレアの宿命？とりわけ、父親の一人息子に対する期待と厳しさは、かなりのものだったから、本作に見るこの"父子断絶"のサマは、凄い！すると、この３人家族をめぐるさらなる事件は如何に・・・？さらに、本作前半は長期不在の夫との間で少し精神的に問題がある程度だった２Ｆのモニカも、夫ジョルジョ（アドリアーノ・ジャンニーニ）とその兄ロベルト（ステファノ・ディオニジ）との確執の中、指名手配されたロベルトが、突然モニカの元を訪れるというハプニング（事件）が発生するので、それにも注目。

　このように本作では、こんな事件、あんな事件が次々と起こり、多くの登場人物が様々な人間性を顕わにしていくので、それに注目！

■□■「それから５年後」は？「それから１０年後」は？■□■

　冒頭の飲酒運転による女性のはね飛ばしと、建物への突入事故もひどいが、本作中盤の、ルーチョによる向かいの老夫婦の孫シャルロットに対する強姦事件（？）もひどい。しかし、コロナのパンデミックから早や２年、ロシアのウクライナ侵攻からは早や７カ月、だから時間が経つのは早い。しかして、スクリーン上に登場する、「それから５年後の姿」にも注目。

　そこではまず、３Ｆの父子の確執は、息子による父親への暴力沙汰に至っているからアレレ・・・。そんな中、妻のドーラは夫から、「自分を選ぶ？それとも息子を選ぶ？」と大変な選択を迫られたから大変だ。交通事故について息子アンドレアが実刑判決を免れないことは、裁判官である両親には分かり切っていたからその点はハッキリしていたが、肝心の息子の方は・・・？バカ息子の情けない姿にはげんなりだが、それでも母親は母子、父親が息子を見限っても、母親にはそれができないらしい。すると、「それから５年後」の母ドーラと息子アンドレアの関係は如何に？

　５年後、大きな変化に見舞われているのは２Ｆのモニカも同じ。本作前半は、夫ジョルジョとその兄ロベルトとの、とてつもない確執の深さが描かれていたが、前半で事業の成功を誇り、我が世の春を謳歌していたロベルトが、それから５年後には"イカサマ商法"が崩壊し、指名手配されるニュースが流れているから、アレレ・・・。しかも、そんな中のある日、ロベルトがモニカの前に登場し、夫が長期出張しているのを幸いに（？）、匿ってくれと頼み始めたからやばい。こりゃ一体どんな展開に？そう思いながら観ていると、モニ

カとロベルトの動きは、更にアレレ・・・アレレ・・・。他方、シャルロットに対するルーチョの強姦事件の判決は、有罪に？それとも無罪に？それはあなたの目でしっかり確認してもらいたいが、なるほど、なるほど・・・。

　もっとも、それで終わりと思ってはダメ。本作ではさらにそれから5年後も描かれるのでそれにも注目！

■□■原作は跡形もなし！？この巨匠ならそれもあり！■□■

　『3つの鍵』と題された本作の舞台はローマにある3家族が住む共同建物。価格は分からないが、相当の高級住宅だ。しかし、本作の原作になったエシュコル・ネヴォ氏の『三階　あの日テルアビブのアパートで起きたこと』の舞台は、タイトル通り、イスラエルのテルアビブにあるアパートだ。したがって、当然その価格も本作とは違うし、住んでいる人の社会的地位も収入も全然違うはずだ。パンフレットにあるエシュコル・ネヴォ氏の「誰も無関係ではいられないだろう」では、原作者は完成した映画を2度観たそうだ。その1度目は、「映画の中に私の本の痕跡を探すのが精一杯だった。」らしい。しかし、2度目に観たときは、「もっと自由に感情の動きに身を任せることができた。」らしい。

　それが可能になったのはエシュコル・ネヴォ氏が、映画化を承諾する際に自分が関与しないことだけを条件としたためだが、ナンニ・モレッティ監督は何故、そんな原作を跡形もないほど変えてしまったの？それは本作パンフレッを読めばよくわかるが、要するに、ナンニ・モレッティ監督にとっては「3つの鍵」、「3つの家族」というテーマが重要で、舞台はパリでもローマでも、どこでもよかったらしい。なるほど、なるほど。

　もちろん、私は原作を読んでいないが、「3つの鍵」、「3つの家族」の物語というだけで、登場人物が多くなるのは必然。したがって、本作を鑑賞するについては、1F、2F、3Fそれぞれの住人の顔と名前を一致させながら観なければならないからそれなりにしんどい。そのうえ導入部から"向かいの老夫婦"という大問題発生の張本人も登場する上、中盤からその孫娘シャルロットが登場し、ルーチョに対して、いかにも怪し気な行動をとるので、いつ何が起こるのかとスクリーン上から目を離すことができなくなる。

　『3つの鍵』というタイトル、そして2時間という枠のなかで、これほどさまざまな人間模様と事件を入れ込んだのはナンニ・モレッティ監督の手腕だが、これでは原作は跡形もなくなっているはずだ。原作者の想いはともかく、ナンニ・モレッティ監督ほどの巨匠ならそれもあり！多くの登場人物が織りなす、複雑な人間模様をしっかり楽しみ、かつ考えたい。

2022（令和4）年10月3日記

表紙撮影の舞台裏（４０）

１）大阪の表玄関はJR大阪駅だが、その下には地下鉄梅田駅が、隣には阪急梅田駅と阪神梅田駅がある。さらに、近時巨大再開発が進む、うめきた地区もある。すでに第１期工事は完成し、ヨドバシカメラ等が営業を続けていたが、うめきた２期工事が完成すれば、これまで地下通路でしか結ばれていなかった高さ１７３メートルの空中庭園展望台を誇る超高層梅田スカイビルの人気も高まるはずだ。

２）私が毎週のように通う「シネ・リーブル梅田」は、梅田スカイビルの３階と４階にあるが、ここは超一等地ながら、"陸の孤島"のようだった。しかし、英紙タイムズが、世界遺産のパルテノン神殿などと並ぶ「世界を代表する２０の建造物」として紹介したところ、今や多くの外国人観光客が押し寄せる国際的な観光スポットになっている。２つの超高層ビルの上部を巨大なUFOでつないだようなデザインは、未来の凱旋門として世界の注目を集めている。

３）同ビルがすごいのは、「滝見小路」と名付けられた地下のレストラン街。これは文字どおり、地上に流れる滝を地下１階から見るための小路だが、昭和時代の大阪の下町を再現した石畳や瓦屋根の古い町並みは、まるで映画の撮影所のよう。各種多様で個性的な飲食店の間には、昔ながらの滝見交番や滝見稲荷社があり、映画『ALWAYS三丁目の夕日』（０５年）でお馴染みのダイハツの三輪自動車ミゼットの現物もある。

４）そんな昭和レトロ商店街「滝見小路」では、毎年七夕まつりが開催される。七夕といえば、さとう宗幸が歌った『青葉城恋唄』に登場する「仙台七夕まつり」が有名だが、七夕は私の故郷の松山でも人気の行事。小学生時代の私は、浴衣を着て両親と共に銀天街と大街道を闊歩したものだ。今夏に開催された第１４回梅田七夕には、仙台七夕から美しい笹飾りが届いていた。また、七夕にはお願い短冊がつきものだから、滝見小路への入口やミゼットの前には、老若男女の様々な願い事が書かれたそれがテンコ盛り！笹船燈籠もあった。そのため、普段は映画館に行くための通路に過ぎない滝見小路が、今日（８／２）ばかりは表紙撮影のための撮影現場に！

５）犬を登場させるコマーシャルはソフトバンクのそれが有名だが、私の小中学生時代は、コリー犬のエース、「名犬ラッシー」が有名だった。ステレオを販売し始めたビクターには、フォックス・テリア犬の"ニッパー"もあった。その由来は、亡くなったご主人の声を懐かしそうに蓄音器で聴くニッパー君の可憐な姿を画家である弟が描いた後に、円盤式蓄音器の発明者ベルーナがその名画を商標として登録したものだ。

表紙の写真では台座の上に鎮座するニッパー君の前に蓄音器はないが、それに代わって私がやさしく添える左手が！そして、やさしく微笑む私のバックには立派な仙台の笹飾りの姿も！映画鑑賞の合間に６０年ぶりに七夕を楽しめたことに感謝！

２０２２（令和４）年１１月１日記

第3章
ヨーロッパは広い（2）
ーフランスー

Data 2022-69

監督：ロマン・ポランスキー
脚本：ロマン・ポランスキー／ロバート・ハリス
原作：ロバート・ハリス
出演：ジャン・デュジャルダン／ルイ・ガレル／エマニュエル・セニエ／グレゴリー・ガドゥボワ／エルヴェ・ピエール／ウラディミール・ヨルダノフ／ディディエ・サンドル／メルヴィル・プポー／マチュー・アマルリック

★★★★

オフィサー・アンド・スパイ

2019 年／フランス・イタリア映画
配給：ロングライド／131 分

2022（令和4）年 6 月 5 日鑑賞 ── TOHO シネマズ西宮 OS

👁☆👁 みどころ

　ドレフュス事件は、名前は知っていても、まさに「"あなたが知らない"世紀のスキャンダル」。本作は、「文書改竄　証拠捏造　メディア操作　巨大権力と闘った男の命がけの逆転劇」だが、なぜ巨匠ロマン・ポランスキーが今、そんな映画を？

　原題の『J' accuse』（私は告発する！）は、１８９８年1月13日付オーロール紙の一面を飾った、エミール・ゾラの公開告発状の言葉。したがって、本作の本質をズバリだが、邦題は・・・？

　裁判制度の描き方を含めて、イマイチ納得感が得られないが、映画は勉強！しっかりお勉強を！

───＊───＊───＊───＊───＊───＊───＊───＊───＊───

■□■映画は勉強！ドレフュス事件とは？■□■

　「歴史を変えた逆転劇　フランス No.１大ヒット」"あなたが知らない"世紀のスキャンダル」「文書改竄　証拠捏造　メディア操作　巨大権力と闘った男の命がけの逆転劇」。本作のチラシには、そんなスキャンダラスな文字が躍っている。そんな、世界が震撼した"衝撃の実話"世紀の国家スキャンダル"ドレフュス事件"を映画化したのが本作だ。

　チラシによれば、ドレフュス事件とは、「１８９４年、フランス。ユダヤ人のドレフュス大尉がドイツのスパイとして終身刑に処せられる。その後、真犯人が現れるが軍部が隠匿。これに対し知識人らが弾劾運動を展開し政治的大事件となった。１８９９年、ドレフュスは大統領の恩赦により釈放。１９０６年に無罪が確定した。」と要約されている。

　そんな説明を読まなくとも、日本が日清戦争（１８９４年～９５年）を戦っていた時代のフランスは第三共和政の時代。ヨーロッパの近代史は複雑かつ難解だが、普仏戦争の敗北によってドイツにアルザス・ロレーヌ地方の領土を奪われたフランスは、やっと国力を

取り戻しつつあった。その中枢をなすのは軍部だ。ドイツやフランスの陸軍は富国強兵政策を進める日本陸軍の模範とされたが、当時のフランス陸軍省の中には防諜部があり、諜報活動（スパイ活動）は各国とも盛んだった。日露戦争（１９０４年〜０５年）における日本陸軍の明石元二郎大佐のロシアにおける諜報活動は有名だが、なぜフランス陸軍のドレフュスはスパイ容疑で逮捕されたの？ドレフュス事件そのものは有名だが、その内容はまさに"あなたが知らない世紀のスキャンダル"だ。

本作冒頭は、パリ軍法会議で有罪を宣告されたフランス陸軍大尉アルフレッド・ドレフュス（ルイ・ガレル）が、１８９５年１月５日、大勢の軍関係者が見守る式典の場で勲章を剥ぎ取られ、軍籍を剥奪されるシーンから始まるが、これはフランスでは相当有名なシーンらしい。２０１９年の第７６回ヴェネチア国際映画祭銀獅子賞を受賞したロマン・ポランスキー監督作品である本作はしっかり鑑賞し、しっかり勉強したいが、まずはそこからお勉強を。

■□■原題は？邦題は？物語はピカールの視点から！■□■

本作の原題は、『J'accuse』（私は告発する！）。これは１８９８年１月１３日付新聞「オーロール」紙の一面を飾った、作家エミール・ゾラの公開告発状から取られているそうだ。パンフレット１５頁にはその全文が載せられているうえ、スクリーン上でもそれが最も効果的なシーンで使われるので、それに注目。そういえば、文豪エミール・ゾラがドレフュス事件に関与していたことは、ドレフュス事件を勉強した時に学んだが・・・。そんなフランス語の原題に対し、邦題は、『オフィサー・アンド・スパイ』。スパイはもちろんドレフュスのことだが、オフィサーとは？

本作冒頭に見たドレフュスの公開処刑が終わった後、情報局の指揮官ゴンス将軍（エルヴェ・ピエール）から防諜部長に任命され、異例の若さで中佐に昇進したのがジョルジュ・ピカール（ジャン・デュジャルダン）。彼は陸軍大学で教鞭をとっていた時の教え子だったドレフュスの公開処刑を複雑な思いで見つめていたが、そんなピカールが、アンリ少佐（グレゴリー・ガドゥボワ）を差し置いて、なぜ防諜部のトップについたの？それは明らかにされないが、ピカール中佐とアンリ少佐との確執は明らかだ。しかも、ピカールの執務室がある古めかしい局舎は、あちこちが埃だらけで異臭が漂い、風紀が乱れ切っていたため、改革の必要性を痛感したピカールは、断固それに着手。そして、ドイツ大使館の掃除婦から一通の封緘電報を入手したことをきっかけに、ドレフュスではなく、ルーアンの歩兵連隊に所属するエステラジー少佐がスパイだったのではないかと疑い始めることに・・・。

ドリフュス事件の映画化を企画したポランスキー監督は、本作をそんなピカールの視点から描いていく。それがどこまでホントに「史実に基づく物語」なのかはわからないが、そんな映画だから、その邦題は『オフィサー・アンド・スパイ』に。なるほど、なるほど。

■□■ピカールによる再調査と真犯人探しの説得力は？■□■

シャーロック・ホームズや金田一耕助の「名探偵モノ」のキモは見事な推理力にあるか

ら、その作品の出来不出来はすべてその推理の説得力にかかることになる。本作はそんな「探偵モノ」ではないが、ストーリーのキモは、防諜部の改革に乗り出したピカールがドレフュス事件の証拠を再調査（蒸し返し？）する中で、ドレフュスをスパイと認定した決定的証拠とされた"密書"の根拠の不十分さを強く自覚するところから始まる。ピカールの調査によると、"密書"の筆跡とルーアンの歩兵連隊に所属するエステラジー少佐の手紙の筆跡が酷似していたから、アレレ・・・。ひょっとして、ドレフュスは冤罪で、真犯人（スパイ）はエステラジー少佐？

そう推理したピカールが筆跡鑑定の専門家ベルティヨン（マチュー・アマルリック）に依頼すると、その答えは「まったく同じ筆跡だ」というもの。ドレフュス事件の再調査と推理の結果、たどり着いたそんな結論に、ピカール自身もビックリだが、これを直ちに「深刻な問題です。迅速に解決しないと。」と上層部に報告したのは当然。ところが、それに対する上層部の反応は信じがたいもので、国家的なスキャンダルを恐れるゴンス将軍は「正気か？エリートの君がなぜユダヤ人をかばうんだ。黙っていればわからん。」とあからさまに隠蔽を正当化。陸軍大臣からも「エステラジーを身代わりにするつもりか？そうはさせん。」と叱責されたから、アレレ。さあ、ピカールはどうするの？そして、ドルフュス事件の後始末（再審）はどうなるの？さらに、真犯人（？）エステラジーの逮捕の有無は？

■□■『キネマ旬報』の評価は真っ二つ！なぜこんなに不評？■□■

本作はヴェネチア国際映画祭銀獅子賞受賞作であるうえ、『戦場のピアニスト』（０２年）（『シネマ２』６４頁）でカンヌ国際映画祭のパルムドール賞と米アカデミー賞監督賞を受賞したロマン・ポランスキー監督の最新作だから、新聞紙評の評価は押しなべて高い。にもかかわらず、『キネマ旬報』６月下旬号の「REVEW 日本映画＆外国映画」で、上島晴彦氏は星４つを付けているものの、宮崎大祐氏は星２つ。児玉美月氏に至っては、「映画を批評の俎上に載せる以前に、未成年への性暴行で米裁判所から有罪判決を受けて国外脱出した上に複数人からの告発が公になっている映画監督が、内容自体それを観客に想起させることを免れないような題材で確信犯的に撮る露悪趣味加減にはなから全くついていけない。この自己言及的な新作は自身のドキュメンタリー映画『ロマン・ポランスキー　初めての告白』から、この映画監督が歯切れの悪い言い訳を繰り返しているようにしか思えない心象をさらに助長させたに過ぎなかった。」とボロクソで、星なしとしているから、アレレ・・・。こんなに不評なのは一体ナゼ？

ロマン・ポランスキー監督の有罪判決を受けた未成年者に対する性暴力事件問題とユダヤ人としての出自をどう考えるかは彼のプライベートな問題だから、それを本作の出来不出来と結びつけることに私は反対。したがって、上記の児玉氏の意見には同調できないが、ピカールの視点からドレフュス事件を再調査するという筋でまとめられた本作は、さあ、これからどう展開していくの？ピカールはゴンス将軍から防諜部長に任命されたが、その任務は決してドレフュス事件の再調査ではなかったはず。対独諜報活動という本来の任務

に忙しいはずなのに、ピカールは一体何のために何をやってるの？そこらがイマイチわからないため、本作の説得力はイマイチ。

■□■この男の行動原理は一体ナニ？それが大ポイントだが■□■

　私は司馬遼太郎の長編小説『坂の上の雲』が大好き。後半のハイライトになる日露戦争の描写は、遼陽会戦、奉天会戦等の陸軍の戦いも面白いが、なんと言っても日本海海戦でバルチック艦隊を殲滅させるサマは何度読んでも大興奮！それと同時に、私が同作に興味を持つのは、私と同じ松山市出身の秋山好古・真之兄弟の"人となり"だ。秋山真之の友人、正岡子規は俳人として名を成したが、なぜ秋山兄弟は軍人を志したの？本作冒頭のドレフュス公開処刑のシーンと、彼の教官だったピカールが防諜部長に就任した後、なぜかドレフュス事件の再調査に情熱を注ぐ姿を見ていると、彼の行動形態は秋山兄弟とは違うものの、軍人としては一種の共通項も・・・？

　それはともかく、本作中盤の見どころは、上層部からの"圧力"にもかかわらず、いや圧力が増大すればするほど、逆にピカールの真相解明への情熱が増していく姿だ。それは自身のキャリアの犠牲のみならず、軍人生命の危機すら伴うものだが、なぜ彼はそこまでやるの？本作中盤に見るエミール・ゾラ（アンドレ・マルコン）との接触等の"ドラマ"

は、まさに「文書改竄　証拠捏造　メディア操作　巨大権力と闘った男の命がけの逆転劇」だ。

　そんなピカールは、根っからの正義漢！反権力の男！いやいや、一方でそんな大活躍を続けるピカールが、外務大臣モニエの妻であるポーリーヌ（エマニュエル・セニエ）との不倫関係を堂々と続けている姿を見ていると、そうとも思えない。しかも、本作ラストにはピカールが軍人として、あっと驚く大出世するシークエンスが登場する（これも「Based on a true story」）から、ビックリ！そもそも、この男の行動原理は一体ナニ？それが大ポイントだが・・・。

■□■フランスの裁判制度は？それが最後まで？？？■□■

　弁護士歴５０年に近い私は、各国の裁判制度についてもそれなりの知識を持っているつもりだが、ドレフュス事件とその再審、それに関連するピカールの裁判や、真犯人だとされたエステラジー少佐の裁判については、その結果は教えられるものの、その裁判手続がどのように進められたのかはサッパリわからない。さらに、ドレフュス裁判は当然、一般の刑事事件ではなく、軍事法廷（軍法会議）だから、さらにそのシステムがわからない。ちなみに、『日本共産党闘争小史』を読むと、日本共産党員の市川正一は治安維持法違反で被告人とされたわけだが、その詳細な裁判記録が残っているから、それを読めば裁判の実態がよくわかる。他方、「2.26事件」で決起した青年将校たちは、一般の刑事事件とは違う軍事法廷（軍法会議）で処断され、有罪、死刑、そして即執行されたはずだ。

　それと同じように、冒頭の公開処刑で勲章を剥ぎ取られ、軍籍を剥奪されたドレフュスは、スティーブ・マックイーンとダスティン・ホフマンが共演した名作『パピヨン』（７３年）、それをリメイクした『パピヨン』（１７年）（『シネマ45』１２７頁）で有名な仏領ギニア沖に浮かぶ悪魔島の監獄に収監されたが、スクリーン上で見る限りそこは意外に快適そう・・・？いや、そんなことはないだろうが、明らかに上層部の命令に違反していつまでもドレフュス事件を蒸し返している（？）ピカールは、いつまでその活動を続けられるの？彼が逮捕され、起訴されるのは時間の問題だろうが、その裁判はどんなふうに審理され、有罪となれば、その刑はどんなふうに執行されるの？

　本作は１３１分の力作だが、そこらあたりが経験豊富な弁護士の私ですら最後までサッパリわからない。チラシに躍っている「文書改竄　証拠捏造　メディア操作　巨大権力と闘った男の命がけの逆転劇」を売り文句にする以上、そこらあたりはもう少しわかりやすく丁寧な説明が必要だったのでは？

２０２２（令和4）年6月１１日記

Data 2022-103

監督・脚本：エリック・ベナール
出演：グレゴリー・ガドゥボワ／イザベル・カレ／バンジャマン・ラベルネ／ギョーム・ドゥ・トンケデック／ロレンゾ・ルフェーブル

★★★★

デリシュ！

2020年／フランス・ベルギー映画
配給：彩プロ／112分

2022（令和4）年9月3日鑑賞　TOHOシネマズ西宮OS

👀 みどころ

　社会主義に対する資本主義の優位が明白になった今も"格差の増大"が叫ばれているが、1789年の革命勃発直前のフランスでは？今では街のどこにでもレストランがあるが、食を王侯貴族が独占し、料理人はその奉公人であったあの時代、"デリシュ"を創作した料理人は一体ナニを目指したの？

　"弟子入り"をせがむ謎の女や、復讐物語の展開（？）など、NHKの朝ドラ『ちむどんどん』に比べてもかなりバカバカしい物語だが、それが意外に面白い。

　土地は誰のもの？それは弁護士の私のライフワークだが、料理は誰のもの？そんな切り口でフランス革命を考えてみるのも一興だ。

　復讐に成功し、レストランも大盛況の中で迎えるフィナーレに拍手しつつ、"デリシュ"に乾杯！

――＊――＊――＊――＊――＊――＊――＊――＊――

■□■食の革命も、1789年のフランスで！？■□■

　おいしい食べ物をネタにした映画や、レストランの厨房内部に立ち入った料理番組のような映画は最近多いが、私はそれらを基本的に見ていない。しかし、美食の国フランスで1789年に起きた革命前夜にはじめて"レストラン"を作り、"食の革命"を起こした男の人間ドラマ、と聞けば、そりゃ必見。

　1789年当時のフランスにレストランはなかったの？そう言われると意外に思えるかもしれないが、当時のフランスでは、料理は王侯貴族のものだったのは、ある意味、当然。したがって、庶民（平民）が誰でも自由に入れる"レストラン"など、まだ存在しなかったのも当然・・・？

　本作冒頭、シャンフォール公爵（バンジャマン・ラベルネ）に父親の代から仕えている

料理人マンスロン（グレゴリー・ガドゥボワ）が、公爵の親しい友人（貴族）を招いた食事会で腕を振るう風景が映されるが、その贅沢さにビックリ。革命前夜のフランスの身分制度がこれほどのものだったとは！これでは、マリー・アントワネットが「食べるものがなければケーキを食べればいいのに・・・」と正直な心音（?）を語ったことの意味もよくわかるというものだ。

■□■料理は誰のもの？"デリシュ"に激怒！それはなぜ？■□■

モーツァルトやベートーベン、ショパンやシューマン、さらにチャイコフスキー等の歴史上有名な音楽家の（伝記）映画は多いが、『アマデウス』（84年）を観れば、モーツァルト時代の音楽は王様や貴族のためのものだったことがよくわかる。したがって、"宮廷音楽家"を目指す音楽家が、こぞって王侯貴族に好かれる音楽を作ろうとしたのは当たり前。若き日のモーツァルトも完全にそうだったことは明らかだが、その晩年は・・・？

モーツァルトですらそうだったのだから、親の代からシャンフォール公爵に仕える料理人だったマンスロンは、シャンフォール公爵の忠実な料理人だったはず。ところが、本作冒頭の食事会のデザートとして、マンスロンは、当時は豚の餌だったジャガイモをメインにした創作料理「デリシュ」を提供したからビックリ。料理にうるさいシャンフォール公爵はメニューもすべて自分で決め、勝手な料理を出すことを厳禁していたのに、マンスロンがあえてその禁を犯したのは一体なぜ？客からの不評の声を一身に浴びたシャンフォール公爵はマンスロンに謝罪を命じたが、さてマンスロンは・・・？

■□■女が料理人に弟子入り？その目的は？女の正体は？■□■

頑なに謝罪を拒否したため、シャンフォール公爵の料理人をクビになったマンスロンは息子のパンジャマン（ロレンゾ・ルフェーブル）と共に実家に戻り、失意の日々を送っていた。ある日、そこにルイーズ（イザベル・カレ）が「弟子にしてほしい」と申し入れてきたところから、本作の本格的物語が始まっていく。

NHKの朝ドラ『ちむどんどん』は、料理人を目指す次女の暢子を軸に面白い物語が進んでいるが、それは現代ドラマなればこその話。"レストラン"という概念すらなく、料理人はすべて王侯貴族のお抱えだった1789年当時のフランスで登場する、そんな物語はあまりに不自然だ。手が綺麗なことに気付いたマンスロンの追求の前に、ルイーズは自分が娼婦だったと認めたが、マンスロンはそんなルイーズの弟子入りを許すの？そもそも、マンスロンは今、何の料理も作っていないのだから、弟子入りも何も・・・。

本作で興味深いのは、料理よりも気球に乗って空を飛ぶことに興味を示す一人息子パンジャマンの存在。彼はパリの情報にも通じていたため、王侯貴族に対する庶民の反抗が高まっている現在、自分もそれに参加したいようだが、今は失意の父親を慰めることに重点を置いているらしい。そんな息子の提案が、王侯貴族のための料理ではなく、一般庶民のための料理の提供だが、人間が空を飛べないのと同じように、そんな夢みたいなことはとてもとても・・・。

■□■3つの人間関係を軸に、面白い物語が！■□■

　料理をテーマにした映画では、料理の魅力で観客を引っ張っていくものが多い。しかし、原題も邦題も『デリシュ！』（英語のデリシャスと同じ、フランス語で「おいしい」の意味）とした本作は、それ以上に①シャンフォール公爵とマンスロンとの主従関係、②マンスロンとルイーズとの師弟関係、③マンスロンとパンジャマンとの父子関係、に注目しながらストーリーを進めていくところが面白い。さらにそこでは、公爵の執事（ギョーム・ドゥ・トンケデック）がマンスロンとシャンフォール公爵の接着剤（？）として、もっと大きく言えば、貴族と庶民のどちら側につくかについて、大きな役割を果たすので、それにも注目！

　女のルイーズが料理人マンスロンへの弟子入りを希望する本作導入のストーリーからしてその不自然さは明白。また、いくらルイーズが娼婦だったと告白しても、その不自然さは解消しない。そのうえ、やっとマンスロンとシャンフォール公爵との"接点"が復活し、パリからの帰り道にシャンフォール公爵がマンスロンのレストランに立ち寄り、料理を食べることが決まると、それを手伝うルイーズはある奇妙な行動をとるので、それにも注目！彼女が料理の中に密かに入れているものは一体ナニ？ひょっとして、これは毒？すると、ルイーズの本当の正体は一体ナニ？

　本作中盤からは、そんなスリルとサスペンスに富んだストーリー（？）が始まっていくので、そのことの賛否を含めて、それに注目！

■□■開店はOK？公爵への復讐は？映画ならこれもOK！？■□■

　『ちむどんどん』では、９月８日現在、やっと開店にこぎつけた店への来客が減る中、次第に店の経営が行き詰まっていくストーリーになっている。暢子ほどの頑張り屋の料理人でもそうなのだから、１７８９年というフランス革命前夜の激動の中、庶民を対象に、誰でも入れるレストランをつくるなど、夢のまた夢。それこそ、人間が空を飛ぶようなあり得ない物語だ。そう考えるのが普通だろう。

　そもそも、当時の貨幣の流通の程度は？食材の仕入れは？冷蔵庫も冷凍庫もない時代、在庫管理は？そんな疑問が次々に湧いてくるが、そこは、たかが映画、されど映画だ。本作ラストに見るマンスロンとルイーズのシャンフォール公爵への鮮やかな復讐の完成と、新規開拓したフランス初のレストランの繁盛ぶりをたっぷり楽しみたい。

２０２２（令和４）年９月８日記

Data 2022-109

監督・脚本：マチュー・アマルリック

原作：クロディーヌ・ガレア『Je reviens de loin』

出演：ヴィッキー・クリープス／アリエ・ワルトアルテ／アンヌ＝ソフィ・ボーウェン＝シャテ／サシャ・アルディリ／ジュリエット・バンヴェニスト／オーレル・グルゼスィク／オーレリア・プティ／エルワン・リバール

SHOW-HEY シネマルーム

★★★★★

彼女のいない部屋

2021年／フランス映画
配給：ムヴィオラ／97分

2022（令和4）年9月17日鑑賞　　シネ・リーブル梅田

👀 みどころ

M・ナイト・シャマラン監督の『シックス・センス』（99年）では、「君はいつわかった？」が社会現象になるほど観客の"感度"が試された。しかして、マチュー・アマルリック監督の本作に見る、あなたの"感度"は？

「現在、過去、未来・・・」から始まる渡辺真知子の『迷い道』はわかりやすい曲だったが、本作に見る全く脈絡のない物語（エピソード）の羅列は一体ナニ？ヒロインは何のために、家族の写ったポラロイド写真で神経衰弱ゲームをしているの？その場所はどこ？

"その瞬間、涙が堰を切り溢れ出る"はずだが、あなたにとってのその瞬間とは？たまには、こんなクソ難しい映画を本腰を入れてしっかり楽しみたい。

—— * —— * —— * —— * —— * —— * —— * —— * —— *

■□■ネタバレ厳禁！あなたの"感度"は？■□■

M・ナイト・シャマラン監督によるブルース・ウィリス主演の『シックス・センス』（99年）は、ネタバレ厳禁の代表作。同作は、これまで多くの子どもたちを救ってきた小児精神科医と8歳の少年とのカウンセリングを通じた心の交流の中で、"あっと驚く秘密"が明らかにされていくものだったが、同作では何よりも観客の"感度"が試された。

しかして、マチュー・アマルリック監督も、本作については「彼女に何が起きたのか、映画を見る前の方々には明らかにしないでください。」と厳重に警告している。そして、事前に明かされた本作のストーリーは、「家出した女の物語、のようである」の一行のみ。フランス公開時にも物語の詳細は伏せられ、展開を知らない観客がある事実に気付いた時、心が動揺するほど感動した、というのが本作の"売り"だ。

ネタバレ厳禁を謳う作品は近時も多いが、本作は『シックス・センス』以来もっともそれを徹底させている。しかして、さあ、本作についてのあなたの"感度"は？

■□■現在・過去・未来が交錯！さっぱりわからん！しかし、■□■

　2作目の楽曲『かもめが翔んだ日』で有名な歌手、渡辺真知子が歌ったデビュー曲『迷い道』の歌い出しは、「現在、過去、未来　あの人に逢ったなら　わたしはいつまでも待ってると誰か伝えて　まるで喜劇じゃないの」というものだった。

　本作はマチュー・アマルリック監督が見出した女優、ヴィッキー・クリープス演じるクラリスが、自宅でぐっすり眠っている娘リュシー、息子ポール、夫マルク（アリエ・ワルトアルテ）に別れを告げないまま一人車で家を出ていくシークエンスから始まる。人間は車の運転席に一人で座ると、俄然わがままになり、本性が出るものだ。クラリスは今、カセットテープを聞きながら、すべての束縛から解放されたような爽やかな顔で車を走らせていたが、彼女は今どこへ向かっているの？何よりも、そもそもなぜ一人で車に乗っているの？映画は便利な芸術で、時空を超えて現在、過去、未来を自由にスクリーン上に描くことができるし、タイムスリップさえ可能だ。

　今クラリスが車の中で聞いているのは、娘のリュシーがたどたどしく弾くベートーヴェンのピアノ曲『エリーゼのために』だが、本作はここから現在、過去、未来を交錯させながら、断片的な物語が目まぐるしく展開していくから、そのストーリーを読み取るのは難しい。というより、はっきり言えば、さっぱりわからん！というのが私の実情だ。こりゃ一体何の映画？娘が弾くピアノのレベルは次第に上がり、ある時点では演奏者にまでなっているが、これは一体ナゼ？本作がタイムスリップものでないことは確かだから、しっかり"感度"を研ぎ澄ませてストーリーの意味を把握しなくては・・・。

■□■娘のピアノ演奏に注目！しかし、これもかなり難解！■□■

　私は本作をたまたまマチュー・アマルリック監督 VS 濱口竜介監督の対談映像付きで観たが、この2人の対談は奥が深く、興味深かった。濱口監督ですら本作を二度、三度と観たそうだから、並みの感度の人なら、当然二度、三度と観る必要がある。そして、そのたびに新しい発見があるはずだ。

　リュシーが弾く『エリーゼのために』の練習バージョンから始まる本作は、前述のように次第にピアノのレベルが上がり、中盤には音大への入学に向けて頑張るリュシーの姿や、演奏家としてピアノを弾いているリュシーの姿が登場する。しかし、それは一体ナゼ？それぞれのシーンでリュシーが弾いている曲はきちんと解説を読まなければわからないものばかりだが、それぞれかなりのレベルのピアノ曲らしい。しかして、そんな不可思議なストーリー展開の中、今数人の試験官たちの前でピアノに向かっているリュシーの姿を見るためにクラリスが部屋に入ってきたから、びっくり！いくら母親でもそんなことは許されないのでは？そう思っていると、アレレ、アレレ。スクリーン上は意外な展開に・・・。

　さあ、数々のピアノ曲の理解とともに、ストーリー展開についてのあなたの感度は・・・？本作はパンフレットも充実しており、その中には3本のレビューと1本のエッセイがあるので、それもしっかり読み込みたい。感度の高い人なら、ここらあたりで、『シックス・セ

ンス』の時と同じように、ああ、なるほど・・・となっていくはずだが・・・？

■□■ 脈絡のない物語の羅列は一体何？神経衰弱ゲームは何？■□■

　スマホ全盛時代の今、ポラロイドカメラの出番は少なくなっている。しかし、ポラロイドカメラは撮るたびに１枚ずつプリントアウトされてくるから、それをトランプの神経衰弱ゲームの代わりに使うには便利・・・？かどうかは知らないが、本作ではホテルに一人で泊まっているクラリスが、ポラロイドカメラで写した写真をそのゲームの代わりに使っているシーンが登場する。その写真は家族のものばかりだが、これは一体いつどこで撮ったもの？そして、そもそもクラリスは今、なぜ一人でそんな遊びをしているの？クラリスを演じた女優は、「今、ヨーロッパ No.1 女優」と言われているうえ、本作は彼女のベストと言われる演技が絶賛されている。そのため、彼女は本作で、２０２２年のセザール賞最優秀女優賞にノミネートされており、パンフレットではそれが、「精悍で快活でありながら、繊細な演技でクリープスと見事な化学反応を見せている。」と表現されている。

　もっとも、本作はさまざまなストーリー（エピソード）が時系列を超えて何の脈絡もなく登場してくるので、とにかく「ワケがわからん」というのが実情。冒頭のシーンからは、彼女が一人車に乗って家出をしてきたように思えるのだが、もしそうだとすると、その理由は？その行き先は？そう思っていると、アレレ、アレレ・・・？ある時は、観光地でドイツ語の通訳兼ガイド（？）をして生計を立てている彼女が、わが子を叱る父親に食ってかかる風景が描かれる。また、ある時は、雪山の中に建つホテルの中で、数人分の食卓を独占して一人で食事する彼女の姿が描かれる。さらに、ある時は、バーでしたたかに酔った彼女が、居合わせた男性客にしがみつく（？）風景も登場する。そんな中、本作でセザール賞にノミネートされた女優ヴィッキー・クリープスが、あるシーンでは幸せそうな顔を、あるシーンでは悲しげな顔を対照的に見せてくれるので、それにも注目！

　このような本作における脈絡のない物語（エピソード）の羅列は一体ナニ？本作のチラシには「少しずつ見えてくる家族の真実。」「その瞬間、涙が堰を切り溢れ出る。」と書かれているが、さて、あなたの涙が堰を切り溢れだすのは、どの瞬間？

■□■ 『キネマ旬報』の評価は、星４つ、４つ、５つ！■□■

　私は、観る映画を選択するについて、『キネマ旬報』の「REVIEW 日本映画＆外国映画」をよく参考にしている。自分でも気が進まない作品について、そこで低評価していると一安心して無視することができるわけだ。もっとも、映画の好き嫌いや評価の仕方は人によってそれぞれだから、あまりそれにこだわるのもよろしくない。

　しかして、『キネマ旬報』９月上旬特別号のそれにおける本作の評価は星４つ、４つ、５つであるうえ、三氏の文章もほぼ絶賛調だから、これは必見！本作については、偶然ながら濱口竜介監督との対談映像付きで観ることができたことにも感謝！さらに、二度、三度と観る時間的余裕はないが、誰かとじっくり語り合いたくなる作品に巡り会えたことにも感謝！

２０２２（令和４）年９月２３日記

Data 2022-114

監督・脚本：セリーヌ・シアマ
出演：ジョセフィーヌ・サンス／ガ
ブリエル・サンス／ニナ・ミ
ュリス／マルゴ・アバスカル

★★★

秘密の森の、その向こう

2021年／フランス映画
配給：ギャガ／73分

2022（令和4）年10月8日鑑賞　　シネ・リーブル梅田

👀みどころ

　この邦題をみれば、本作はホラー？ヨーロッパのおとぎ話にはよく森や怖い
おばあちゃんが登場するから、一瞬そう思ったが、主人公は8歳の可愛い2人
の少女だ。しかし、その1人は死んだ母親と同じ名前だからアレレ・・・。
　"不滅の名作"と絶賛された『燃ゆる女の肖像』（19年）は、ドレス姿の美
しい2人の女性が主人公だったから、"肖像画"の意味を確認し、同性愛（？）
を堪能したが、本作では、"時空を越えた少女の出会い"が浮き彫りにする、
"女の深淵"を覗き見たい。もっとも私には本作の出来はイマイチ。さて、あ
なたの評価は？

―――＊―――＊―――＊―――＊―――＊―――＊―――＊―――＊―――

■□■セリーヌ・シアマ監督の最終作！こりゃ必見！■□■

　私は『燃ゆる女の肖像』（19年）（『シネマ48』108頁）を観てはじめて、8世紀の
フランスで若い娘が肖像画を描いてもらうのは、より良き結婚相手を選ぶための"お見合
い写真"代わりだということを知った。"映画史を塗り替える傑作"と絶賛された同作では、
美しいドレス姿にうっとりしながら、美しい同性愛のシーンにもうっとり・・・？その上
で、女の自立とは何か？まで考えさせられることになった。

　そんな名作を誕生させたフランスの女性監督セリーヌ・シアマ監督の最新作が本作だが、
そこでは「娘・母・祖母　三世代をつなぐ〈喪失〉と〈癒し〉の物語に胸が震える」らし
い。そう聞くと、こりゃ必見。

■□■主人公は8歳の2人の少女！■□■

　『燃ゆる女の肖像』の主人公はドレス姿がよく似合う美しい2人の女性だったが、本作
は最愛の母親を失った8歳のネリーと、かつて母親が遊んでいた森の中でネリーが出会っ
たマリオンという2人の少女だ。出会った少女はネリーと同じ8歳だが、マリオンは死ん

だ母親の名前。さらに、招かれたマリオンの家に入ってみると、そこはおばあちゃんの家だったからアレレ・・・。そんなストーリーの中、「娘・母・祖母 三世代をつなぐ〈喪失〉と〈癒し〉の物語」が進行していくが・・・。

ネリーと、マリオンを演じるのは、映画初出演のジョセフィーヌとガブリエルというサンス姉妹。2人とも可愛らしいから、それはそれでいいのだが、私には主人公はやっぱり、年頃の美しい女性の方が・・・。それはともかく、8歳の2人の少女を主人公にしても、セリーヌ・シアマ監督はやっぱり"女の深淵"をテーマとして描いていくの・・・？

■□■舞台は森。西欧の児童文学では森は恐いが・・・■□■

同じ日に観た『渇きと偽り』（22年）は、オーストラリアを舞台にしたサスペンススリラーだった。そのテーマは、原題がシンプルな『The Dry』とされていることからわかるとおり、1年間も雨が降らず、干からびた荒れ地となっている架空の町キエワラの"渇き"がテーマだった。それに比べれば、一貫して暗い基調のスクリーンながら、本作の舞台は緑豊かな森だから、渇きとは無縁。しかし、『赤ずきんちゃん』をはじめとした、森を舞台にしたヨーロッパの児童文学では、森そのものも怖いし、森に住むおばあちゃんも恐い奴が多い。

本作にそんな怖いおばあちゃんは登場しないが、ネリーが森の中で出会った同い年の少女の名前が母親と同じだということには一体どんな意味が・・・？さらに、ネリーが入った家がおばあちゃんの家だったということには一体どんな意味が・・・？
本作の邦題『秘密の森の、その向こう』はそんな映画にピッタリだ。しかして、私の評価はイマイチだが、本作についてのあなたの評価は？

2022（令和4）年10月10日記

Data　2022-52

監督：ジャック・オディアール
脚本：ジャック・オディアール／セ
　　　リーヌ・シアマ／レア・ミシ
　　　ウス
出演：ルーシー・チャン／マキタ・
　　　サンバ／ノエミ・メルラン／
　　　ジェニー・ベス

★★★★

パリ13区

2021 年／フランス映画
配給：ロングライド／105 分

2022（令和4）年4月30日鑑賞　　シネ・リーブル梅田

👀 みどころ

　大阪市北区は私の居住地で、阿倍野区は再開発を巡る行政訴訟を闘った地区だが、パリ13区（の特徴）は？それを押さえたうえで、そこに住む台湾系女性とアフリカ系男性の"セックスの相性"の良さから始まる、今ドキの若者たち4人の物語を楽しみたい。

　パルムドール賞受賞歴のある70歳の巨匠が、2人の女性脚本家の力を借りてこんなテーマに挑んだのは意外だが、その成否は？

　32歳で大学に復学。そんな女性なら申し分なしと思ってしまうが、SNS全盛時代の今はちょっとしたミスが命取り！そんなストーリー展開の中でも、最後は"女同士の相性の良さ"があれば、救済に・・・？

　パリ発の今ドキの若者たちの生態と性態を描くトレンディドラマとして、しっかり楽しみたい。

───＊───＊───＊───＊───＊───＊───＊───＊───＊───＊───

■□■「パリ13区」とは？都市問題の視点から■□■

　私は大阪市が施行する阿倍野再開発を巡る行政訴訟を提起し勝訴したが、大阪市阿倍野区はかつて「てんのじ村」と呼ばれた、庶民的な（泥臭い？）地区。「阪急村」がある大阪市北区の洗練された（？）地区とは大違いだ。しかして、「パリ13区」とは？

　本作の英題は『Paris,13th District』だが、原題は本作の舞台になった『Les Olympiades（レ・ゾランピアード）』。ここは高層住宅が連なる再開発地区であると共に、フランス最大のアジア人街で、アジア系移民が多く暮らしているから、古都パリのイメージとは全く違うらしい。私も1988年に一度だけヨーロッパの再開発視察旅行に行き、パリ市内を歩き回ったが、本作冒頭に見る13区を中心とするパリの全貌は、そりゃ素晴らしい。とりわけ13区は近時、世界最大規模のスタートアップ・キャンパス「スタシオン・エフ」

や、ファッションデザイナーのアニエスベーによる現代美術館「ラ・ファブ」が誕生し、さらに注目を浴びているそうだから、まさに現代のパリを象徴するエリア。私は大阪市北区に居住しているが、その周辺にある中之島地区では、川辺の賑わいづくりや美術館の建設等、素晴らしい環境づくりが進んでいるから、それと同じようなものだろう。

都市問題をライフワークとして約４０年間続けてきた私にとって、そんなタイトルの本作は必見。そんな「パリ１３区」を舞台に生きる、今時の若者たちの生態（性態）は？

■□■７０歳の巨匠が３つの短編を元に２人の女性脚本家と！■□■

本作のジャック・オディアール監督は、『ディーパンの闘い』（１５年）（『シネマ３７』１２６頁）でカンヌ国際映画祭パルムドーム賞を受賞した監督だから、私もよく知っている。続く『ゴールデン・リバー』（１８年）（『シネマ４５』１１２頁）もさまざまな賞を受賞した名作だった。

両者ともいかにもジャック・オディアール監督らしい素晴らしい問題提起作だったが、本作では一転して、アメリカのグラフティー作家エイドリアン・トミネの３つの短編を元に、セリーヌ・シアマ、レア・ミシウスという２人の女性脚本家と共に、パリ１３区で生きる３人の男女の恋愛模様を取り上げた。チラシには、「監督・脚本ジャック・オディアール×脚本セリーヌ・シアマ×脚本レア・ミシウス　世代を超えたコラボレーションで描く"新しいパリ"」、「気軽に人とつながれても、愛を深めるのは簡単じゃない。迷いながらも何かを求め続ける大人たちの恋愛物語。」と書かれている。たしかにそれは間違いなく、今を物語る映画かもしれないが、それだけでは映画祭での受賞はムリ！？そんな私の予想通り、本作は第７４回カンヌ国際映画祭ではサウンドトラック賞（Rone）の受賞のみに・・・。

■□■物語は台湾系フランス人エミリーのアパートから■□■

本作の第１の主人公は、高学歴ながらもコールセンターでオペレーターとして働く台湾系フランス人の女性エミリー（ルーシー・チャン）。彼女が住むパリ１３区のアパートへのルームメイト募集から始まる本作の物語は、①アフリカ系フランス人の高校教師カミーユ（マキタ・サンバ）からの応募、②カミーユと聞いて女性だと勘違いしたことによる来訪と面接、③自由を束縛しない好条件の提示による合意成立、④即日からの同居の開始、に至るから、ビックリ！

他方、本作の冒頭に見る、いかに自分のリビングルームとはいえ、素っ裸でくつろぐエミリーの姿にビックリなら、引っ越してきたカミーユといきなり始まるセックスにもビックリだ。ここまで"性の解放"が必要なの？１９６０〜７０年代に"性の解放"を主張してきた私でも、本作を見ていると、さすがにそう思ってしまう。しかし、今ドキの若者はお互いを知るのは二の次で、"まずはセックスから"らしい。しかし、いくら２人の若い女性脚本家の応援を得たとはいえ、７０歳のジャック・オディアール監督が最初からそんなストーリー展開に持ち込む本作にビックリ！

■□■ノラの物語は？３人の主人公はそれぞれ暗礁に！■□■

本作のもう一人の主人公は、３２歳でソルボンヌ大学法学部に復学してきた女性ノラ（ノエミ・メルラン）。勉学意欲に燃えて講義に出席したノラだが、他方で、クラスメイト作りも大切と考え、学生たちが企画するパーティーにド派手な金髪ウィッグ姿で乗り込んだことが裏目に。その姿が元ポルノスターでカムガールにそっくりだったことから、"アンバー・スウィート"（ジェニー・ベス）本人と誤解され、"アンバー・スウィート"のポルノ動画がSNSで拡散されたから大変。ノラは大学にいられなくなってしまうことに。なるほど、なるほど。今ドキの学生生活では、こんなことも有り得るのかも・・・。

他方、エミリーの方は、カミーユとのセックスの相性の良さに惚れ込み、恋心を抱き始めたにもかかわらず、はっきりと一線を引かれたため、たちまち２人の関係はギクシャク状態。そんな中で、本来の恋人（？）を部屋の中に引っ張り込んだカミーユにエミリーが嫌味を言ったため（？）、カミーユは荷物をまとめてアパートを出てしまうことに。何とまあ、単純な・・・。

(C)PAGE 114 - France 2 Cinema
『パリ１３区』Blu-ray　発売中
価格：5,280 円（税込）
発売元：松竹株式会社
　　　（提供：松竹、ロングライド）
販売元：株式会社ハピネット・メディアマーケティング

さらに、カミーユには吃音のある１６歳の妹エポニーヌ（カミーユ・レオン＝フュシアン）がいたが、彼女が懸命に取り組んでいるスタンダップコメディを彼が頭ごなしに批判したため、父親を含む３人家族は険悪な雰囲気に。こんなふうに３人の主人公の生活はそれぞれ三者三様の形で暗礁に乗り上げてしまったが、それぞれこれをどう打開していくの？

■□■三者三様の"変わり身"と"再生"は如何に？■□■

人生は「七転び八起き」だし、「万事塞翁が馬」。したがって、三者三様の形で暗礁に乗り上げてしまった３人の主人公たちも、絶望することなく、それぞれの"変わり身"の中で再生をはかりたい。本作中盤は、そんな私の期待通り（？）、①エミリーは中華レストランのホールスタッフとして働きながら"ヤる"ことを目的に出会い系アプリを始め、②カミーユは教師職を休業し、一時的に友人の不動産会社を手伝うことに。そして、③大学を追われたノラは、ボルドーにある叔父の不動産会社に勤務していた１０年のキャリアを生

かし、求人の張り紙のあった事務所へと向かうことに。

　大学3回生の２０歳の誕生日に司法試験への挑戦を決意して基本書を購入し、以降今日まで５０年以上その道一筋にやってきた私の目から見れば、本作に見るそんな三者三様の"変わり身"の評価は微妙。つまり、一面では肯定的だが、他面では否定的に思えてしまう。とりわけ、３２歳で復学しながら、すぐにつまらない騒動に巻き込まれた挙句、腰かけ仕事に従事していくノラの"変わり身"は肯定できない。また、エミリーとカミーユの同居の開始と決別の理由になった"セックスの相性"も私にはイマイチわからないが、本作ではそれだけにとどまらず、その後、カミーユはエミリーと連絡を取ることによって再会を果たしていくので、それにも注目！

　２０〜３０代は自分で責任を取りさえすれば何をやっても自由。私はそう思うし、三者三様の"変わり身"にも納得だが、あまり同調できないのは一体なぜ・・・？

■□■４人目の主人公が浮上！女同士の相性は？■□■

　本作は、はじめて出会ったエミリーとカミーユとのセックスの相性が抜群に良かったことがきっかけになってストーリーが進んでいく。そして、３人の主人公がそれぞれ暗礁に乗り上げた後、中盤では三者三様の"変わり身"を見せながら、更なるストーリーが進んでいく。そんな中、女好きの（？）カミーユは、聖女のようなノラに惹かれながらも、同時にユーモアセンスのあるエミリーも恋しいらしい。そのため、本作ではカミーユのいわゆる"二股かけ"の姿に注目すると共に、彼の選択がどちらになるのかにも注目したい。しかし、本作ではそれ以上に、ラストに向けて、前半では端役と思われていたアンバー・スウィートが４人目の主役として浮上してくるので、それに注目！

　パソコン上のポルノ動画は私も見たことがあるが、扱いが面倒なうえ、映画に比べても全然面白くないから、私はそれにハマったことはない。それはノラも同じだったが、ある日アンバー・スウィートのアダルトサイトにアクセスし、自分自身の身に起きたことを話し始めると、アンバーは親身になって相談に乗ってくれたからアレレ・・・。当初のそれはポルノ動画を見るのと同じように数分ごとに追加料金が必要だったが、ある時からはプライベートな回線でつながることに。そうなると、ノラにとっては画面越しのアンバーとの会話が何よりも大切で、濃密な時間になっていったらしい。そして、意外だったのは、この２人の"女同士の相性"が抜群だったこと。しかして、この２人のバーチャル世界ではなく、画面を越えた現実世界での接点は？

　さあ、パリ１３区なればこその４人の主人公たちの今ドキの物語の面白さは如何に？パリ発の今ドキの若者たちの生態と性態を描くトレンディドラマとして、しっかり楽しみたい。

２０２２（令和4）年5月7日記

Data 2022-67

監督：サハラ・カリミ

脚本：サハラ・カリミ／サミ・ハシブ・ナビザダ

出演：アレズー・アリアプーア／フェレシュタ・アフシャー／ハシバ・エブラヒミ

★★★★

明日になれば
～アフガニスタン、女たちの決断～

2019 年／アフガニスタン・イラン・フランス映画
配給：NEGA／83 分

2022（令和4）年5月30日鑑賞　｜　シネ・リーブル梅田

👀 み ど こ ろ

　女性差別はどの国でも、どの時代でも同じだが、イスラム教の下では？アフガニスタンでは？アメリカが"世界の憲兵"の役割を果たしたアフガニスタン戦争は２０２１年８月に終結したが、その後の悲惨な現状は？

　３人の女性の生き方をオムニバス風に描く本作は、たしかに「明日になれば」「アフガニスタン」「女たちの決断」という３つのキーワードを表現しているが、その出来は？

　中国のＴＶドラマ『３０女の思うこと～上海女子物語』や濱口竜介監督の『偶然と想像』（２１年）に見る３人の主人公たちと比較してみるのも一興だが・・・。

――＊――＊――＊――＊――＊――＊――＊――＊――＊――＊――

■□■原題は？なぜこんな長い邦題に？■□■

　本作の原題は、『Hava,Maryam,Ayesha』。これは２０２１年８月３０日のアメリカ軍の全面撤退によって、イスラム原理主義組織タリバンに制圧されたアフガニスタンの首都カブールに生きる３人の女性の名前だ。

　すなわち、本作は、①義父母の面倒を見ながら家事に追われる孤独な妊婦ハヴァ（アレズー・アリアプーア）、②７年間浮気し続けた夫と離婚を決意するも、妊娠が発覚した高学歴のニュースキャスター、ミリアム（フェレシュタ・アフシャー）、③妊娠したと同時に姿を消した恋人がいながら、いとこのプロポーズを受け入れた１８歳の少女アイーシャ（ハシバ・エブラヒミ）、という年齢、生活環境、社会的背景が異なる３人のアフガニスタン女性がはじめて直面する人生の試練をそれぞれ描いたオムニバス映画だ。

　原題だけでは何の映画かサッパリわからないため、そんな本作の邦題は、『明日になれば～アフガニスタン、女たちの決断～』とバカ長いものにされたが、それは本作のエッセンス（キーワード）を明示したかったため。まさに本作は、前述した３人の女性の生きザマ

を通して、「明日になれば」「アフガニスタン」「女たちの決断」という３つのエッセンスをぶち込んだものだが、そうかと言って、この邦題の出来はイマイチ・・・？

■□■アフガニスタンでの女性の地位は？どこで撮影を？■□■

日本を含む西欧民主主義諸国では、今や「法の下の平等」や「男女平等」は当然のこと。しかし、イスラム教では？アフガニスタンでは？カブールを制圧したタリバンは、それまで女性の地位向上に取り組んできた女性問題省も廃止し、記者会見で、タリバンの報道担当幹部は、女性の権利は「シャリア（イスラム法）の枠組みの中」で尊重されると発表したが、その意味は？

私は、５月１０日に観た『メイド・イン・バングラデシュ』（１９年）では、バングラデシュの首都ダッカにある劣悪な労働環境の縫製工場で立ち上がった勇敢な女性を知り、５月１９日に観た『グロリアス　世界を動かした女たち』（２０年）では、１９６０年から７０年代にアメリカで大活躍した女性解放の活動家を知った。しかして、本作はアフガニスタン映画機構初の女性会長を務めるサハラ・カリミ監督が、前述の問題意識で脚本を書き、監督したもので、その撮影はすべてカブールで行ったそうだ。アメリカ軍が完全撤退し、タリバンの全面支配が復活した２０２１年８月以降の首都カブールでは本作のような問題意識の映画の撮影は不可能だから、本作の撮影は実にタイムリー。そんな意味でも、私は本作に注目！

■□■３人の主人公たちそれぞれの物語は？映画の出来は？■□■

女性の地位の男性に比べての低さは、一部で実施されていたという"母系社会"を除けば、どの国でも、どの時代でも同じ。その原因は、"家父長制度"だけではなく、宗教上のものも多い。キリスト教でも男女差別は明らかだが、イスラム教のそれは顕著だから、イスラム教が支配するアフガニスタンの女たちの生き方が、それによって大きく制約されていたのは仕方ない。

アフガニスタン戦争は、アメリカが"世界の憲兵"として敢行した戦争の最長のもので、民主化が進んでいた当時のアフガニスタンには「女性問題省」が設置されていた。したがって、そのまま民主化が進めば、今の日本と同じような男女同権社会も夢ではなかったかも・・・？いやいや、そんな淡い期待がナンセンスだということは、本作を観ればよくわかる。そのうえ、２０２１年８月に、いかにトランプ前大統領の政策の承継とはいえ、バイデン新大統領があっさりと現地の大混乱を無視して、アメリカ軍の撤退を実現してしまうと、その後の悲惨な現状は・・・？

本作はそんな３人の女性を主人公とする３つのオムニバスで成り立っているが、合計８３分の映画だから、それぞれの物語はそれほどインパクトのあるものではなく、"それなり"のもの。したがって、映画の出来としてはイマイチだが、１つの事例としてしっかり参考にしたい。

■□■本作VS中国の現代ドラマ、濱口竜介監督最新作！■□■

　私は、ここ数年来ずっと『三国志』関連をはじめとする中国の時代劇ドラマにハマっているが、他方、現在BS12で放送中の現代ドラマ『30女の思うこと〜上海女子物語』にもハマっている。これは、華やかな上海を舞台に、恋に仕事に家庭に奮闘する3人の女性たちの"リアル"と友情を描く大ヒットラブストーリーだ。また、『ドライブ・マイ・カー』（21年）（『シネマ49』12頁）に続く、濱口竜介監督の最新作『偶然と想像』（21年）（『シネマ50』163頁）は、「偶然と想像」を統一テーマにした3つの短編だが、そこでも3人の女性たちが何かと大奮闘するストーリーがメチャ面白かった。

　女性の地位が抑圧されたアフガニスタンでは、それらと同じようにいかないのは仕方ない。しかし、それでも本作に見る3人の女性主人公たちの頑張りはすごいし、最後の決断は、あっと驚くものだ。時代も国も違うものの、本作と『30女の思うこと〜上海女子物語』や『偶然と想像』との比較も面白いのでは？

■□■ "明日になれば" VS "明日があるさ" ■□■

　かつて"スキヤキソング"こと『上を向いて歩こう』を歌ってアメリカでも大人気になった歌手が坂本九。彼のヒット曲は多いが、その一つが私が中学生だった1963年に発売された『明日があるさ』だ。同曲は、2001年、吉本興業所属のお笑いタレントで結成された音楽ユニット「Re:Japan」（リ・ジャパン）が歌って大ヒットしたから、今ドキの若者も同曲を知っているはずだ。青島幸男作詞、中村八大作曲による同曲は、自分に自信が持てず、意中の女性に恋心を打ち明けられないにもかかわらず、前向きに日々を過ごす男子学生の思いをコミカルに表現したもので、あくまで"前向きソング"だ。

　それに対して、本作のタイトル「明日になれば」は、それほど前向きではなく、何かの変化があるかもしれないという期待を込めたレベルだ。しかして、「アフガニスタン」「女たちの決断」「明日になれば」という3つのキーワードをタイトルにした本作では、3人の女たちが最後に下す決断はたしかにすごい。しかし、それが本当にいい決断なのかどうか、そして彼女たちの明日からの人生がホントにそんな決断どおりに歩めるのかどうかは、正直なところわからない。

　2017年に急速に盛り上がった香港の雨傘運動＝民主化運動が、今や完全に抑圧されている現状を見れば、タリバンが再支配し、女性問題省も廃止された今のアフガニスタンで、本作の3人の主人公たちはどう生きてるの？香港では、"自由の女神"ことアグネス・チョウも、人気女性歌手デニス・ホーも逮捕されてしまったが、「明日になれば」と考え、それぞれの決断をした本作の3人の主人公たちは、今どうしているのだろうか？

2022（令和4）年6月3日記

Data 2022-92

監督：エマニュエル・クールコル
出演：カド・メラッド／マリナ・ハンズ／ロラン・ストッカー／ダヴィッド・アヤラ／ラミネ・シソコ／ソフィアン・カメス／ピエール・ロッタン／ワビレ・ナビエ／アレクサンドル・メドヴェージェフ／サイド・ベンシナファ

アプローズ、アプローズ！
囚人たちの大舞台

2020 年／フランス映画
配給：リアリーライクフィルムズ／105 分

2022（令和4）年8月2日鑑賞	シネ・リーブル梅田

👀 みどころ

　今は亡き、ちあきなおみの『喝采』（77年）は、3分間の歌謡曲には珍しいストーリー性豊かな名曲だったが、「アプローズ」（＝拍手喝采）を2つも重ねた本作は？

　"自由の国"フランスでは、女性の権利のみならず、囚人の自由度も日本より数段上。それはわかるが、本作の主人公は『ドライブ・マイ・カー』（21年）並みの舞台演出家だから、ビックリ！彼はなぜ刑務所へ？なぜ有名な"不条理劇"『ゴドーを待ちながら』の演出指導を？

　岡村孝子がデュオ"あみん"で大ヒットさせたデビュー一曲『待つわ』（82年）は、愛する人をずっと待ち続ける切ない女心を歌った名曲だが、本作の主人公は、なぜ華のオデオン座の公演で、待たされ続けるの？

　「ラスト20分。感動で、あなたはもう席を立てない！」、かどうかは、あなた自身の目でしっかりと！

—— * —— * —— * —— * —— * —— * —— * —— * ——

■□■刑務所を舞台になぜアプローズが！？■□■

　網走刑務所には高倉健がよく似合うが、それは彼が映画『網走番外地』（65年）を大ヒットさせた俳優だからだ。網走刑務所をはじめとする、世界の有名な刑務所からの脱走劇を描いた面白い映画は多い。しかし、刑務所を舞台とし、『アプローズ、アプローズ！』をタイトルとした本作は一体ナニ？

　アプローズとは"拍手、喝采"のこと。したがって、「アプローズ」とタイトルされた映画や漫画は多い上、大阪市北区には「ちゃやまちアプローズ」と名付けられた複合商業施設もある。また、ちあきなおみが歌って大ヒットした『喝采』（77年）はストーリー性たっぷりの名曲で、日本の歌謡史に残る最高傑作の1つだ。

そうすると、『アプローズ、アプローズ！』と２度も繰り返すタイトルの本作では、ひょっとして刑務所内で割れんばかりの拍手喝采が・・・？本作のチラシには「ラスト２０分。感動で、あなたはもう席を立てない！」とあるが、それは一体なぜ？

■□■演出家あれこれ！俺がなぜこんな演出を！？■□■

『ドライブ・マイ・カー』（２１年）（『シネマ４９』１２頁）の主人公は、妻と死に別れた舞台の演出家、その脚本は村上春樹の原作（短編）『ドライブ・マイ・カー』『シェエラザード』『木野』を、濱口監督が１本にまとめたものだった。同作の主人公は国際演劇祭での舞台演出のために広島に向かったが、本作冒頭は刑務所の演劇ワークショップに参加した中年男エチエンヌ（カド・メラッド）が、刑務所の案内を受けるシークエンスから始まる。売れない俳優兼演出家であるエチエンヌにとって、５００人の囚人の中から抜擢された５人の囚人を舞台に上げて芝居をさせるという今回の仕事は、本音を言えばやりたくない・・・？しかし、金のためにはやむを得ず・・・？

エチエンヌの下に集まった俳優は、①誤って殺人を犯したムサ（ワビレ・ナビエ）、②恐喝で捕まったパトリック（ダヴィット・アヤラ）③軽犯罪を繰り返すうちに犯歴が重なったジョルダン（ピエール・ロッタン）、④麻薬の売人アレックス（ラミネ・シソコ）、⑤知的で演技力もある牢屋主のカメル（ソフィアン・カーム）の５人。それぞれ個性的だが、肝心の演技力は？

■□■こんな名作を！？いや、これなら！そのテーマは？■□■

エチエンヌが選んだ演目は、劇作家サミュエル・ベケットの『ゴドーを待ちながら』。これは、２人の人物が、なかなかやってこないゴドーを待っている間、さまざまな議論や出会いを繰り広げる“不条理劇”。エチエンヌはなぜ、こんな名作を選んだの？それは、人によって解釈が異なるこの戯曲が、出所する日を待ちわびる囚人たちの忍耐、絶望、虚無感を代弁するにふさわしいとエチエンヌが考えたためだ。

本作前半は、扱いにくい５人の囚人＝俳優に、エチエンヌが『ゴドーを待ちながら』の演出をつけていく風景が描かれるが、それが一筋縄でいかないのは当然。セリフを覚えるという基礎作業すらロクにできないこんな連中を、エチエンヌはどうやって演出するの？ちなみに、刑務所内での演劇の実施に力を尽くすのは刑務所長のマリアンヌ（マリナ・ハンズ）だが、１回目の上映が大成功を収めるまでにはさまざまな紆余曲折があるので、本作前半ではそれに注目！

■□■囚人の自由度は？緊張感の源泉は？■□■

選抜された囚人たちを舞台に上げ、その練習や本番に精を出させることによって囚人全体の更生を促す。それがマリアンヌの狙いだ。本作の刑務所風景を見ていると、フランスの囚人は日本の囚人たちより格段に自由度が高いことがわかる。もっとも、そうは言っても、稽古を重ねて舞台に上がり、観客のアプローズを浴びても、刑務所に戻れば５人の俳優たちは囚人に逆戻り。したがって、彼らに届けられた花束や贈り物すら自由に手にする

ことはできず、監守から屈辱的な取り扱いを受けるだけ。所詮囚人は囚人だ。

そんな経験を重ねれば、5人の囚人たちにとって、舞台への出演は脱走するための絶好の機会！なぜ今までそれに気がつかなかったの？そんな思いで、ある日5人は大脱走を決行！舞台の幕が上がる直前に5人の俳優たちの姿を見失ったエチエンヌが困惑したのは当然だが、さあ、その結末は？それは中盤の1つのハイライトになるので、あなた自身の目でしっかりと。

『ドライブ・マイ・カー』に見た主人公の演出のつけ方は、浜口監督のワークショップのやり方を踏襲したもので、かなりの緊張感を伴っていた。本作に見るエチエンヌの5人の囚人たちへの演出（指導）はそれとは全く異なるものだが、俳優がすべて囚人という "特異性" があり、脱走と表裏一体の環境であるため、その緊張感に注目！

■□■公演旅行は大成功！遂にオデオン座での公演が決定！■□■

本作中盤ではエチエンヌの演出によって5人の囚人たちが演じる『ゴドーを待ちながら』が大ヒットし、フランス各地で公演旅行を続ける風景が描かれる。エマニュエル・クールコル監督はその中で『ゴドーを待ちながら』の様々なシーンを見せてくれるので、『ゴドーを待ちながら』の舞台を見たことがない人でも、それとなくその "不条理劇" としての面白さを理解できるはずだ。

その第1幕は、ウィキペディアによると、次のとおりだ。すなわち、

第1幕ではウラディミールとエストラゴンと言う2人の浮浪者が、ゴドーという人物を待ち続けている。2人はゴドーに会ったことはなく、たわいもないゲームをしたり、滑稽で実りのない会話を交わし続ける。そこにポッツォと従者・ラッキーがやってくる。ラッキーは首にロープを付けられており、市場に売りに行く途中だとポッツォは言う。ラッキーはポッツォの命ずるまま踊ったりするが、「考えろ！」と命令されて突然、哲学的な演説を始める。ポッツォとラッキーが去った後、使者の少年がやってきて、今日は来ないが明日は来る、というゴドーの伝言を告げる。

第2幕も似たような展開だが、ゴドーが実際に何者であるかは劇中で明言されず、解釈はそれぞれの観客に委ねられるところがミソ。本作が "不条理劇" と言われるのは、そのため（わけのわからないため）だが、本作における5人の囚人たちの演技を見ていると、普通の俳優が演じるよりも、より深淵な気持ちになってくるから不思議だ。しかして、なんと、そんな素人芝居に対して、パリのオデオン座から最終公演のオファーが届いたからビックリ！

2012年には米倉涼子がブロードウェイのミュージカル『CHICAGO』に出演したことが大きな話題になったが、オデオン座からのオファーはそれと同じレベルの話題（？）だから、エチエンヌが喜び勇んだのは当然。5人の囚人たちも、会場を下見したところでは大いに感動していたから、きっと本番では大熱演！そして観客からは「アプローズ、アプローズ！」の大合唱が！一瞬、そんな風景が目に浮かんだが・・・。

■□■圧巻のラスト２０分！そこでは一体ナニが？■□■

　本作のチラシには、一方で「（刑務所を舞台にした）近年最高のフランス映画！」「非の打ちどころのない、完璧な作品。」等の文字が踊り、他方で「この映画はスウェーデンの実話をベースに映画化された！」と書かれている。つまり、本作はスウェーデンの俳優ヤン・ヨンソンが１９８５年に体験した実話をベースにしているそうだ。しかして、その実話とは一体何？

　私は岡村孝子の『夢をあきらめないで』（８７年）が大好きで、バブルの頃はカラオケでよく歌っていた。その岡村孝子が同級生の加藤晴子と２人でデュオを組み、「あみん」の名前でデビューした時にヒットさせた曲が『待つわ』（８２年）だった。これは愛する人をじっと待ち続ける女心を歌った切ないものだが、本作ではオデオン座に大勢の観客が押し寄せ、今や遅しと開演を待つ中、舞台の袖に５人の演者の姿が見えないことに狼狽するエチエンヌの姿が映し出される。これは、あの時とまったく同じ風景！ならば、彼らは直前に戻ってくるはず、エチエンヌは心のどこかでそう期待したが、さて・・・。この時のエチエンヌの気持ちはまさに「待つわ」の気持ちそのものだったはずだ。しかし、開演時刻を過ぎても結局５人は姿を見せなかったから、やむなく、エチエンヌは１人で舞台に上り、コトの一部始終の説明（弁明）を始めることに。なんだ、この映画は？こんな結末になって、なぜ「ラスト２０分。感動で、あなたはもう席を立てない！」の？

　弁護士として５０年近く時間厳守をモットーにしてきた私は、人を待たせるのが嫌いなら、人を待つのも大嫌い。中学時代に読んだ獅子文六の小説『海軍』で、かつての日本海軍に"５分前"という"海軍時間"なるものがあったことを学んだ私は、以降それを実践している。しかし、人生は何事もそのように行くわけではなく、待たされることも多い。誰もがそう思うはずだが、本作ラストでイライラしながら待たされるエチエンヌの気持ちは如何に？しかして、そこから始まる本作の大どんでん返し、あっと驚く結末は？

　それについては当然ネタバレ厳禁だから、あなた自身の目でしっかりと！なるほど、これが「ラスト２０分。感動で、あなたはもう席を立てない！」ということか。なるほど、なるほど・・・。

２０２２（令和４）年８月４日記

Data 2022-53

監督・脚本：ミア・ハンセン＝ラブ
出演：ヴィッキー・クリープス／ティム・ロス／ミア・ワシコウスカ／アンデルシュ・ダニエルセン・リー

SHOW-HEY シネマルーム

★★★

ベルイマン島にて

2021 年／フランス・ベルギー・ドイツ・スウェーデン映画
配給：キノフィルムズ／113 分

2022（令和4）年4月30日鑑賞　　シネ・リーブル梅田

みどころ

　コルシカ島はナポレオンの生誕地として、セントヘレナ島は彼の流刑地として、また、小豆島は『二十四の瞳』（５４年）の舞台として有名だが、ベルイマン島とは？

　それは、スウェーデンの巨匠イングマール・ベルイマンが生活すると共に多くの作品の舞台にしたフォーレ島の別名で、同監督の聖地だ。すると、アメリカからここを訪れて滞在すれば、中年の映画監督カップルの製作意欲も夫婦仲も良好に・・・？

　それがちょっと甘いことは、"離婚部屋"を含むベルイマンのプライベートを垣間見れば明らかだが、聖地巡礼の傍ら、妻が執筆した"劇中劇"の出来は？ちょっと拍子抜け感もあるが、機会があればぜひ私もこの島を訪れたい。

――＊――＊――＊――＊――＊――＊――＊――＊――＊――

■□■ベルイマン島とは？イングマール・ベルイマン監督は？■□■

　コルシカ島はナポレオンの生誕地として、またセントヘレナ島は彼の流刑地として、私もよく知っているが、ベルイマン島ってどこにあるの？なんで有名なの？そんなタイトルをつけた本作は一体何の映画？

　スティーブン・スピルバーグやマーティン・スコセッシ等の世界の巨匠に多大な影響を与えた、と言われているスウェーデンの映画監督イングマール・ベルイマンをあなたは知ってる？『野いちご』（５７年）や『処女の泉』（６０年）等の名作でさまざまな賞を受賞したスウェーデンの巨匠として私も知っていたが、彼はスウェーデンのフォーレ島でさまざまな映画を作り、生活もしていたらしい。そのため、今やフォーレ島はベルイマン島と呼ばれ、ベルイマン監督の"聖地"として巡礼ツアーまで組まれているらしい。なるほど、なるほど。

本作は、夫・トニー（ティム・ロス）と妻・クリス（ヴィッキー・クリープス）の"映画監督カップル"がベルイマン島を訪れるシークエンスから始まる。彼らは自分たちの次回作の企画を練るために、子供を預けて、わざわざアメリカからベルイマン島にやってきたそうだが、さて、その目的の達成は・・・？

■□■ "離婚部屋"は縁起が悪い！2人はどこで執筆を？■□■

広々とした庭と風車小屋付きの、ベルイマンなじみのお屋敷に長期滞在することになった2人は"離婚部屋"と呼ばれる部屋の説明もされたが、それはなぜ？離婚部屋はさすがに縁起が悪そう（？）なことと、風車小屋が気に入ったこともあって、クリスはわざわざ風車小屋内の小さな書斎で執筆活動をすることに。

説明によると、ベルイマン監督にはたくさんの妻とたくさんの子供がいたらしい。そして、お仕事優先の彼には子育ては全くできなかったらしい。すると必然的に、仕事上の業績は残せても、家族的には・・・？そんな話は、2人の映画監督カップルにいかなる影響を？ベルイマン島観光（聖地巡り）をしながらそれぞれの次回作の構想を温めていくストーリー展開の中で、そんな興味が少しずつ広がっていくが・・・。

■□■ どちらの"聖地巡り"がホンモノ？■□■

本作のベルイマン島は、日本で言えばさしずめ小豆島。ここは、壺井栄の原作小説を、木下惠介が映画化した名作『二十四の瞳』（５４年）（『シネマ１３』３４６頁）の聖地だ。中学時代にここを旅行した私は、小豆島特産のオリーブをたっぷり味わいながら、聖地巡り（？）を楽しむことができた。本作でもトニーが参加した聖地巡礼のバスツアーにおけるガイドの説明を聞いていると、フォーレ島でベルイマンがいかなる生活をし、いかなる映画制作活動をしていたのかがよくわかる。

他方、あまり夫と協調せず、独自行動が多いクリスは、自分1人で動いているからアレレ。しかし、本作ではトニーよりもクリスの方が、ベルイマンの孫（？）との出会いの中で本当のベルイマンに近づいていくことになるので、それに注目！"聖地巡り"はどちらがホンモノ？こんな展開になれば、せっかく2人でベルイマン島にやってきても、逆に夫婦の危機が？

■□■ 劇中劇は面白い！そのドロドロ感は？■□■

そんな邪推（？）をしていると、本作後半からは、クリスが構想半ばまで完成した脚本をトニーに語り、トニーの意見を聞くための"劇中劇"になっていく。その劇中劇のヒロインとして登場するのが私の大好きな女優ミア・ワシコウスカだが、そのストーリーは？

劇中劇は面白い！それは『恋に落ちたシェイクスピア』（９８年）等で明らかだが、本作でクリスが語る劇中劇は、友人の結婚式のためにある島にやってきたエイミー（ミア・ワシコウスカ）が、花嫁やかつての恋人たちの間でいろいろとややこしい関係になっていくものだから、かなり厄介だ。基本的には明るい雰囲気の脚本だが、他方でドロドロ感（？）も・・・？

■□■やっぱりベルイマン島は離婚島？いやいや、結末は？■□■

　それはともかく、ベルイマン島への到着以降、見え隠れするトニーとクリスのぎこちなさと、クリスが構想している新作ストーリーのドロドロ感（？）を見ていると、やっぱり私の予想通り、ベルイマン島は"離婚島"・・・？ラストに向けて、トニーが先に１人で島を離れていく展開になると、はっきりそんな感じになっていく。ところが、最後にはトニーが子どもを連れて再びベルイマン島に戻ってくるから、めでたし、めでたし。しかしそれでは、本作は一体何を言いたかったの？私にはイマイチそれが納得できなかったが・・・。

　　　　　　　　　　　　　　　　　　　　　　　　　２０２２（令和４）年５月１日記

第4章
ヨーロッパは広い（３）

Data 2022-87

監督・脚本：カンテミール・バラー
ゴフ
プロデューサー：アレクサンドル・
ロドニャンスキー
原案：スヴェトラーナ・アレクシエ
ーヴィチ『戦争は女の顔をし
ていない』
出演：ヴィクトリア・ミロシニチェ
ンコ／ヴァシリサ・ペレリギ
ナ／アンドレイ・ヴァイコフ
／イーゴリ・シローコフ

戦争と女の顔

2019 年／ロシア映画
配給：アット エンタテインメント／137 分

2022（令和 4）年 7 月 23 日鑑賞　　シネ・リーブル梅田

👁👁 みどころ

　２０２２年２月２４日のウクライナ侵攻後、ロシアは西側諸国から嫌われ者になっている。そんな中、こんな映画が！監督とプロデューサーの"反戦メッセージ"に驚くとともに、本作のタイトル、原案、テーマに注目！

　「"わたしたち"の戦争は終わっていない―。」をテーマにした本作の主人公は、元女兵士のイーヤとマーシャ。息子を亡くしたマーシャが、イーヤに持ちかける"ある策略"とは？"玉の輿"婚の可能性の見えたマーシャの選択は？そして、原題にされている"のっぽ"ことイーヤの選択は？

――― * ――― * ――― * ――― * ――― * ――― * ――― * ――― * ―――

■□■原題は？原作は？この邦題の是非は？■□■

　本作の原題は『Dylda』。これは「のっぽ」という意味だが、邦題は『戦争と女の顔』だ。他方、本作の原案になったのは、ノーベル文学賞受賞者スヴェトラーナ・アレクシエーヴィチの著書『戦争は女の顔をしていない』だから、邦題がそれを意識したのは当然だ。

　本作の主人公は、１９４５年の戦争終了後、レニングラードの傷病軍人が多く入院している病院で働く看護師のイーヤ（ヴィクトリア・ミロシニチェンコ）。「Dylda（のっぽ）」はそんな大柄の看護師イーヤのあだ名だから、タイトルはこのヒロインの人間性や生き方に焦点を当てたもの。他方、『戦争は女の顔をしていない』は、ソ連では第２次世界大戦に１００万人を超える女性が従軍し、看護師や軍医としてのみならず、兵士として武器を手にして戦ったにもかかわらず、戦後、彼女たちは世間から白い目で見られ、自らの戦争体験をひた隠しにしなければならなかったことに焦点を当てたタイトルだ。

　それに対して、『戦争と女の顔』は、何でも一般化、抽象化（曖昧化？）してしまう今ドキの日本の風潮に合わせたもので、あまりにもぼんやりしたタイトル。したがって、ホントはこれではダメだ、と私は思うのだが・・・。

■□■監督とプロデューサーから、強烈な反戦メッセージ！■□■

　２０２２年２月２４日のロシアによるウクライナの侵攻から５カ月を経た今、ウクライナ戦争の長期化を踏まえたうえで、欧米を中心とする西側民主主義国からは戦争反対の声が高まっている。本作は第７２回カンヌ国際映画祭「ある視点」部門で国際映画批評家連盟賞と監督賞をダブル受賞、第９２回アカデミー賞で国際長編映画賞のロシア代表等の話題作。また、ウクライナ生まれのアレクサンドル・ロドニャンスキーは、ロサンゼルスを拠点に活動する、ロシアで最も多作なプロデューサーで、『裁かれるは善人のみ』（１４年）（『シネマ３７』１６２頁）や『ラブレス』（１７年）（『シネマ４２』８２頁）等で有名。他方、１９９１年にロシアに属するカバルダ・バルカル共和国に生まれたカンテミール・バラーゴフは、ロシアの巨匠アレクサンドル・ソクーロフのもとで学んだ新鋭で、本作は彼の長編第２作目だ。私は本作の監督はてっきり女性だと思っていたが、鑑賞後そうではなかったことを知ってビックリ。

　アメリカでは、「ベトナム戦争反対」「大統領は退陣せよ」と唱えることは自由だが、ロシアでは、「ウクライナ戦争反対」「反プーチン」等と唱えることは身の危険を伴うことになる。ところが、何と本作のパンフレット冒頭には、「監督・プロデューサー反戦メッセージ」が掲載されているので、それに注目。両者はそれぞれ、「戦争より悪は存在しない。」「戦争に『NO』を。」と結んでいるが、そんなことをして、彼らは大丈夫なの？

■□■戦争にはPTSDが！その症状は？ある悲惨な結末は？■□■

　ロシアによるウクライナ侵攻を受けて、ヴァレンチン・ヴァシャノヴィチ監督のウクライナ映画、『アトランティス』（１９年）と『リフレクション』（２１年）の日本での上映が急遽実現した。『アトランティス』は、戦後１年目となる２０２５年のアゾフスターリ製鉄所を舞台とし、元ウクライナ兵士が主人公だったが、彼は“戦争の後遺症”とも言うべきPTSD（心的外傷後ストレス障害）に苦しんでいた。

　本作冒頭、病院で勤務中のイーヤが一瞬全身硬直状態になり、意識が飛んでしまうシークエンスが登場するが、それはイーヤも戦争による後遺症としてPTSDに苦しんでいるためだ。PTSDの症状として、本作冒頭に見るようなものがあるのかどうかは知らないが、このワンシーンを見ただけで、本作のテーマが、「“わたしたち”の戦争は終わっていない―。」であることを実感！さらにニコライ・イワノヴィッチ院長（アンドレイ・ヴァイコフ）に呼び出されたイーヤは、「死者が出た。その分の食糧をもらいなさい」「坊やのためだ」とアドバイスされていたが、それは一体なぜ？その後、イーヤが子守りに謝礼を払いながら、坊やのパーシュカ（ティモフェイ・グラスコフ）と暮らしていることがわかるが、パーシュカはイーヤの子供なの？いやいや、パーシュカとじゃれ合っている最中に発作が起きてしまったイーヤは、誤ってパーシュカを下敷きにしてしまったから大変だ。

　その後、暗い表情をしたイーヤのもとに、軍服を着た女性マーシャ（ヴァシリサ・ペレリギナ）が訪れ、「のっぽさん」「会いたかった」と互いに再会を喜んでいるシークエンス

が登場する。そして、子供について尋ねてもまともに返答をしないイーヤに対し、しびれをきらせたマーシャが、「死んだの？」と聞くと、イーヤは、「そうよ」「責めてもいい」と答えたから、アレレ・・・。やっぱり、あの時パーシュカは死んでいたわけだが、実はパーシュカはイーヤの子供ではではなく、マーシャの子供だったらしい。これは大変だ。その後の物語の展開は如何に？

■□■マーシャの言動はヘン！マーシャの後遺症は？■□■

　イーヤののっぽぶりは最初はスクリーン上からわからなかったが、物語が進むにつれてそれがハッキリしてくる。他方、イーヤの戦友だったというマーシャは、イーヤに預けていた子供が死亡したことを知った後、イーヤを連れて街に繰り出したから、アレレ。それが、彼女の哀しみのはけ口なの？社交場は休業だったが、そこへ車に乗った男２人がナンパしてくると、落ち着きのないウブな男サーシャ（イーゴリ・シローコフ）とすぐに肉体関係を結んだから、さらにアレレ・・・。イーヤもどこかヘンだが、マーシャはそれ以上にかなりヘンだ。

　他方、戦場の爆弾の破片で傷を受けたマーシャのお腹には大きな手術痕があったが、鼻血を出して倒れたマーシャを診察したニコライ院長に対して、「妊娠してるかも・・・」と答えたから、アレレ・・・？ニコライ院長は医者らしく「手術をしてるだろう。命を生む器官は残っていない」と返したが、なぜマーシャはニコライ院長にそんなことを？さらに、マーシャはイーヤに対して、「私の子供を生んでほしい」と要求したが、それはどういう意味？そして、抵抗するイーヤに対して、「私のパーシュカを死なせた。新しい子供が欲しい」とイーヤを責めるように強く要求したが、それもどういう意味？以降、スクリーン上では、マーシャによる何ともおぞましい（？）"ある策略"が展開していくので、それに注目。

■□■子づくりのお相手は？３人のベッドシーンは？妊娠は？■□■

　平時においても"安楽死"は大きなテーマだが、傷病軍人を多く抱えた病院では、とりわけそれが深刻。「もう人間じゃない。終わりだ」と吐き捨てている患者ステパン（コンスタンチン・バラキレフ）の病床を訪れた妻は、院長に「助けてください」と懇願したが、回復の見込みがなく、介護施設も拒むステパンを思い院長は、妻に「窒息させろ！」との言葉を投げかけたが、その是非は？さらに、院長は看護師のイーヤに対して、「ステパンには助けがいる」と言いながら、"あるもの"を手渡したが、それは一体ナニ？イーヤははじめ拒んだものの、「これが最後だ」という院長の頼みを受け入れると、病室にいるステパンの首筋に慣れた手つきで注射を・・・。

　私はこのこと（安楽死）の非人道性を批判するつもりはないが、その一部始終を見ていたマーシャは、それをネタに「イーヤとの子供を産むように」と院長を脅かし、ある策略を！それは、何とイーヤを妊娠させるための相手を院長にすることだ。『アトランティス』では、あっと驚く、サーモグラフィを使ったベッドシーンがあり、『スターリングラード』（０１年）（『シネマ１』８頁）では、兵士たちが雑魚寝し、見張りが立っている状況下で

の不自由極まりないベッドシーンがあったが、本作では、院長の部屋でマーシャに促され
て服を脱ぐイーヤから「そばにいて」と言われたため一緒にベッドに入るマーシャを含め
て"3人のベッドシーン"が登場するので、それに注目！

その後、イーヤの生理が遅れ、妊娠の兆候が現れはじめたが、さて・・・？

■□■3人の同居生活は？イーヤの選択は？■□■

イーヤとマーシャは、女性ながら対独戦を共に戦った戦友だから絆が強いのは当然。し
たがって、その2人のベッド中に、ニコライ院長が入り込むと奇妙な風景になるのは当然
だ。他方、2人が一緒に街に出た時に偶然知り合ったウブな男サーシャが、あの時マーシ
ャといい関係になったことを理由に、2人の部屋に入りびたり、同居生活が始まると・・・？

病院に政府関係者の女性リュボーフィ（クセニア・クテボワ）が慰問で訪れ、紋切り型
の挨拶をするシークエンスを見ていると、これぞ"社会主義国、ソ連"という感が強いが、
そこで一人一人にプレゼントを配っていたのがサーシャ。何と、彼はリュボーフィの息子
だったから、その後は好きになったマーシャに対して何かと物品の便宜を図っていたらし
い。マーシャは密かにそんなサーシャを利用し、3人の同居生活を楽しんでいたわけだ。
しかし、サーシャが同じ部屋の中にいることに敵対心をむき出しにするイーヤは、「来るの
はやめて」「食べ物も欲しくない」と彼の存在を拒否し、ある日一人で出ていくことに。そ
の後、院長のもとを訪れたイーヤが、「空っぽなんです」と泣きじゃくると、院長は「明日、
ここを出る。一緒に来るか？」と提案したが、さて、イーヤの選択は？

■□■プロポーズは？母親の対応は？マーシャの選択は？■□■

　成人した男女の結婚には、本来両親の同意は不要。しかし、人間社会ではなかなかそうはいかず、家柄や釣り合い等の問題（障害）が2人の仲を引き裂くことも多い。NHKで現在放映中の朝ドラ『ちむどんどん』では、目下、女性料理人の比嘉暢子と青柳和彦との結婚話が暗礁に乗り上げているが、その原因は和彦の母親が、「良家の息子・和彦と暢子との結婚は両家の釣り合いが取れない」と主張しているためだ。

　しかして、本作ではマーシャとの結婚を決心したサーシャが、大きなお屋敷にマーシャを連れて行き、両親に紹介するシークエンスで、『ちむどんどん』と全く同じ風景が登場するので、それに注目！『ちむどんどん』では、暢子は以降、毎日得意な料理を届けることによって和彦の母親を"籠絡"する作戦に出ているが、本作では、「花嫁を送り返しなさい」と、サーシャに宣言（命令）する母親リュボーフィに対して、マーシャは"現地妻"だったことを含めて、壮絶な戦争体験の告白を！そんなマーシャの選択は一体ナゼ？

■□■このラストをどう理解？■□■

　本作のパンフレットには、①秦早穂子氏（映画評論家）の「戦争の後にくるもの」、②沼野恭子氏（東京外国語大学教授）の「トラウマを抱えた女たち」という2本のReviewがあり、いずれも読み応え十分だ。『アトランティス』では、ロシアとの戦争によって戦争終結後もトラウマを抱えPTSDの症状に苦しむ元ウクライナ兵士の主人公の姿が描かれたが、本作ではまさに上記2つのReviewのタイトルどおり、"トラウマを抱えた女たち"の"戦争の後にくるもの"が描かれる。

　看護師として働くイーヤがなぜパーシュカという男の子を育てていたのかは、2人の女性を主人公にしたことによって生まれたストーリー。しかし、イーヤが誤ってパーシュカを死なせてしまったことを、帰還したマーシャが知ったところから生まれる本作のストーリーは、何とも意表を突くものだ。これぞまさに、本作の原案とされたスヴェトラーナ・アレクシエーヴィチの小説『戦争は女の顔をしていない』の象徴的な現れだろう。

　アメリカで一貫してトップ1を誇っている映画が、マーガレット・ミッチェルの小説を映画化した『風と共に去りぬ』（39年）だが、そこでは南部の土地タラに生きる女主人公スカーレットの強さが光輝いていた。それに対して、本作の主人公になる元女兵士のイーヤとマーシャ2人は"生きる道"が難しい。あの日、サーシャのもとへ行こうとしながらも、「止めるなら、行かない」と言うマーシャに対して、イーヤは「行って」「心配ない。子供はあげる」と、何かに吹っ切れたように言っていたが、それは一体ナゼ？

　本作ラストには、サーシャのお屋敷での母親との"対決"を終えたマーシャが、帰り道に乗っていた路面電車が急停車するシークエンスが登場する。その原因は長身の女性が下敷きになったためだが、長身の女性＝のっぽ＝イーヤ？？？いやいや、そんなバカな！？本作のそんなラストをあなたはどう理解？

2022（令和4）年7月27日記

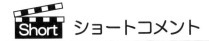

ショートコメント ★★★

インフル病みのペトロフ家	
2021年／ロシア・フランス・スイス・ドイツ合作映画 配給：ムヴィオラ／146分	
2022（令和4）年5月19日鑑賞	シネ・リーブル梅田

Data 2022－60

監督・脚本：キリル・セレブ
レンニコフ
原作：アレクセイ・サリニコ
フ『インフル病みのペ
トロフ家とその周囲』
出演：セミョーン・セルジン
／チュルパン・ハマー
トワ／ユリヤ・ペレシ
リド

みどころ

　２０２２年２月２４日のウクライナ侵攻は衝撃だったが、以降、ロシアとプーチンの偉光と信用はガタ落ち。そんな状況下、タイミングよく（？）公開されたのが、この奇妙な邦題の本作だ。

　"ある事件"で有罪とされ、軟禁下で脚本を書き、執行猶予期間中に闇に隠れて撮影したという本作のテーマはナニ？

　権力者を恐れぬ鬼才キリル・セレブレンニコフが描く迷宮的ポートレートは、発熱？狂気？そんな本作は必見！そう思ったが、鑑賞後の感想は・・・？

—＊—＊—＊—＊—＊—＊—＊—＊—＊—＊—＊—＊—

◆父親はユダヤ人の外科医、母親はウクライナ人のロシア語教師という、１９６９年生まれのキリル・セレブレンニコフ監督は、２０１７年、国からの演劇予算の不正流用を疑われて詐欺罪で起訴され自宅軟禁された。しかし、兼ねてよりロシアのジョージア侵攻やクリミア併合、LGBTへの抑圧を批判するなど、政権に批判的な姿勢を明らかにしていたため、この逮捕を不当な政治弾圧とみる向きもあり、演劇界・映画界からセレブレンニコフ監督を支持する声が上がったそうだ。しかし、２０２０年６月１０日に有罪判決が下され、3年の保護観察、執行猶予付き3年の刑および罰金とされたから、これにてセレブレンニコフ監督の映画人としての活動もおしまい？いやいや、彼は、軟禁という不条理な状況下で本作の脚本を書き、執行猶予期間中に闇に隠れて撮影をしたそうだからすごい。しかして、邦題を『インフル病みのペトロフ家』とする本作は、一体何の映画？

◆本作のストーリーは、公式ホームページによれば次のとおりだ。

> ２００４年のロシア、エカテリンブルク。インフルエンザが流行している。ペトロフは高熱にうなされ、妄想と現実の間を行ったり来たり。やがてその妄想は、まだ国がソヴィエトだった子供時代の記憶へと回帰し・・・。

　このように簡潔そのものだが、これでは何の映画かがサッパリわからない。また、チラ

シでは、「ロシア社会へのブラックな風刺、型破りな芸術的感性、刺激的なアクション、行くあてのない悲しみ。ロシア演劇・映画界の鬼才キリル・セレブレンニコフ監督による今こそ見るべき強烈なインパクトに溢れた本作。」と書かれているが、これでも何の映画かサッパリわからない。

　本作は、インフルエンザのため、咳をしながらバスに乗り込むペトロフ（セミョーン・セルジン）の姿から始まるが、さあ本作の展開は？こりゃ、一体何の映画？

◆スクリーン上に登場するのはトロリーバスだそうだが、そこでは車掌のおばさんの何とも権力的な声が目立つ。そんな中、ペトロフはさまざまな白日夢を見るが、そんな訳のわからないペトロフの頭の中に付き合っていくのは大変だ。他方、ペトロフの妻のペトロワ（チュルパン・ハマートワ）は殺人願望に囚われているらしく、包丁を持つ手が危なっかしい。おじさんや息子の首を切る妄想すら抱くようだから、この先一体どうなるの？

　こんな訳のわからない夫や妻の妄想に付き合っていくのは大変だ。

◆本作についての新聞紙評は多く、そのほとんどが「カメラワークが素晴らしい」「驚くべき長回しの移動撮影が素晴らしい」と絶賛している。しかし、ハッキリ言って、薄暗いトーンで統一されたスクリーンは陰鬱だし、場所を移動し、時空をも超えているという長回しショットと言っても、私レベルの観客には“訳がわからない”ということに尽きる。

　また、チラシには「発熱？狂気？」「驚くほど並外れたポスト・ソヴィエトのロシア像！」の文字が躍り、公式サイトの著名人のコメントでも、「夢幻と現実が混然と溶けあった時空間」「現実と虚構がグラデーションになった魔術的世界」等の文字が並ぶが、私にはその言葉自体がイマイチ？？？２時間２６分もこんな映画を観るのは本当に大変！ホントに疲れた！

２０２２（令和４）年５月２３日記

Data 2022-80

監督・脚本・撮影・編集：ヴァレンチン・ヴァシャノヴィチ
出演：アンドリー・ルィマルーク／リュドミラ・ビレカ／ワシーリ・アントニャク

アトランティス

2019年／ウクライナ映画
配給：アルバトロス・フィルム／109分

2022（令和4）年7月4日鑑賞 ｜ シネ・リーブル梅田

★★★★

👀みどころ

　連日ＴＶ報道されるウクライナ情勢の中、私たちはウクライナ東部ドネツク州の都市マリウポリにある巨大施設・アゾフスターリ製鉄所の攻防戦をリアルタイムで知っている。日露戦争の二〇三高地の戦いも激戦だったが、こちらはもっとすごい。

　ウクライナのヴァレンチン・ヴァシャノヴィチ監督による本作は、そんな戦争終結後１年を経た２０２５年の、"あの州"、"あの製鉄所"が舞台だ。生き残った主人公はＰＴＳＤを抱えながら死んだように生きていたが、さて本作はどんな物語に？

　ロシアによる侵略戦争が開始した２０１４年を描く『リフレクション』（２１年）と共に、本作は必見！

―――＊―――＊―――＊―――＊―――＊―――＊―――＊―――＊―――

■□■戦禍のウクライナの真実を伝える２作品が緊急公開！■□■

　マルチェロ・マストロヤンニとソフィア・ローレンが共演した『ひまわり』（７０年）の公開からすでに５０年以上が経過した今、各地でその再上映が行われているのは、２０２２年２月２４日に始まったロシアによるウクライナ侵攻（プーチン大統領の言葉では特別軍事作戦）がきっかけだ。本作を鑑賞した７月４日、ウクライナ東部のルガンスク州がロシア側の手に落ちたことを知った。しかし、両国の争いが長期化していくのは明白だし、ゼレンスキー大統領はその"奪還"を宣言しているから、次にロシアが制圧を目指すドンバス地域2州の残るドネツク州での攻防に注目。

　私はセルゲイ・ロズニツァ監督が２０１８年に発表した『ドンバス』を見ていないが、ウクライナの戦禍は２０２２年２月２４日に始まったのではなく、ウクライナにとってはクリミア半島が占領され、国内東部で親露派の反乱が始まった２０１４年にロシアとの戦

争は始まっていたらしい。つまり、ロシアの軍事支援を得た親露派は、ドネツク人民共和国とルガンスク人民共和国を作り、ウクライナ東部では戦闘が恒常的な出来事になっていたらしい。なるほど、なるほど・・・。

　ウクライナ侵攻から４ヶ月を経過した今も、TVや新聞では連日ウクライナの攻防戦が報道されている。そんな中、戦禍のウクライナ下で撮影された『アトランティス』（１９年）と『リフレクション』（２１年）の２作品が緊急公開！こりゃ必見！

■□■時代設定は２０２５年！舞台はあの州！あの製鉄所！■□■

　次に続けて観る予定の『リフレクション』の時代設定は、ロシアがウクライナに侵攻し、侵略戦争が始まった２０１４年。それに対して、本作の時代設定は、ロシアとの戦争終結から１年後の２０２５年とされている。２０２２年２月２４日のロシアによるウクライナ侵攻を受けて、パンフレットにあるヴァレンチン・ヴァシャノヴィチ監督のインタビューでは、「この物語の舞台は、ウクライナ東部の紛争が終結した１年後の２０２５年です。そのころには戦争が終わっているという希望はありますか？」の質問に対して、「残念ながら、今となっては楽観的すぎたかなと思っています。」と答えているのが興味深いが、さて現実は？

　連日のTV、新聞報道の中、にわか"ウクライナ博士"になった日本人も多いが、私もその一人。今ではドンバス２州を構成するルガンスク州とドネツク州の名前がすらすら出てくるし、ウクライナの首都キエフ（ウクライナ名ではキーウ）や、ウクライナ南部の港町オデッサ（ウクライナ名ではオデーサ）は昔からよく知っている。また、日露戦争では旅順攻防戦、とりわけ二〇三高地の攻防戦が有名になったが、今回のウクライナ侵攻では、ドネツク州の都市マリウポリや、ハリコフ州の州都ハリコフ等が有名になった。そして、二〇三高地の攻防戦と同じように涙を誘ったのが、多くのウクライナ兵が籠城して戦い、最後には生存者全員がロシアの捕虜になってしまった、マリウポリにあるアゾフスターリ製鉄所での攻防戦だ。同製鉄所はウクライナで最大級の製鉄・圧延会社の一つで、ソビエト連邦時代に建設された巨大施設。そこには核攻撃などを想定した地下６階の要塞が備えられているというから、すごい。Wikipedia によると、同製鉄所はいくつものシェルターやトンネルがつながっているほか、検査・診療所や園芸場、カフェ、居住空間などが完備され、最大４０００人を収容できるように水や食料を備蓄、広さは１１平方km と、東京ドームおよそ２３５個分に相当するそうだ。

　しかし、そんなリサーチをしなくとも、アゾフスターリ製鉄所での攻防戦は連日リアルタイムで報道されたから、私もよく知っている。しかして、本作が描く戦争終結１年後、２０２５年のアゾフスターリ製鉄所はどんな状況に？

■□■主人公は？製鉄所の今は？唯一の友人は？■□■

　７月１５日から公開される、戦後のレニングラードで、生と死の戦いを続ける元・女性兵士たちの物語を描いた『戦争と女の顔』（１９年）は、必見！同作は、巨匠アレクサンド

ル・ソクーロフの下に学んだ、３０歳を過ぎたばかりの新鋭カンテミール・バラーゴフ監督が、ノーベル文学賞を受賞したスヴェトラーナ・アレクシエーヴィチのデビュー作『戦争は女の顔をしていない』に衝撃を受け、この証言集を原案に戦後の女性の運命をテーマに完成させたもの。その主人公の一人は、第二次世界大戦の独ソ戦によってPTSDを抱えながら、多くの傷病軍人が所容された病院で働く看護師のイーヤだ。

　それと同じように（？）、本作の主人公は製鉄所で働く元兵士のセルヒー（アンドリー・ルィマルーク）。ロシアとの約１０年に及ぶ戦争によって、ウクライナ東部のあらゆる都市が廃虚と化し、人が住むには適さないほど大地が汚され、何もかも荒みきっていた。そのため今、セルヒーはPTSDに苦しんでいるらしい。もちろん、近時の"なんでも説明調"の邦画のように、それが誰かの口で直接説明されるわけではないが、冒頭に登場する、唯一の友人イワン（ワシーリ・アントニャク）と射撃訓練を行っている風景を見ればそれがわかる。２人で８名の標的（板）を並べ交互に競うように撃っていたが、イワンから「俺を撃ってみろ！」と言われると、セルヒーは「ああ、そうしてやる」と、ほんとに撃ってしまったからアレレ・・・？そんな異常な状況を見れば、セルヒーがPTSDに苦しんでいることは明らかだ。

　そんな心の病を持つのはイワンも同じだったらしく、生きる気力を失ったイワンはある日、燃え盛る高炉に身投げしてしまったから、可哀そう。さらに、経営者からは製鉄所の閉鎖が発表されたから、さあ、セルヒーはこれからどうやって生きていくの？

■□■固定カメラ、長回し撮影に見る戦後の現実は？■□■

近時は手持ちカメラによる移動を伴った簡易な撮影で撮られた映画も多いが、本作はそれとは正反対の固定カメラ、長回し撮影、そしてワンシーンワンカットによる撮影が徹底している。冒頭のセルヒーとイワンによる射撃訓練もそんな撮影手法だから、戦争は終わったはずなのに、なぜ2人はそんな（ムダな）ことをしているの？と考えさせられる。

そんな撮影手法に徹した本作では、もともと口数の少ないイワンのセリフが少ないのは当然。しかし、車に乗って黙々と働くセルヒーの姿を見ていると、今彼は家族と死別し、行く当てもないまま、水源が汚染された地域に水を運ぶトラックの運転手になっていることがわかる。しかし、戦後の荒廃したウクライナをトラックで走っていると、ぬかるんだ僻地で地雷除去作業に励む兵士の、「片っ端から爆破処理をしているが先は長い。少なくとも15年から20年はかかる」と話している声が聞こえるから現実は大変だ。

私は、2019年11月に沖縄旅行に行き、旧海軍司令部やガマ等の戦跡を見学し、涙した。今年2022年に、1972年の本土復帰から50周年を迎えたそんな沖縄では、"沖縄戦"の惨状が語り継がれている。それと同じように、ウクライナのアゾフスターリ製鉄所の戦いについては、早くもその"地獄ぶり"が語られ始めている。その一つが、朝日新聞が7月5日から5回連載で始めた「アゾフスターリ『地獄』で何が起きたか」だ。その第1回は、マリウポリの製鉄所、アゾフスターリの地下シェルターから自力で脱出したセルギイ・ドフノさんが、「この地獄から抜け出せたら、そして、家族が全員無事だったら、私は必ずこの経験を本にする」との決意で書き綴ったものをまとめている。本作を監督したヴァレンチン・ヴァシャノヴィチはあくまで自分の想像力で本作を監督したが、スクリーン上に見えるアゾフスターリと、今、朝日新聞が伝える現実のアゾフスターリの対比は如何に？

■□■本格的ストーリーはカティアとの出会いからスタート！■□■

終戦後の廃虚と化したウクライナ東部のまちで、無気力なままトラック運転の業務に従事しているセルヒーが、ある日、車の故障で立ち往生している女性カティア（リュドミラ・ビレカ）と出会い、ある日近くの町へ送り届けたところから、本作の本格的な（ラブ？）ストーリーが始まっていく。

カティアは「ブラック・チューリップ」という団体に所属し、無報酬で戦死者の遺体の回収を行っている女性だ。そんなカティアに対して、セルヒーが「つらい作業だ。なぜできる？」と聞くと、それに対するカティアの答えは「死者たちのためよ。肉親に別れを告げさせて、彼らの生と戦争を終わらせるの」というものだ。そんなシーンは今ドキの邦画の撮影手法では嘘っぽくなってしまうが、ヴァレンチン・ヴァシャノヴィチ監督の徹底した固定カメラによる長回し撮影で撮ると、2人のそんな会話には説得力がある。カティアの説得力のもう一つの源泉は、彼女が大学で考古学を学んでいたためだ。その結果、スクリーン上にはそのブラック・チューリップに加入したセルヒーが、カティアとともに各地

の遺体発掘現場を回るシークエンスになっていくから、なるほど、カティアの説得力は大したものだ。

　もっとも本作は固定カメラによる長回しの撮影手法で、各地の遺体発掘作業の姿をこれでもか、これでもかと思わせるほど丹念に（しつこく？）見せていくので、それを鑑賞し続けるにはかなりの忍耐力が必要だ。人間は死んでしまったらどうなるの？人間の遺体は単なる物質なの？そんなこんなを色々考えさせられることになるが、戦後のウクライナでは何よりもこんな遺体発掘作業が必要だということをしっかり心に刻みたい。

■□■突然のラブシーンにビックリ！その賛否は？■□■

　埋められた地雷を探し当てる作業が大変なら、医師が遺体を１つずつ見分した上で、埋葬していく作業も大変、それはよくわかる。しかし、スクリーン上に映し出されるそんな姿を延々と見続ける観客も大変だ。

　そんな中、少しでも安らぎになるのは、セルヒーがカティアと語り合う風景だが、「ブラック・チューリップ」での活動が次第に板についてきた（？）セルヒーの姿を見ていると、ひょっとしてカティアとの間に淡い恋物語の展開も・・・？そう思っていると。ある日、セルヒーがかつて命を救ってやった女性がお礼を言いにやってくるので、それに注目！国際的な環境監視組織で活動しているその女性は、「復興まで途方もない歳月を要するであろうこの国を去る」と告げ、セルヒーにも海外への移住を勧めてきたが、それに対してセルヒーは「即答はできない」「よく考えて決心がついたら電話を」と答えていたから、これではやっぱりカティアとの恋物語の展開はなし・・・？

　ところが、本作後ラストに向けては、トラックの運転席と助手席に座る中、セルヒーがカティアに対して胸の奥底にしまっていた過去を打ち明け、心の拠り所になっていた彼女に“これから”について語り始めるので、それに注目！さらに、本作はそれに続いてあっと驚くサーモグラフィを使ったラブシーン（ベッドシーン）に移行していくので、それにも注目！ちなみに、『スターリングラード』（『シネマ１』８頁）では、雑魚寝の戦士たち、見張りの兵士たちの中、毛布の中にくるまっての不自由極まりない主人公たちのベッドシーンに驚かされたが、本作のサーモグラフィの演出によるベッドシーンにも驚かされる。

　ウクライナ戦争の長期化が避けられないと考えられている今、そんな本作をあなたはどう評価？

２０２２（令和４）年７月９日記

Data 2022−84

監督・脚本・撮影・編集：ヴァレンチン・ヴァシャノヴィチ
出演：ロマン・ルーツキー／ニカ・ミスリツカ／ナディア・レフチェンコ／アンドリー・ルィマルーク／イゴール・シュルガ

リフレクション

2021年／ウクライナ映画
配給：アルバトロス・フィルム／127分

2022（令和4）年7月14日鑑賞　　シネ・リーブル梅田

みどころ

　2022年2月24日に始まったロシアによるウクライナ侵攻とタイミングを合わせるかのように、ヴァレンチン・ヴァシャノヴィチ監督の『アトランティス』（19年）と本作が同時公開！前者は戦争終結後の2025年、本作は戦争が始まった2014年を描くものだが、その対比は如何に？

　ナチス・ドイツのポーランド侵攻は1939年9月1日で、ロシアのウクライナ侵攻は2022年2月24日。日本人はみんなそう思っているが、本作を観れば、それが誤りであることがよくわかる。しかし、それ以外に本作から学べるものは・・・？私は期待外れ感が強かったが、さて、あなたは？

——＊——＊——＊——＊——＊——＊——＊——＊——＊——

◆『アトランティス』（19年）は、ウクライナ東部ドネツク州の都市マウリポリにある巨大施設・アゾフスターリ製鉄所の攻防戦をリアルに描くもの、ではなかった。しかし、戦後1年経った2025年の"あの州""あの製鉄所"を舞台としたPTSDを抱えながら死んだように生きている主人公（元兵士）の物語は、それなりに感動的だった。

　連日TV報道されるウクライナ情勢の中、同作に連続して公開されたのが本作。本作は、ロシアがウクライナに侵攻し、侵略戦争が始まった2014年からの姿を描いたもの、というから、こりゃ必見！

◆本作の主人公は、外科医のセルヒー（ロマン・ルーツキー）。冒頭、12歳になった娘ポリーナ（ニカ・ミスリツカ）の誕生日を祝うために訪れたサバイバルゲームの会場で、別れた妻オルガ（ナディア・レフチェンコ）と彼女の新たなパートナーになった兵士アンドリー（アンドリー・ルィマルーク）との会話の中で、本作の物語の骨格が描かれる。

　アンドリーは「1週間休んで戦場に戻るよ」とこともなげに語っていたが、娘から「パパは行かないの？」と問われたセルヒーは、さてどうするの？

◆『アトランティス』では、固定カメラ、長回し撮影の手法が際立っていたが、それは本作も同じ。しかし、一度目はそれで良くても、二度も全く同じ手法を見ると・・・？

　本作中盤は、①従軍医師になったセルヒーが戦場での移動中に道に迷い、人民共和国軍の検問所にさまよい込んで捕虜になってしまう物語、②捕虜収容所で、ロシア軍からウクライナ兵への非人道的な拷問が行われる物語、③捕虜として“この世の地獄”を見たセルヒーが、独房で自殺を試みる物語、④ウクライナ兵の遺体を処分する移動火葬車の運転手にセルヒーが取り引きを持ちかけ、アンドリーの遺体をこっそり市外へ運び出す物語、等々が、固定カメラ、長回しの手法で次々とスクリーン上に映し出されていく。しかし、そんな手法のスクリーンをずっと見ていると、いい加減飽きてくるのは仕方がない。そして、その手法は、ラストまで全く同じだから、なおさら・・・。

◆『キネマ旬報』7月下旬号の「REVEW　日本映画＆外国映画」では、本作について星5つ、5つ、4つとした3人の評論家が3人ともその手法を絶賛している。ちなみに、『リフレクション』というタイトルは、主人公の部屋の窓ガラスの反射で鳩が激突して死んでしまうところからとられていることがわかるが、それってちょっと作りすぎでは？しかも、その鳩の死骸を茶毘に付しながら、セルヒーとポリーナが人の死について語り合うシーンが登場するが、これもちょっと作りすぎ？そもそも鳩の死骸をどうやって発見したの？

◆私は、本作を見れば、第1に2022年2月24日に始まったロシアによるウクライナ侵攻がなぜ起きたのか、第2にウクライナ戦争の出発点はロシアの軍事支援を得た親露派がドネツク人民共和国とルガンスク人民共和国をつくりウクライナ東部で戦闘が始まった2014年にあったこと、について深く勉強できると思っていた。ところが、本作後半は、アンドリーの不在を寂しがるポリーナを慰めるため、捕虜交換で帰国したセルヒーがさまざまな約束を叶えていくストーリーになっていくので、アレレ。

　そのため、乗馬まで習わせることになるのだが、そこでポリーナの落馬事故が起きると、物語はさらにアレレ、ウクライナ戦争とは全く関係のない方向に・・・。こりゃ一体ナニ？

◆そんな展開の中、あの移動火葬車を運転していた男から、セルヒーの携帯にアンドリーの遺体が発見されたと報告が届くところで本作は終わる。これはすべて、捕虜になっていた時のセルヒーが、彼とアンドリーの遺体について交わしていた“ある密約”に基づくもの。セルヒーは医者でカネ持ちだから、そのカネにまかせて“あの男と交わしていた密約”が実行できたのは結構だが、本作のテーマはそんな遺骨返還（？）にあったの？そんな結末を見ると、私は大きな“期待はずれ感”に襲われたが、さて、あなたは・・・？

2022（令和4）年7月23日記

Data 2022-85
監督・脚本：ヨアキム・トリアー
脚本：エスキル・フォクト
出演：レナーテ・レインスヴェ／ア
ンデルシュ・ダニエルセン・
リー／ハーバート・ノードラ
ム／マリア・グライア・ディ
ィ・メオ／マリアンヌ・クロ
ーグ

★★★★

わたしは最悪。

2021年／ノルウェー・フランス・スウェーデン・デンマーク映画
配給：ギャガ／128分

2022（令和4）年7月14日鑑賞	シネ・リーブル梅田

👀みどころ

　女の３０歳は結婚と出産における節目だから、「３０女の生きる道」は難しい。それは上海に生きる３人の３０女を描いた中国のＴＶドラマ『３０女の生きる道』でもよくわかるが、ヨアキム・トリアー監督が魅力的な若手女優レナーテ・レインスヴェに"あて書き"した本作では？

　『わたしは最悪。』とは何とも強烈なタイトルだが、ヒロインはホントにそう思っているの？それとも、それは逆説？

　同棲中の男がいるのに、一晩中別の男と"親密な関係"になるのは浮気？それとも？あの男、この男、どちらが魅力的？恋と仕事、どちらを優先？北欧のオスロを舞台とした、そんな３０女の生きる道をしっかり確認したい。

―― * ―― * ―― * ―― * ―― * ―― * ―― * ―― * ―― *

■□■映画初主演ながらカンヌで女優賞を！タイトルが強烈！■□■

　デンマーク生まれ、ノルウェー育ちのヨアキム・トリアー監督は現在の北欧を代表する映画監督の１人と言われているが、私が観たのは『テルマ』（１８年）（『シネマ４３』未掲載）１本だけ。そんなトリアー監督のオスロ・トリロジー（３部作）のラストを飾るのが、本作。本作は第９４回アカデミー賞の脚本賞と国際長編映画賞にノミネートされた他、第７４回カンヌ国際映画祭では、本作のユリヤ役で映画初主演したレナーテ・レインスヴェが女優賞をゲット！

　本作で目につくのは、『わたしは最悪。』というタイトルの強烈さ。邦画には、『悪人』（１０年）（『シネマ２５』２１０頁）や『最低。』（１７年）（『シネマ４１』未掲載）があり、韓国映画には、『悪人伝』（１９年）（『シネマ４７』２２９頁）が、アメリカ映画には『悪の法則』（１３年）（『シネマ３２』２６０頁）等もあるが、『わたしは最悪。』と自認する本作のようなタイトルは珍しい。すると本作では、ひょっとして女優賞をゲットしたレナー

テ・レインスヴェ扮する主人公のユリヤが最悪の女に・・・？

■□■ 「30女の生きる道」あれこれ ■□■

　本作は30歳という節目を迎えたものの、人生の方向性が定まらない主人公が、時に自己嫌悪に陥り、周りを傷つけながらも自分の気持ちに正直に人生の選択をしていくという物語。そんな物語はたくさんあるが、近時、私がハマった中国TVドラマ『30女の生きる道』は、3人の30女の生き方をクロスさせた面白いドラマだった。同ドラマは、3人の女たちの友情がもう一つのテーマだったが、本作は30女、ユリヤの恋愛物語が中心になる。

　冒頭のナレーションで、さまざまな才能を持つユリヤが最初は医者を目指したものの、その後、心理学者、カメラウーマン、作家とさまざまに方向転換しながら、すべて中途半端なまま30女になってしまっている"現状"が紹介される。ユリヤは、今は本屋でアルバイトをしながら、15歳も年上の漫画家アクセル（アンデルシュ・ダニエルセン・リー）と恋に落ちていたが、さて2人の仲は？

　本作はそんな序章の後、第1章から第12章までに分けて、30女のユリヤの"生態"が生々しく描かれるので、それに注目！

■□■ ユリヤにはこんな男がいい？それともあんな男が？ ■□■

　30女の第1の選択は、結婚するか否か。第2の選択は、出産するか否か。「30女の生きる道」では、1人が結婚・出産し、1人が結婚だけ、そして1人が独身のまま、と3つのパターンを揃えていた。しかし、本作のユリヤは、アクセルとの同棲生活からスタート。そこで気になるのは、2人の年齢差。そのため、アクセルは早く子供が欲しいと願うのに対し、ユリヤは曖昧なままだから、その点でいつか行き違いに・・・？他方、良い兆候は、自分のやりたい仕事をあれこれと変えてきたユリヤが、今は執筆活動を始めたため、アクセルと方向性が同じになったこと。なるほど、これなら2人の仲は安定していくのかも・・・？

　第1章：ほかの人々「今は分からない、母性が欠けてるの」を観ながらでそう思っていると、第2章：浮気『これ　浮気？』『違う』『だよな』では、アクセルの出版イベントを途中で抜け出したユリヤが、家に帰らずに見ず知らずの結婚披露宴に乱入していくからアレレ・・・。いくら美人だからといって、こんな勝手なこと（気まぐれ？）が許されるの？さらに、ユリヤが会場内でたまたま見つけたバリスタの男アイヴィン（ハーバート・ノードラム）と、お互いに名前も素性も打ち明けないまま"親密"になっていき、一晩中共に過ごしたから、さらにアレレ・・・。いくら自分探しに悩む30女だからと言って、ここまでのアバンチュールが許されるの？もっとも、こんな関係がおかしいことは誰よりも2人自身が気づいていたから、朝になってからの別れ際、2人は姓を教えず、名前だけを教え合って別れることに。そのココロは、それ以上教えると電話番号がすぐにわかってしまうから危険、というわけだが、さて・・・？

■□■章立ての妙に感服！■□■

　前述したとおり、３０女の選択の第1は結婚するか否か、第2の選択は出産するか否かだ。それを巡って本作は以下、第3章：#MeToo 時代のオーラルセックス「友達が男と寝た時―」、第4章：わたしたちの家族「君も自分の家族が要る」、第5章：タイミングが悪い「愛してるけど　愛してもいない」等、さまざまなテーマ毎に展開していくからわかりやすい。

　ちなみに、第7章は、新しい章「彼も子供は望まなかった」だが、第11章は、陽性「昔言いたい放題だったわたしをあなたは責めなかった」だから、ユリヤは、アクセルともアイヴィンとも結婚はしないまま妊娠はしたらしい。しかし、第12章は、すべてのものに終わりがある「幸せに生きたい」「生きたいよ……僕のアパートで君と……」だし、エピローグは、「じゃあ　その気持ちのままで」だから、さて、ユリヤの結婚は？出産は？

　本作は、そんな章立ての妙に感服！

■□■新生女優への "あて書き" はズバリ！その賛否は？■□■

『わたしは最悪。』
発売日：2023 年 1 月 11 日
Blu-ray：5,280 円（税込）
DVD：4,180 円（税込）
発売・販売元：ギャガ
© 2021 OSLO PICTURES – MK PRODUCTIONS
– FILM I VÄST – SNOWGLOBE – B-REEL –
ARTE FRANCE CINEMA

　中国の TV ドラマ『３０女の思うこと』は、上海に生きる３人の３０女の恋愛、結婚、出産と仕事に向けた三人三様の生きザマが興味深かったが、本作は女優レナーテ・レインスヴェに惚れ込んだヨアキム・トリアー監督がレナーテ・レインスヴェに "あて書き" をした脚本だから、ユリヤに集中した３０女の生きザマ（生態）に注目！

　本作前半では、アクセルと同棲生活を送りながらもアイヴィンに魅かれているユリヤの心情が描かれるが、そこでは、いくら一晩中 "親密な関係" になっても、セックスをしない限り、「これは浮気じゃないよね！」と弁解し続けるユリヤとアイヴィンの関係が面白い。その延長戦（？）として、2 人はセックスをしない（我慢する）代わりに、お互いの脇の匂いを嗅ぎ合うとか、トイレでおしっこを見せ合って、思わずおならが出ちゃうとかの行為をスクリーン上で見せるが、その賛否は？

　その他、本作は序章とエピローグ、そして第 1 章から第 12 章までのテーマごとのストーリー仕立てが非常に面白いので、それをしっかり楽しみたい。

２０２２（令和4）年7月26日記

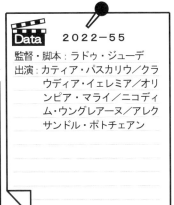

Data 2022−55

監督・脚本：ラドゥ・ジューデ
出演：カティア・パスカリウ／クラ
ウディア・イェレミア／オリ
ンピア・マライ／ニコディ
ム・ウングレアーヌ／アレク
サンドル・ポトチェアン

★★★★★

アンラッキー・セックス
またはイカれたポルノ　監督〈自己検閲〉版

2021 年／ルーマニア・ルクセンブルク・クロアチア・チェコ合作映画
配給：JAIHO／106 分

2022（令和 4）年 5 月 3 日鑑賞　　シネ・リーブル梅田

👀 みどころ

　２０２１年の第７１回ベルリン国際映画祭は、「世界は卑猥に満ちているけ
れど？」、「パンデミックは人間の性をあぶり出す」をテーマにした（？）、ル
ーマニアの鬼才ラドゥ・ジューデ監督が放った本作を金熊賞に！それにして
も、この長ったらしいタイトルは一体ナニ？邦題も英題も同じ？

　日本公開用の「監督〈自己検閲〉版」は、流出したプライベートセックスビ
デオの映像はないが、声はそのまま。しかして、その展開はいかに？そう思っ
ていると、「第１部　一方通行の通り」、「第２部　逸話　兆候　奇跡の簡易版
辞書」では、わかったような、わからないような・・・。

　すると、「第３部　実践とほのめかし」の、エロ教師を糾弾する保護者会は
“魔女裁判”に！誰でもそう思うところだが、そこでは意外にも民主的な堂々
の議論（？）が展開していくので、それに注目！その後に、ジューデ監督が用
意した“あっと驚く展開”は、あなた自身の目でしっかりと！

―― ＊ ―― ＊ ―― ＊ ―― ＊ ―― ＊ ―― ＊ ―― ＊ ―― ＊ ―― ＊ ―― ＊

■□■このタイトルは一体ナニ？英題も邦題と同じ！■□■

　本作はルーマニアの鬼才ラドゥ・ジューデ監督が放った“類を見ない傑作”。そしてまた、
２０２１年の第７１回ベルリン国際映画祭で金熊賞を受賞した“禁断の映画”だ。ジュー
デ監督の言葉によれば、「パンデミックは人間の性をあぶり出す」らしい。アメリカの第９
４回アカデミー賞では『コーダ　あいのうた』（２１年）という、“万人受け”する“お涙
頂戴映画”が作品賞、助演男優賞、脚色賞の３部門を受賞したことに比べれば、好対照だ。

　そんな本作のタイトルは英題が『BAD　LUCK　BANGING　OR　LOONY　PORN』
なら、邦題も『アンラッキー・セックスまたはいかれたポルノ』。元々は『夢遊の人々（The
Sleepwalkers）』だったが、ジューデ監督はもっと安っぽいタイトルにしたかったために、

そう改めたそうだ。もっとも、ルーマニア語の原題はもっと卑猥で、本当に際どい単語が使われていたらしい。なるほど、なるほど。しかも、日本で公開された本作は、「監督自己検閲版」にもかかわらず、Ｒ－１５指定だから、その"卑猥度"、"ポルノ度"は相当なもの！！！

そう思って（期待して）いると、冒頭からスクリーンいっぱいに卑猥な言葉が流れてくる。しかし、画面はしっかり"自己検閲"されているから少し拍子抜け感も・・・。しかし、もしこんなプライベートセックスビデオがネット上に流出し、卑猥な言葉を吐いている女性が、ルーマニアのブカレストにある名門校の教師エミ（カティア・パスカリウ）だということが広まったら・・・？

■□■本作のテーマは"猥雑"だが、同時にシリアスさも！！■□■

ベルリン国際映画祭で上映された本作は"監督自己検閲版"ではないから、冒頭からあけすけな本番セックスシーンから始まったらしい。そんな本作が第７１回ベルリン国際映画祭で金熊賞を受賞したほか、ニューヨーク・タイムズが選ぶ２０２１年ベスト１０では、６位だった濱口竜介監督の『ドライブ・マイ・カー』より上位の、堂々第２位に選出されるなど、世界中で快進撃を続けたそうだ。なるほど、なるほど。もっとも、ジューデ監督自身も堂々と「パンデミックは人間の性をあぶり出す」「世界は卑猥に満ちている」等々の刺激的な発言を繰り返していたから、何かと"上品さ"を求める日本では、こんな映画は絶対評価されないはず。私はそう思っているが、さて・・・？

パンフレットにある監督インタビューで、彼は「この作品は雑な大衆紙的な下品さと、とてもシリアスなテーマが組み合わさっていると思います。」「猥雑さというのがこの作品の中心のテーマのように感じます。監督は猥雑さをどのようなものとしてとらえていますか。」との質問に対して、本作の"シリアスさ"についても誠実に回答しているので、それに注目！そう考えれば、たしかに、シェイクスピアの喜劇にも大衆的な下品さとシリアスさが同居しているし、『ハンナ・アーレント』（１２年）（『シネマ３２』２１５頁）をみても、「バカバカしいこととシリアスなことが切り離せない」ということがよくわかる。なるほど、なるほど。ジューデ監督が考えていることは奥が深そうだ。

■□■３部構成の第１部と第２部は少し退屈？■□■

本作は何と言っても、映画冒頭に示されるプライベートセックスビデオの内容が刺激的。さあ、これからの展開は如何に？そう身構えていると、スクリーン上には意外にも、「第１部　一方通行の通り」の字幕が登場し、グレーのスーツ、白いシャツ、そしてブルーの不織布マスクで、コロナ禍のブカレストの街を歩き続けるエミの姿が登場する。これは一体何のため？それが、校長の家に赴き事情を説明するためだということは、第１部のラストでやっとわかるが、ラドゥ・ジューデ監督のそんな「第１部」の演出は少し退屈だが、一体何のため？

それ以上にわからないのは、「第２部　逸話　兆候　奇跡の簡易版辞書」と題された第２

部の内容。これは、ラドゥ・ジューデ監督がチョイスした言葉のエッセイフィルムを延々と羅列していくもので、その内容はそれなりに面白いが、この演出も一体何のため？まあ今はわからなくても、そのうち徐々にわかってくるのかも・・・。

■□■1989年の東欧革命とは？その後はNATO側！■□■

第2次世界大戦後のルーマニアは、ルーマニア社会主義共和国として、ソ連邦が主導する東側＝社会主義陣営に入っていた。そして、１９６０～８０年代にかけて、ルーマニア共産党政権の独裁的権力者として君臨したのが悪名高きニコラエ・チャウシェスクだ。１９８９年の東欧革命の最後を飾る「ルーマニア革命」によって権力の座を追われた彼は、ワルシャワ条約機構加盟国の国家元首の中で唯１人処刑された人物としても有名だ。

１９８９年は天安門事件（６月４日）、ベルリンの壁崩壊（１１月１０日）の年。そしてまた、日本のバブル崩壊の年としても有名だが、同時にポーランド、ハンガリーに端を発した「東欧革命」の年としても有名だ。これは、ソ連の“衛星国”になっていた東ヨーロッパ諸国（特にワルシャワ条約機構諸国）で、共産主義体制が連続的に倒された革命のこと。そのきっかけになったのは、１９８５年にソ連のゴルバチョフ政権が始めたペレストロイカだ。

東欧革命の進展は早く、チェコスロバキア、ハンガリー、ブルガリア、ポーランドでは国内の政権移譲が次々と穏健になされていった。しかし、ルーマニア社会主義共和国では１２月１６日に勃発した民主化革命の中で、１２月２５日にはチャウシェスク夫妻が処刑された。そして、チャウシェスク政権の崩壊後、民主化されたルーマニアでは自由選挙による議会が開かれたが、右派と左派に分かれ、国内の混乱は続いた。

他方、今年２月２４日に起きたロシアによるウクライナ侵攻によって、俄然有名になったのがNATO（北大西洋条約機構）。これは、ヨーロッパと北米の３０か国による「軍事同盟」だが、１９４９年に創設された時の原加盟国はフランス、ベルギー、オランダ等、１２か国だった。その後、西ドイツ（５５年）、スペイン（８２年）等が加盟し、東欧革命後の１９９９年にはチェコ、ハンガリー、ポーランドが、そして２００４年にはルーマニア等の数カ国が加盟した。したがって、本作にみるコロナ禍のルーマニアは、れっきとしたNATO加盟の西側諸国の１つだ。すると、「第１部　一方通行の通り」にみる町並みが自由主義陣営の雰囲気であるのが当然なら、「第３部　実践とほのめかし」にみる保護者会での議論も当然、民主的・・・？

■□■「第３部　実践とほのめかし」は魔女裁判？いやいや！■□■

『アンラッキー・セックスまたはいかれたポルノ』と題された本作が、“本題”に入り込むのは、第３部から。エミのプライベートセックスビデオ流出問題を保護者会で話し合うために設けられた場所は、学校の中庭。そこには既に２０数名の保護者たちと校長が待ち

構えていた。第3部は「実践とほのめかし」と題されているが、それってどういう意味？

　ルーマニアの名門校における、エミのプライベートセックスビデオ流出問題を討議するための保護者会は、どう考えても"魔女裁判"。私にはそう思えたが、意外にもその展開は民主的・・・？少なくとも、校長の民主的かつ公平な議事進行のおかげで、中国で１９６７〜77年まで10年間も吹き荒れた"文化大革命"における、紅衛兵による知識人の糾弾集会とは全く違う風景になっている。もっとも、ビデオの上映から始まった保護者会における男性の目は一様に欲望でギラギラ・・・？

　ビデオの上映終了後に次々と飛び出す発言は、すぐに「右にならえ」方式で意見が一致する日本式とは大違いで、正論を吐くものから極端な差別主義者までさまざま。さらに、軍服を着た男や歴史修正主義者等、各人各様で、まさに"百花繚乱"。議論は尽きることがなかったが、校長は彼らの意見をどう集約するの？そして、エミの処分をどう結論づけるの？

■□■エミは残留？or 追放？監督の遊び心（？）にビックリ！■□■

　世の中に起きる"不祥事"は多い。そして、マスコミやSNSが発達した今の日本では、不祥事が起きるとすぐに謝罪会見が開かれ、ひたすら謝罪。場合によれば、土下座する風景すら見受けられる。しかし、「第3部　実践とほのめかし」に見るエミの姿は全然それとは違うもの。つまり、ビデオの映像や声が自分であることは認めたものの、それはあくまでプライベートなものであり、教育者としての自分の教育への思いや理念にはいささかも問題がないことを堂々と主張（反論）していくので、それに注目！校長も教育者としてのエミの優秀さについて再三援護し、ややもすれば"セックス談議"や一方的な"エロ教師糾弾"にずれていく議論を何度も引き戻す努力を重ねていた。

　本日の保護者会の目的は何？それは、プライベートセックスビデオ流出事件を起こしたエミを教師として残留させるの？それとも追放するの？を決めること。そのためのさまざまな議論は出尽くした、と判断した校長は、それを参加者の投票によって決めることに。なるほど、なるほど。

　「裁判モノ」で最高に緊張するのは、最後に陪審員たちがいかなる評決を下すかだが、さて本作に見る保護者たちの評決は？それについてジューデ監督は、あっと驚く遊び心（？）で3つのパターンを用意しているので、それはあなたの目でしっかりと！

２０２２（令和４）年５月６日記

Data 2022−70

監督・脚本：ミシェル・フランコ
出演：ネイアン・ゴンザレス・ノル
ビンド／ディエゴ・ボネータ
／モニカ・デル・カルメン

★★★★

ニューオーダー

2020年／メキシコ・フランス映画
配給：クロックワークス／86分

| 2022（令和4）年6月7日鑑賞 | シネ・リーブル梅田 |

👀みところ

　腐敗した旧体制を打破し、ニューオーダー（新秩序）を樹立することは大切。しかし、かつての大日本帝国が唱えた、"東亜の新秩序"とは？しかして、メキシコの某都市における、ニューオーダー（新秩序）とは・・・？

　広大なお屋敷での豪華な結婚式。それは映画の冒頭にふさわしい情景だが、そこに街頭デモの暴徒が乱入すると？そして、警察や軍部が暴徒と結託し、殺戮、拉致、身代金要求の地獄絵になっていくと？そんな状況下、新婦は"ある事情"で式場の外にいたから、ラッキー！一瞬そう思ったが・・・。

　折りしも、ロサンゼルスで開催中の米州首脳会議は大混乱。それでも、現実は、本作よりよほどマシ？島国ニッポン人は、もっと目を広く世界に向けなければ！

——＊——＊——＊——＊——＊——＊——＊——

■□■メキシコってどんな国？政治は？経済は？社会状況は？■□■

　島国に住む日本人は、もともと海外（世界）への関心が薄い。とりわけ、南アメリカ（大陸）はアフリカ大陸とともに日本人が知らない世界だ。したがって、北アメリカ最南端の国、メキシコと聞いても、せいぜい思い浮かべるのは、第1にサボテン、第2に『アラモ』（04年）（『シネマ6』112頁）や『夕陽のガンマン』（65年）等の西部劇（マカロニ・ウェスタン）だろう。他方、メキシコがペルーやチリ、ブラジル等と並ぶ中南米の大国であることは知っていても、その政治は？そしてまた、経済は？社会秩序は？それらについては、ほとんど知らないのでは？

　トランプ前大統領がメキシコからの移民の大量流入を阻止するため、国境に巨大な壁を作ると宣言したことによって、メキシコからアメリカへの移民問題が注目を浴びることになった。多くの国民が必死にアメリカに移民したがっているということは、メキシコはダ

メな国ということ？『ノー・エスケープ　自由への国境』（１５年）（『シネマ４０』未掲載）はその国境問題を描いていた。

　本作は、そんなメキシコを舞台にした映画だが、移民問題を直視した映画ではなく、パンフレットの INTRODUCTION によれば、本作は「広がり続ける経済格差とそれがもたらす社会秩序の崩壊、今まさに我々が直面している危機的状況を描くディストピア・スリラー」だ。そして、「目を背けたくなる、それでも刮目せねばならない"最悪"のリアリティに、観る者の覚悟が試される８６分を体感せよ。」と書かれている。こりゃ、期待感いっぱい！

■□■マリアンの結婚式は豪華だが、周辺は不穏！暴動に！■□■

　フランシス・フォード・コッポラ監督の名作『ゴッドファーザー』（７２年）は、マーロン・ブランド扮するヴィトー・コルレオーネのお屋敷で挙行される末娘コニーの結婚式から始まったが、その豪華さに圧倒された。それと同じように、本作も裕福な家庭で生まれ育ったマリアン（ネイアン・ゴンザレス・ノルビンド）の結婚式を祝うため、広大なマリアン宅の庭で取り行われている結婚式のシークエンスから始まる。

　そこに集う着飾った政財界の名士たちの前で、新郎とキスを交わすマリアンは幸せそうだが、マリアン宅から程近い通りでは、広がり続ける貧富の格差に対する抗議運動が今まさに暴徒化しようとしていた。本作の舞台はメキシコだが、マリアンの家はどこにあるの？時代はいつ？父親は何をしているの？集まる名士たちはどんな面々？『ゴッドファーザー』冒頭の結婚式のシーンでは、コルレオーネ家のファミリーたちの人物説明が丁寧になされたが、本作ではそれが全くない。豪邸の中の多くの使用人は一見従順に働いているようだが、彼ら彼女らの目にもどことなく不穏な雰囲気が！こりゃ一体どんな展開に・・・？

■□■タイトルに注目！ニューオーダー（新しい秩序）とは？■□■

　本作のタイトルになっている「ニューオーダー」とは一体どんな意味？レストランに入って料理を注文する時の和製英語が"オーダーする"だが、本作のタイトルになっている「ニューオーダー」とは、新秩序のことだ。かつて日本（大日本帝国）が中国大陸に侵攻するについては、"東亜の新秩序"が唱えられ、"五族協和"がスローガンとされたが、さてメキシコの某都市におけるニューオーダー（新秩序）とは？

　本作のパンフレットには、飯島みどり氏（立教大学ラテンアメリカ研究所）の COLUMN「既視感満ち満ちる劇薬」がある。そこでは、「正視に堪えない『ニューオーダー』（新秩序）はその実既視感に満ち満ちている。」と書かれているが、その"注"として、「字幕には『新体制』と登場する。スペイン語原題の orden は男性名詞すなわち秩序を意味し、命令や注文を意味する女性名詞とは明らかに区別される。しかもラテンアメリカにおける『秩序』はこれを『乱す者』を強く敵視する強権的な治安維持の発想と密接に結びつく。従って厳密には『新秩序』と解するのが望ましい。英語の order ではその意味合いがややぼやけることも否めない。」とクソ難しい解説がされている。

このように、"ニューオーダー"をどのような日本語に翻訳するかは難しいが、とにかく本作は、マリアン（の父親）たち少数の富裕層が支配しているメキシコの秩序（体制）が、街頭に広がる抗議運動（暴動）によって一気にひっくり返るサマを、ミシェル・フランコ監督の視点で描いたものだ。学生時代にマルクス主義を勉強し、革命による社会変革を勉強した私は、なぜマルクスが予言したように高度に発達した資本主義国のイギリスではなく、帝政時代のロシアで革命が起きたのかが不思議だったが、一国の"革命"には前衛政党たる共産党や、レーニンのような優れた（冷酷無比な？）指導者が必要不可欠と考えていた。しかし、本作が描く暴動とニューオーダー（新秩序）は、それとは全く違うハチャメチャなものだから、その恐ろしい展開に注目！

革命は、中国の歴史でもマルクス主義でも"崇高"なものだが、本作のスクリーン上で見るのは革命ではなく、明らかに暴動。こんな暴動で、本当にニューオーダー（新秩序）が実現するの？

■□■警察は？政府は？ヒロインの行動は？■□■

どこの国でも、政府に対する国民の不満はつきもの。したがって、人権の国フランスでは抗議デモのオンパレードだが、先進資本主義国は人権と秩序のバランスをそれなりに保っている。しかし、香港の雨傘運動や民主化運動の弾圧ぶりを見ると、一党独裁国家のそれは全く違うことがよくわかるし、後進国（？）の南アフリカ諸国でも、デモや暴動は付き物だ。それらの世界の動きは毎日のニュースで知ることができるが、ミシェル・フランコ監督が脚本を書き演出した本作は、舞台こそメキシコだが、本作に見る暴動は全く架空のお話。

街頭デモを展開していた暴徒たちは平気で、ヒロインの家の中に侵入してきたからアレレ。しかも、彼らは武器を持っているから、いくら警告しても無駄。屋敷内に乱入し始めると、彼らはもはや、殺したい放題、盗みたい放題、そして犯したい放題だ。警備保証会社は？警察は？その前に、あんなにたくさんいる使用人たちの自己防衛は？それらの期待が全くムダなことは、本作を見ているとよくわかる。これまでこき使われてきた使用人たちは"これ幸い"とばかりに暴徒に加わっていくことに。マリアンの父親は真っ先に射殺され、続いて母親も。そしてマリアンの親族たちや結婚式の招待客は次々と拘束され、人質にされていったから、さあ大変だ。

そんな中、マリアンだけは元従業員の頼みを聞くために走り回り、今は忠実な使用人とともに屋敷外に出ていたから、ラッキー！一瞬そう思ったが・・・。

■□■これでもか！これでもか！目を覆う惨状に驚愕！■□■

本作は８６分と比較的短いが、鑑賞後はぐったり！それは幸せいっぱいの結婚式場への暴徒の乱入から始まり、その後一貫して続いていく"地獄絵"があまりにひどいからだ。暴徒たちに乱入されたお屋敷内での、それまでの支配者層の殺戮や拉致、人質化は想定の範囲内だが、折よく屋敷の外に出ていたマリアンを腐敗警官が拉致監禁し、身代金を要求

するシークエンスになっていくと、ビックリ！しかも、これは彼らが特別な悪徳警官だからというわけではなく、警察（軍部）全体として取り組んでいる"悪事"だから、ひどい。

　さらにすごいのは、身代金を警察（軍部）の上層部が独占していることに気付いた第一線の警官たちが、さらに自らの利益確保のために独自行動を起こすこと。結局それはバレてしまい、彼らはさらなる悲劇の犠牲者になってしまうわけだが、本当にこんなことがメキシコの警察や軍内部で起きているの？これはあまりにも"性悪説"の立場に偏りすぎているのでは？

　ナチスドイツによる「ホロコーストもの」映画では、時計宝石はもとよりドレスや帽子まで身ぐるみ剥がされて裸にされてしまうユダヤ人女性の姿が時々登場するが、本作でも住民たちの暴動と結託してクーデターを起こした警察や軍部による富裕層の人質化身代金要求大作戦の中で、それと同じような風景が登場するので、それに注目！これでもか！これでもか！と続く、目を覆うような惨状に驚愕！

■□■こんな最新情報も！米州首脳会議にメキシコは欠席！■□■

　本作を鑑賞した翌日、新聞各紙は６月８日に米西部カリフォルニア州ロサンゼルスで開幕する米州首脳会議に「メキシコ大統領ら欠席」の見出しが躍り、①ベネズエラ、ニカラグア、キューバの３か国を招かないと決めたこと、②それに対応してメキシコのロペスオブラドール大統領が欠席を決めたこと、を大きく報道した。

　「米州首脳会議」とは、南北アメリカ、カリブ海の各国首脳が集まり、共通課題について議論する会合で、１９９４年に米マイアミで始まり、約３年に１回のペースで開かれ、今回が９回目。２０２２年１１月の中間選挙では、移民問題が大きな争点の一つとなるため、バイデン政権は、この米州首脳会議を機に、移民問題で早期に成果を出すことを狙ってきた。それは、グアテマラやホンジュラス、ハイチなど、米国に大量の移民が流れている国々が会議の構成国に多く含まれるためだ。特に米国と国境を接し、陸路で北上する移民が必ず通るメキシコは移民問題を議論する際には外せない存在だ。

　ところが、バイデン政権は上記３か国を「民主的でない」と決めつけ、米首脳会談に招待しないとしたため、"新興左派"と呼ばれるメキシコのロペスオブラドール政権は、それらの国に「連帯」を示したというわけだ。さらに、同じ左派政権のボリビアやホンジュラスもメキシコに同調し、両国首脳の欠席も確実視されているそうだから、バイデン政権の「独裁３か国排除」決定の波紋は大きそうだ。

　これが現在のホントの南アメリカ諸国やメキシコの姿だから不安がいっぱい。しかし、それでも本作に見るメキシコのニューオーダー（新秩序）よりはよほど良さそうだ。本作を鑑賞するについては、そんな現実との対比もしっかりと。

２０２２（令和４）年６月１１日記

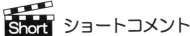
ショートコメント　　★★★

| Data | 2022-68 |

監督	フェルナンダ・バラデス
脚本	アストリッド・ロンデロ／フェルナンダ・バラデス
出演	メルセデス・エルナンデス／ダビッド・イジェスカス／フアン・ヘスス・バレラ

息子の面影

2020年／メキシコ・スペイン映画
配給：イオンエンターテイメント／99分

| 2022（令和4）年5月30日鑑賞 | シネ・リーブル梅田 |

👀 みどころ

　アメリカとメキシコの国境といえば、古くは、ジョン・ウェイン主演の『アラモ』（６０年）で、トランプ大統領の登場以降は"壁建設"で有名になったが、「悪魔が潜むメキシコ国境。行方不明の息子を探す母の旅路」を描いたのが本作だ。

　"何でも説明調"の邦画と正反対の本作は、ストーリーの把握が難しい。息子は生きているの？あの惨殺シーンは一体ナニ？あの真っ赤な炎は？

　終始ワケのわからない映画だが、音楽と風景を含め、雰囲気だけはタップリと・・・。

―― * ―― * ―― * ―― * ―― * ―― * ―― * ―― *

◆『息子の面影』と題された本作はメキシコ・スペイン映画。２０２０年サンダンス国際映画祭で観客賞と審査員特別賞をダブル受賞するなど、本作は世界的に高い評価を受けているらしい。そのテーマは、「悪魔が潜むメキシコ国境。行方不明の息子を探す母の旅路」というものだ。

　メキシコ国境といえば、古くはジョン・ウェイン主演の『アラモ』（６０年）で有名だったが、近時は２０１７年１１月の大統領選挙でのトランプ候補の勝利以降は、"壁建設"で大問題になった。しかして、本作はどんな問題提起を？

◆近時の邦画は、明るい色彩、はっきりトーンのうえ、"何でも説明調"が顕著。これならポップコーンを片手に隣席の彼女と時々顔を見合わせながら、美男美女が登場するスクリーンを見ていても十分理解可能。そして、終わってみれば必ずハッピーエンドだから、よしよし・・・。

　ところが、本作はそれとは正反対で、冒頭から暗いトーンのスクリーン上に、アメリカで消息を絶った一人息子を探すべく、１人で村を出発する女性マグダレーナ（メルセデス・エルナンデス）の姿が登場する。彼女はある村へ向かう道中で息子と同じような年齢の青

年ミゲル（ダビッド・イジェスカス）と出会い、彼が母親を探していることを知ると、そこから２人は息子と母それぞれの大切な存在を求めて旅を始めることに。

◆マグダレーナの息子の名前はへへス（フアン・ヘスス・バレラ）。彼は、「リゴと行くよ。アリゾナで仕事をする。」と言い残して母親の元を離れたが、今その息子はリゴと共に行方不明だ。そして、連邦警察から送られてきた写真を確認すると、そこにはリゴの写真が。へへスの写真がなかったのは幸いだが、彼は今生きているの？

◆本作のストーリーはそんな（単純な）ものだが、説明が全くされない本作では、そんなストーリーが容易に掴めない。そのうえ、なぜ眼科の女医が登場してくるの？また、多数のメキシコ人が惨殺されたという現場には火が放たれたそうだが、スクリーン上ではメラメラと燃え上がるその炎が印象的。これぞまさに悪魔の生贄？すると、メキシコ国境にはホントに悪魔が潜んでいるの？いやいや２１世紀の今、そんなことはあり得ないが、本作を観ていると、さもありなん・・・。

◆映画と音楽は切っても切れない仲。永遠に愛される名作は永遠に愛される名音楽と共に生き続けるものだが、その大半はモーツァルトの音楽と同じように、美しいメロディーが印象的なものだ。それに対して、本作の音楽は終始不穏なリズムを刻むもので、ある意味"耳障り"だが、それでもやっぱり印象的。また、何よりも素晴らしいのは、終始暗いトーンの中で幻想的に映し出されるメキシコの荒野だ。
　ラストに近づくにつれて、へへスの命はすでになくなっていることが再三予告されるが、それでもマグダレーナは・・・？終始ワケのわからない映画だが、雰囲気だけはたっぷり味わうことができるので、この手の映画が大好きな人は是非・・・。

２０２２（令和４）年６月３日記

第5章　邦画

Data 2022-73

監督・脚本：小泉堯史
原作：司馬遼太郎『峠』
出演：役所広司／松たか子／香川京
　　　子／田中泯／永山絢斗／芳根
　　　京子／坂東龍汰／榎木孝明／
　　　渡辺大／矢島健一／AKIRA／
　　　東出昌大／佐々木蔵之介／井
　　　川比佐志／山本學／吉岡秀隆
　　　／仲代達矢

SHOW-HEY シネマルーム

★★★★

峠　最後のサムライ

2022 年／日本映画
配給：松竹、アスミック・エース／114 分

2022（令和4）年6月18日鑑賞　　TOHO シネマズ西宮 OS

👁👁みどころ

　かつて日本社会党が唱えた"非武装中立論"のナンセンスさは明らかだが、スイスを理想形とした"武装中立論"の現実味は？

　河井継之助がそれを、どこでどう学んだのかは知らないが、長岡藩にそんな政策（安保法制）がホントに妥当するの？新政府軍5万に対して、越後の長岡藩の兵は690名だから、いくらガトリング砲を1門持っていても・・・。

　河井継之助がオルゴールを愛する姿は、坂本龍馬がブーツを愛用したのと同じ。侍の世の終わりを予見したのも、2人は同じ。しかし、アメリカの入札制にヒントを得て「船中八策」を立案した龍馬に対し、家老の立場と最後のサムライに固執し続けた継之助とは大きな違いが・・・？

　小泉堯史監督がスクリーン上であえて見せなかった切腹の姿を想像しながら、河井継之助と坂本龍馬、榎本武揚との違いを考えてみるのも一興だ。

————＊————＊————＊————＊————＊————＊————＊————＊————

■□■明治維新から150年！今なぜ司馬遼太郎の「峠」を？■□■

　私が大学に入学した1967年は、1867年10月の大政奉還から100年の年だった。そして、年を経るのは早いもので、2022年の今は、明治維新から既に150年を経過している。

　他方、日本を代表する国民的作家・司馬遼太郎が死去した1996年2月は、バブル崩壊に伴う不良債権の処理について「公的資金投入の是非」が議論された時代で、64年間も続いた昭和が終わり、平成8年になっていた。私は、司馬遼太郎の小説が大好き。その中でも、大学時代に読んだ『竜馬がゆく』と『坂の上の雲』の2つが最も好きだ。司馬遼太郎の小説が好きな映画監督は多いから、これまでも多くの彼の小説が映画化されており、その直近は原田眞人監督の『燃えよ剣』（20年）（『シネマ50』156頁）。それは、新

選組副長・土方歳三の太く短い生きザマをテーマにしたものだった。

　長年、黒澤明監督に師事してきた小泉堯史監督もその一人だが、彼は『明日への遺言』（08年）（『シネマ18』243頁）における岡田資中将や『蜩ノ記』（14年）（『シネマ33』未掲載）における戸田秋谷等、歴史上の特定の人物に焦点を当てて掘り下げていくのが好きな作風だから、司馬遼太郎の『峠』は好ターゲット。『坂の上の雲』はさすがに2～3時間の映画にはできなかったため、NHKスペシャルドラマ「坂の上の雲」として完成させたが、『峠』なら2時間内外での映画化は十分可能だ。

　私は戊辰戦争で天才的な軍才を振るい、近代日本の兵制を創設した大村益次郎に焦点を当てた『花神』は大好きだったが、長岡藩家老・河井継之助に焦点を当てた『峠』はイマイチだった。それは同作に見る彼の思想も実際に果たした役割も、私にはあまり納得できなかったためだ。しかし、小泉監督はそんな司馬遼太郎の名作『峠』とどう向き合うの？そして、どんなテーマで映画化するの？

■□■テーマは最後のサムライ！その狙いは？その成否は？■□■

　明治維新の有名人の断トツは坂本龍馬。それに続いて、西郷隆盛、大久保利通、木戸孝允、勝海舟、等が続く。つまり、司馬遼太郎が取り上げた『花神』の大村益次郎や『峠』の河井継之助はそれほど有名ではない。その上、河井継之助は北越戦争で名を成したものの、賊軍として敗れ、死亡してしまったから、歴史上の評価もそれほど高いものではない。

　それに対して「いやいや、そんなことはない！」「彼は坂本龍馬と並ぶ先見の明を持ったすばらしい人物だ！」と主張したのが、司馬遼太郎の『峠』。そこでのハイライトは、ガトリング砲であり、ヨーロッパの小国スイスが推進した“武装中立論”だから、たしかにそれはすごい。河合継之助が妻に贈るオルゴールにこだわる姿は、まるで坂本龍馬がブーツに憧れる姿と同じように、無邪気で微笑ましいものだが、その新進気鋭の精神こそ明治維新に重要だったわけだ。

　他方、徳川時代には「士農工商」の身分制度をはじめ、がんじがらめの制度に縛られていたが、坂本龍馬は“脱藩”というとんでもない行動に出ている。ところが、河井継之助は長岡藩家老という“立場”にこだわったうえ、自分が“最後のサムライ”になることにもこだわっていたらしい。小泉監督はそれを本作のサブタイトルにしたわけだが、その狙いは？その成否は？

■□■長岡藩の“武装中立”の思想とは？その現実は？■□■

　2022年2月24日のロシアによるウクライナ侵攻に始まった“ウクライナ戦争”は4ヶ月を経過した今、一進一退を続け、長期化、泥沼化の様相を呈している。明治維新における戊辰戦争や北越戦争とウクライナ戦争を対比するのは無意味だが、ウクライナは意外な大国であることを認識すれば、長岡藩がいかにちっぽけな小藩であるかがよくわかる。

　河井がどこでヨーロッパにおけるスイスの武装中立の思想を学んだのかは興味深いが、

それを鳥羽伏見の戦いから始まった戊辰戦争から、北越戦争に入っていこうとする時代に応用しようとするのは、少し現実味に欠けるのでは？新政府軍約５万人の軍勢に対して、長岡藩は６９０人と知ってビックリ！それではいくらガトリング砲を１門持っていたとしても・・・？長州の高杉晋作は、長州征伐に向かってくる幕府軍に対抗するべく、従来の武士にとらわれない"奇兵隊"等の"諸隊"を結成したが、河井にはそんな新工夫は全くみられない。小が大に本気で武力で対抗するのなら、"サムライ"にこだわらず、"国民皆兵"、すなわち、農民も農具から刀・槍に持ち替えて"ゲリラ戦"で対抗するくらいの開明的な思想を持たなければダメなのでは？

　本作は河井に扮する名優・役所広司のセリフが多いのが特徴。そこではたしかに名セリフが多いが、私に言わせれば、それは身分制度や若者の将来についてのものだけで、現実の戦争についての名セリフは全くない。また、新政府軍の軍監たる岩村精一郎（吉岡秀隆）との"交渉"を見ていても、私が毎日観ている中国ＴＶ歴史ドラマの「三国史　軍師同盟」のような"権謀術策"は全く見えず、ただただ正攻法で攻めたあげく玉砕するだけだ。これでは、いくら武装中立を唱え、ガトリング砲を所有しても、現実味は全くないのでは？そう思っていると、案の定・・・。

■□■奪還は見事だが、４日天下では！アラモの砦方式は？■□■

　１９７４年に独立して坂和法律事務所を開設した私は、大阪弁護士会で３番目にワープロ（ワードプロセッサー）を購入した。その価格はなんと３４０万円。翌年には半額に下がり、その後も下がり続けたが、それは結果論。私は法律事務所にとってワープロの機能がいかに大切かを見抜く先見の明があったことを誇りに思っている。

スイスの武装中立の思想を学んだ河井がガトリング砲に目をつけたのは立派だが、１門だけで本当に役に立つの？また、それを使いこなすには、何が必要なの？ウクライナ戦争でも、ゼレンスキー大統領はアメリカやNATO諸国に新規の武器供与の必要性をアピールし続けているが、最新の武器を使いこなすためにはそれなりの訓練が必要だ。その点ウクライナはどうなっているの？そんな目で北越戦争におけるガトリング砲の働きを見ていると、これではダメ！

　また、いくつかの峠を守りの拠点にするという河井の戦略戦術には納得だが、ほんとにこの程度の“補強”で峠を守り切れるの？『アラモ（THE ALAMO）』（０４年）（『シネマ６』１１２頁）では、正規軍ではなく志願兵が守備隊として大活躍。それでも多勢に無勢、結局は玉砕してしまったが、アラモの砦の精神は後々までアメリカの伝統として残った。それに対して、守りの拠点となる峠を破られた河井はすぐに長岡城からの撤退を命じたから、アレレ？もっとも、その後“ある戦術”で長岡城を奪い返したのは立派だが、それでも、お城を守ったのはたった４日間だけ。それでは無意味なのでは・・・。

■□■河井継之助 VS 坂本龍馬 VS 榎本武揚、三者の比較は？■□■

　坂本龍馬は残念ながら３１歳の若さで暗殺されてしまったが、死の直前に彼が残した「船中八策」は、新政府の「五箇条の御誓文」の礎になった。龍馬が無邪気にブーツに憧れる子供っぽさは、河井が無邪気にオルゴールに憧れる姿と同じ。また、侍の世の終わりを予言していたのも２人は同じだ。しかし、他方で龍馬は蒸気船で七つの海を渡っての世界貿易（経済）や、アメリカにおける入札制（大統領の直接選挙制度）等に興味を持ち、それを倒幕後に樹立する新政権の土台に据えるという大局観を持っていた。それに対して、長岡藩家老の立場にこだわり、また最後の侍にこだわった河井は？

　他方、幕臣の次男として生まれた榎本武揚は、昌平坂学問所、長崎海軍伝習所で学ぶエリートの道を歩み、旧幕府艦隊のリーダーになったが、その艦隊を率いて会津藩を中心とする奥羽越列藩同盟の支援に向かったからすごい。蝦夷地（北海道）に入り、五稜郭を占領した榎本は、近藤勇亡き後の新選組を率いて合流していた土方歳三らと共に、五稜郭の攻防戦に全力を傾けたが、敗北。榎本は投獄されるに至った。

　小泉監督は、本作ではあえて河井の最後（切腹）の姿を描かなかったが、『日本のいちばん長い日』（６７年）では三船敏郎演じる阿南惟幾陸軍大臣の長々とした切腹のシーンが印象的だった。河井は銃弾で左足を射抜かれただけだから、適切な治療さえすれば生存は十分可能だったはず。したがって、河井が本作に見るようなカッコいい（？）最後を迎えず、榎本のように捕虜になっていたら、ひょっとして新政府の要人として大活躍したのでは？もしそうだとしたら、そうなってこそ、真の河井継之助の価値なのでは？そうすると、河井継之助と坂本龍馬や榎本武揚との違いはどこに？本作の鑑賞を契機に、それをあらためて考えてみるのも一興だ。

２０２２（令和４）年６月２４日記

Data 2022−86

監督：佐藤信介
脚本：黒岩勉、原泰久
原作：『キングダム』原泰久
出演：山﨑賢人／吉沢亮／橋本環奈／清野菜名／満島真之介／岡山天音／三浦貴大／濱津隆之／豊川悦司／高嶋政宏／要潤／加藤雅也／高橋努／渋川清彦／小澤征悦／大沢たかお

★★★★★

キングダム2 遥かなる大地へ

2022年／日本映画
配給：東宝／134分

2022（令和4）年7月16日鑑賞　TOHO シネマズ西宮 OS

👀 みどころ

　秦の嬴政、後の始皇帝は、如何にして中華統一を成し遂げたの？その史実や真相を知るために学ぶべきことは多いが、架空のキャラも交えて楽しみつつ学ぶには、既刊65巻になっている漫画『キングダム』を読むのが一番！

　若き日の嬴政と信との友情は？信が憧れる王騎将軍の魅力は？実写版1は、ほんの序章だったが、実写版2は、秦と魏の「蛇甘平原の戦い」を描くもの。「関ケ原の戦い」「ワーテルローの戦い」さらには「五丈原の戦い」と対比しながら、その規模や迫力を楽しみたい。

　第1作には"山の民"の王たる美女・楊端和が登場したが、第2作では"悲しみの暗殺一族・蚩尤"の美女・羌瘣が登場し、あっと驚く"殺しのテクニック"を披露するので、それにも注目！

　伍の一員としての奮闘で信は大出世を遂げたが、王騎将軍に追いつくのはまだまだ先。引き続いて、2023年公開予定の第3作に期待！

—— * —— * —— * —— * —— * —— * —— * —— * ——

■□■原作漫画もTVアニメも大人気！実写版2は必見！■□■

　累計発行部数9000万部超の大ヒットを誇る原泰久の原作『キングダム』を、2019年に実写映画化した『キングダム』（19年）は、興行収入57億円の大ヒットを記録した。私は、その「みどころ」として、「漫画とバカにしてはダメ。現在まで刊行された原泰久の『キングダム』53巻は、中国の春秋戦国時代を舞台に、大将軍になるという夢を抱く戦災孤児の少年・信と、中華統一を目指す若き王・嬴政を壮大なスケールで描くもの。すると、それを実写映画化すれば、『始皇帝暗殺』（98年）、『HIRO（英雄）』（02年）や、かつて勝新太郎が主演した70ミリの超大作『秦・始皇帝』（62年）にも並ぶエンタメ超大作に！」と書いた（『シネマ43』274頁）。

実写版第1作たる同作は、単行本が５３巻刊行された時点で、１から５巻を実写化したものだったから、まだまだ序の口。そのため、「みどころ」の最後には、「嬴政と"山の民"との同盟はいかにも漫画チックだが、全編を通してキーマンになるのは、いかにも一匹狼的で謎めいた王騎将軍。本作で兄弟ゲンカのケリはついたが、『この国のかたちは？』と問う王騎に対する嬴政の答えは・・・？ 以降のシリーズでは、「始皇帝暗殺」に至るまでの、秦王・嬴政の前向きの国づくりの実態をしっかり見せてもらいたいものだ。」と書いた。

他方、大人気の原作漫画は、２０１２年６月からすでに第１、第２、第３シリーズがTVアニメとして NHK の各チャンネルで放映されている。そして、２０２２年４月からは、その第４シリーズが NHK 総合で放映されているため、私はそれを全て録画して鑑賞している。このように、原作漫画も TV アニメも大人気、しかも実写版１も大ヒットした本作の実写版２は、こりゃ必見！

■□■五丈原の戦いは有名だが、蛇甘平原の戦いは？■□■

現在鑑賞中の中国時代劇 TV ドラマ『三国志～司馬懿 軍師連盟～』の後半は、蜀の軍師・諸葛公明と魏の軍師・司馬懿の"知恵比べ"が面白い。その最大のハイライトは五丈原の戦い。そこでは、「死せる孔明、生ける仲達を走らす」の"成語"が有名だ。

しかし、『キングダム』の実写版２が描くのは、若き王・嬴政（吉沢亮）が誕生した秦の国に、隣国の魏が侵攻してきたことによって生まれる蛇甘平原の戦いがメイン。この戦いにおける魏の総大将は、かつての秦の六代将軍に並ぶと噂される、軍略に優れた天才・呉慶将軍（小澤征悦）。それに対する秦の総大将は、戦いと酒に明け暮れる猪突猛進の豪将・麃公将軍（豊川悦司）だ。『キングダム』全編で"注目のキャラ"として登場するのが、大沢たかお扮する王騎将軍だが、実写版２では、蛇甘平原の戦いにおける麃公将軍と呉慶将軍がキーマンになるので、それに注目！日露戦争では「奉天会戦」が、ナポレオン戦争では、「ワーテルローの戦い」や「ライプツィヒの戦い」が大会戦として有名。「関ケ原の戦い」も、天下分け目の大会戦だった。しかして、中国の紀元前２世紀における大会戦、「蛇甘平原の戦い」は如何なる展開に？

ちなみに、本作のサブタイトルになっている「遥かなる大地へ」は、トム・クルーズとニコール・キッドマンが共演したハリウッド映画『遥かなる大地へ』（９２年）と全く同じ。同作は、かつてアメリカにあった、いくつかの区域に分けられた土地に誰よりも早く着いた者が旗を立てて自分の土地にできるという、"ランドレース"と呼ばれる制度を夢見て、アイルランドからアメリカに移ったトム・クルーズが扮する小作人が奮闘するというストーリーだったから、『遥かなる大地へ』というタイトルがいかにもピッタリだった。中国大陸もアメリカ大陸と同じように広大だが、六国が争う戦国時代における魏 VS 秦の「蛇甘平原の戦い」をテーマにした本作で、「遥かなる大地へ」というサブタイトルはあまりピッタリこないのでは・・・？

■□■伍の仲間は？信の活躍は？総大将の戦略と指揮は？■□■

伍長や軍曹という兵隊の階級は今でも生きているが、秦軍の歩兵は伍（5人組）を最小の単位とし、その集合体として構成されていることを本作ではじめて知ることができた。5人組を組むのなら、強い奴と組んだ方が得。誰でもそう思うから、強そうな奴から順番に"売れていった"のは当然。その結果、同郷の尾平（岡山天音）、尾到（三浦貴大）と再会した信（山﨑賢人）が彼らと組んだのは当然だが、あとの2人は、"残り者"の頼りない伍長・澤圭（濱津隆之）と、子供のような風貌に哀しい目をした羌瘣（清野菜名）と名乗

る人物になったからアレレ、こんな最弱の（？）5人組でホントに大丈夫？

他方、平地の大会戦では、小高い丘をどちらが占拠するかが大きなポイントになる。関ヶ原の戦いでは、松尾山に布陣した西軍の小早川秀秋が裏切ったことによって大勢が決したが、本作でもそれと同じような丘の争奪をめぐる攻防戦が展開されていくので、それに注目！面白いのは、秦の麃公将軍が歩兵だけを前線に出して、騎兵を全く動かさないこと。そのため、騎兵を

指揮する縛虎申（渋川清彦）はイライラ状態だが、それは一体なぜ？他方、私が納得できないのは、『三国志〜司馬懿 軍師連盟〜』に見る戦いでは大量の弓矢が行き交う風景が常だったにもかかわらず、本作では両軍の激突前の弓矢合戦がないこと。これは明らかにおかしいのでは？蛇甘平原の戦いをメインに描く本作では、5人組の一員としての信の奮闘と双方の総大将の戦略・指揮に注目！

■□■第1作は楊端和と河了貂、第2作は羌瘣に注目！■□■

第1作には山界の王、楊端和（長澤まさみ）率いる山の民が登場し、秦の嬴政は彼らと同盟を結んだが、これはいかにも漫画的なキャラだった。もっとも、山の民がこれほど異様に映るのは仮面のためで、仮面をとって1人ずつの素顔を見れば、楊端和は本当は美しい山界の王だった。また、第1作の導入部では、信の逃亡を手助けする自称、戦闘服を着ている河了貂（橋本環奈）が登場したが、実はこれも戦闘服を脱ぐとかなりの美女だった。

それに対して、第2作で注目すべきキャラとして登場するのが、無口で陰気、そして何を考えているのかサッパリわからない雰囲気でいっぱいの羌瘣。5人組はお互いに助け合うのが当然だが、羌瘣はシャーシャーと、「自分のためには戦うが、他人を助けるのはまっぴら」と言っていたから、当初はみんなから嫌われたのは当然だ。しかし、蛇甘平原の戦いの中で孤立してしまった秦の歩兵軍団の中、羌瘣は自分のためにはもとより、5人組のために信と共に大奮闘するので、その戦う姿に注目！その途中で羌瘣が実は女だとわかってしまうが、彼女はどこでそんな"殺しのテクニック"を身につけたの？彼女は"悲しみ

の暗殺一族・蚩尤"の1人で、姉同様だった羌象（山本千尋）の仇を打つため、魏との戦いに参加していることが、あるシークエンスでしんみりと明かされるので、それに注目！

■□■騎兵の特徴は？突撃命令に注目！その迫力は？■□■

騎兵の最大の特徴は、スピードを生かした突破力にある。日本陸軍の騎兵を育成したのが、『坂の上の雲』の主人公の1人である秋山兄弟の兄・秋山好古。彼はフランスに留学する中で騎兵のそんな特徴をしっかり学んだが、いかんせん日本の騎兵は、馬も少なければ兵の数も少ないから、一旦そんな突撃命令を下して多くの人馬を失えば、それで一巻の終わりになってしまう。そのため、日露戦争における実戦では、騎兵は馬から降り、守りに徹していたそうだ。

それに対して、本作では、信たちの奮闘で秦の歩兵軍団が想像以上の踏ん張りを見せる中、騎兵を率いる麃公将軍は、魏の総大将・呉慶将軍の本陣を目指して、一見無謀とも言える突撃命令を下すので、それに注目！敵の馬を奪い取った信は麃公将軍の隣につけて突撃命令に従ったが、本作ではその迫力ある突撃ぶりをしっかり堪能したい。

■□■様子見の王騎将軍は解説者に！総大将の一騎打ちは？■□■

本作を描く「蛇甘平原の戦い」で第1に納得できないのは、前述のとおり、両軍激突前の弓矢合戦がないこと。第2に納得できないのは、「蛇甘平原」であるにもかかわらず、両軍が攻防の要とする小高い丘が存在しているうえ、騎兵の猛攻にさらされた秦の歩兵軍団が全滅必至と見られる中、信たち一部の敗残兵たちが山の中に（？）逃げ込み、九死に一生を得ることだ。まあ、漫画が原作だし、エンターテイメント超大作だから、そんな粗探し（？）のようなことを言わなくてもいいのだが、これはどう考えても不自然では・・・。他方、本作の脚本作りには原作者の原泰久氏が参加したため、戦いの真っ最中であるにもかかわらず、原作にはない、信と羌瘣とのしんみりとした語りのシークエンスが登場する。これは映画としては面白いし、本作では信の次に羌瘣を主人公として扱っていることを示すものだ。したがって、本作では秦の六大将軍の1人で、信が憧れる王騎将軍の出番はなし！そう思っていると、歩兵軍団の頑張りを見た秦の総大将・麃公将軍が馬にまたがって突進していく局面になると、突如、王騎将軍が戦場に現れ、丘の上に陣取ったうえで蛇甘平原の戦いの"解説"がなされるので、それに注目！大相撲では、元横綱の北の富士親方の名解説（？）が有名だが、王騎将軍による側に位置する信に対する、蛇甘平原の戦いの解説は如何に？王騎将軍は蛇甘平原の戦いには一切参加せず、様子見を決め込んでいたが、なるほど、さすが天下の六大将軍の1人だけあって、その解説は適切だ。大方の予想に反して麃公将軍は遂に呉慶将軍の本陣まで到達。そこで麃公将軍は呉慶将軍に対して、一騎打ちを呼びかけ、呉慶将軍はそれに応じたが、さてその結末は？その実況中継と解説はあなた自身の目でしっかりと。

■□■撮影はどこで？合戦の規模は？迫力は？第3作はいつ？■□■

「蛇甘平原の戦い」の規模が関ヶ原の戦いやワーテルローの戦い、さらに後の五丈原の

戦いと比べてどうなのかは知らないが、その戦いをメインに据えた実写版2たる本作は、戦いの規模も迫力も素晴らしい。現在の映画界ではCG撮影で何でもできてしまうが、本作の撮影がそうでないことは肉弾戦の迫力を見ればよくわかる。しかして、その撮影はどこで？それについてはパンフレットをじっくり読み込みたい。

　関ヶ原の戦いは小早川秀秋の裏切りによって、石田三成の盟友・大谷刑部が討ち取られたところから急転換したが、蛇甘平原の戦いでは、麃公将軍と呉慶将軍の総大将同士の一騎打ちの勝敗が戦い全体の勝敗を決することになったのは当然。その点では、王騎将軍の解説どおり、呉慶将軍が麃公将軍の挑発に乗ったことが大きな誤りだが、その一部始終を丘の上から王騎将軍の解説付きで眺めていた信の成長も大きいはずだ。

　他方、麃公将軍が呉慶将軍と一騎打ちできるまでに戦況を支えたのは、何よりも信たち歩兵軍団の頑張りにあったことは明らかだから、戦い終了後の論功行賞で信はいかなる賞を？信の夢は王騎将軍のような大将軍になることだから、その夢の実現はまだまだ先だが、伍の一員に過ぎなかった信はどこまで出世するの？木下藤吉郎は、主君・織田信長にその手腕が認められ、足軽大将になったところから出世ゲームが始まったが、さて信は？

　第1作から第2作までは3年間を要したが、本作終了後の予告では、第3作は２０２３年に公開されるらしい。２０２２年6月現在、既刊６５巻になっている原作のすべてを映画化するのに何年、何作を要するのかは知らないが、第2作で蛇甘平原の戦いを描いた以上、五丈原の戦いまでは続けてもらいたいものだ。第3作にも期待！

■□■大阪梅田では原画展を開催！こりゃ必見！■□■

　来たる２０２２年１０月からは、大阪梅田で『キングダム』の原画展が開催される。『キングダム』の舞台は、春秋戦国時代の中国。戦国七雄と呼ばれた七つの国（秦、趙、燕、韓、斉、楚、魏）が覇権を争う中、秦が他の六国を滅ぼし、中華統一を目指す様子が描かれている。そこでは、一方では架空の人物として原作者が設定した、下僕の身から大将軍になることを目指す信と、他方では現実に後の秦の始皇帝になる政の2人が物語の軸だ。

　また、ストーリー全体は前漢時代の歴史書「史記」を踏まえた歴史漫画になっている。そこには、信や政のほか、商人から臣下としての最高職にまで上り詰め、秦王の座も脅かす呂不韋、秦の将軍の桓騎や王翦、秦と戦う趙の李牧ら、実在の人物も多く登場する。北方謙三らの「三国志」"本流"とは異質かつユニークな「キングダム」だが、その物語はメチャ面白い。そんな『キングダム』は連載開始から１６年だが、原作者の原康久氏は漫画を紙に描いているらしい。そんな彼は「今はおそらく9割以上の漫画家さんがデジタル。もはや珍しくなってしまった生の原画を、一人でも多くの人に見てもらいたいですね。」と語っている。会場が大阪・梅田のグランフロント大阪北館ナレッジキャピタルというのもすごいが、２５００円という高すぎる料金はいかがなもの・・・？

２０２２（令和4）年7月２５日記

Data 2022-62

監督：白石和彌
原作：櫛木理宇『死刑にいたる病』
　　　（ハヤカワ文庫刊）
出演：阿部サダヲ／岡田健史／岩田
　　　剛典／中山美穂／宮崎優／
　　　鈴木卓爾／佐藤玲／赤ペン
　　　瀧川／大下ヒロト／吉澤健
　　　／音尾琢真／岩井志麻子／
　　　コージ・トクダ／神岡実希

★★★★

死刑にいたる病

2022年／日本映画
配給：クロックワークス／129分

2022（令和4）年5月21日鑑賞　　TOHO シネマズ西宮 OS

みどころ

　出版不況の中でも、サスペンスホラーは根強い人気がある。私は櫛木理宇の人気小説『死刑にいたる病』を知らなかったが、白石和彌監督がそれを映画化した本作は興味深い。

　『羊たちの沈黙』（91年）では、精神科医のレクター博士とFBI訓練性の"知恵比べ"が見モノだったが、本作では町のパン屋さん然とした怪優・阿部サダヲのサイコぶりが見モノだ。9件のうち1件だけはホントに冤罪？彼が幼い兄弟に指導した"痛い遊び"とは一体ナニ？

　50年近い弁護士歴を持つ私には違和感も目立つが、"死刑にいたる病"というテーマを突き詰めた意欲には拍手！もっとも、鑑賞後のモヤモヤ感もいっぱいだが・・・。

――＊――＊――＊――＊――＊――＊――＊――＊――＊――

■□■原作は？原作者は？監督は？主演は？■□■

　私は、デビュー作『ホーンテッド・キャンパス』で日本ホラー小説大賞読者賞を受賞したという櫛木理宇も、その最高傑作と謳われる『死刑にいたる病』（初版では『チェインドッグ』のタイトルで発売）も知らなかったが、白石和彌監督は近時、『凶悪』（13年）（『シネマ31』195頁）、『彼女がその名を知らない鳥たち』（17年）（『シネマ41』57頁）、『孤狼の血』（18年）（『シネマ42』33頁）等で大活躍しているから注目している監督。また、チラシを見ると、日本犯罪史上最悪の犯罪者たる、連続殺人鬼・榛村大和を演じるのが、日本には珍しい異形の俳優、阿部サダヲだから、これは必見！

■□■弁護士の目には違和感も！■□■

　弁護士50年近くになる私は、若い頃には殺人事件も数件担当した。しかし、もし私が榛村から「私選で弁護人になってほしい」と頼まれても、きっと断るはずだ。本作には死

刑判決を受けた榛村の弁護人が登場し、学生の身分であるにもかかわらず、素人探偵のようなことをやり始めた筧井雅也（岡田健史）に事件記録を見せる、というストーリーが登場する。しかし、これは全くナンセンス。こんなことをすれば弁護士自身が語っていたように、間違いなく懲戒処分になるはずだ。本作の弁護士業界のリサーチは一体どうなっているの？本作は弁護士の目には違和感がいっぱい！

　榛村と筧井の関係は、筧井が中学時代に通っていた近所のパン屋の主人だっただけのものにも関わらず、榛村が筧井に依頼したのは、「死刑判決を受けた9件のうち1件だけは冤罪だ。真犯人は別にいる。それを調べてくれ。」という途方もないもの。したがって、何らかの事情で筧井がそれを引き受けたとしても、学生の身分に過ぎない筧井は一体どうやってそんな難しい依頼にチャレンジしていくの？ホンモノの探偵ならいざ知らず、本作はその点もかなりハチャメチャ！？

■□■怪優・阿部サダヲは大好きだが・・・■□■

　私は、阿部サダヲの個性派俳優としての能力と魅力を認めている。しかし、本作冒頭から描かれる、阿部サダヲ演じる榛村大和という連続殺人鬼の人物像は長年弁護士をやってきた私にも全然理解できない。冒頭に見る"爪はがしの拷問"（の快感）に酔いしれている榛村の姿は、それだけで恐ろしい。本作では冒頭、24件に上るという榛村の連続殺人事件の概要が示されるが、なぜ今の日本でこんなことが可能なの？いくら榛村が、町のパン屋の主人として町に溶け込み、近所の人たちに溶け込んでいるとしても、こんな事態はありえない！

　どうしても、そう思ってしまうから、本作のストーリーはハナから同調していくことができない。被害者の親族からの失踪届は？警察の捜査は？そして、24件もの被害者の死体は？焼いたの？それとも埋めたの？そこあたりの説明がとにかく不十分で全く納得できない。榛村と筧井の人物像に焦点を当てたいのは理解できるが、これではあまりにあまり・・・。

■□■殺人のターゲットは？『羊たちの沈黙』と対比すれば？■□■

　榛村の殺人の手口は、狙いを定めた16～17歳の少年少女と長い時間をかけて信頼関係を築き、燻製小屋に連れ込んで拷問を加えた後に殺害するというもの。それにもかかわらず、9件目の被害者・根津かおる（佐藤玲）だけは24歳の成人女性であり、さらに山中で首を絞めて殺すという、他の事件とは違う突発的な形で殺していた。それが本作のストーリー構成のキモになる。

　ちなみに、『羊たちの沈黙』（91年）では、アンソニー・ホプキンス扮する精神科医のレクター博士が、ジョディ・フォスター扮するFBI訓練生、クラリス・スターリングにさまざまな質問を投げかけ、さまざまな問題提供をしていたが、さて本作で榛村は筧井に対していかなる問題提起を？

■□■本作に見る"出自の秘密"は？笕井の父親はまさか？■□■

　私が邦画のベスト1に挙げる、松本清張の原作を野村芳太郎監督が映画化した『砂の器』（74年）では、今は人気ピアニストに成長した主人公の"出自の秘密"がポイントになっていた。そのため、ある殺人事件から始まる同作は、ピアノ協奏曲の演奏会と、2人の刑事の執念の捜査をクロスさせながら、驚愕の結末に向かっていった。それと同じように（？）、本作に母親役として登場する中山美穂扮する笕井衿子は、笕井雅也に対して優しいものの、父親の笕井和夫（鈴木卓爾）はえらく冷たいのが気になる。こりゃひょっとして、笕井雅也にも、あっと驚く"出自の秘密"が？

　他方、頭がいいのに希望する大学に入れず、三流大学に入学してしまった笕井は、その大学で中学時代の同級生だった女の子、加納灯里（宮崎優）と再会し、彼女の意外な面に気付いていくが、その展開は？さらに、本作のストーリー構成上、最大のポイントになるのが、髪の長い男、金山一輝（岩田剛典）の存在だが、さてこの男はいかなる役割を？

■□■このサイコぶりに注目！"痛い遊び"から真相解明に！■□■

　すべての犯罪にはそれぞれの動機がある。したがって、犯罪映画やスリラーものでは、その動機の解明がポイントになるが、本作のようなサイコサスペンス映画ではなおさらそうだ。その点で、本作のキーマンになるのが、「髪の長い男」役で登場する金山一輝。彼には弟がおり、子供の頃は兄弟そろって榛村から教えられた"痛い遊び"をして遊んでいたそうだが、さて"痛い遊び"とは一体ナニ？

　1950年代のフランス映画の名作の一つに、ギターの主題曲が大人気になった『禁じられた遊び』（52年）があるが、同作はタイトルとは裏腹の、美しくも悲しい映画だった。それに対して、本作後半に詳しく解説される、榛村が金山兄弟に教えていたという"痛い遊び"はなんとも陰惨なもの。その"痛い遊び"の解明を通じて、本作後半は榛村の深層心理を解明していくことになる。もっとも、私でもそれはそれでわかるのだが、そのことが榛村の9番目の犯罪、すなわち、24歳の根津かおる殺しにどうつながるのかについては、私には？？？それを理解するためには、原作との相違点を含めて白石和彌監督の意図をしっかり勉強しなければならない。本作についてはネタバレ、情報的な評論がたくさんあるので、興味ある人はそれをしっかり勉強してもらいたい。

2022（令和4）年5月27日記

Data 2022-48

監督：瀬々敬久
原作：重松清『とんび』
出演：阿部寛／北村匠海／薬師丸ひ
ろ子／杏／安田顕／大島優
子／麻生久美子／麿赤兒／
濱田岳／宇梶剛士／尾美と
しのり／田中哲司／豊原功
補／嶋田久作／村上淳／吉
岡睦雄／宇野祥平／木竜麻
生／井之脇海／田辺桃子

とんび

★★★★

2022 年／日本映画
配給：KADOKAWA／139 分

2022（令和 4）年 4 月 23 日鑑賞 ｜ TOHO シネマズ西宮 OS

👁👁 みどころ

とんびが鷹を生んだ。そう言われたら喜ぶべき？それとも？なぜこの男の子には母親がいないの？

『無法松の一生』は、無法松こと人力車夫・富島松五郎と美しい未亡人との切ない恋、そして敏雄クンとの"疑似父子"関係が涙を誘ったが、本作に見るホンモノの父子（とんびと鷹）関係は？

重松清の小説を、瀬々敬久監督が、昭和後半の雰囲気をたっぷり盛り込みながら映画化。昭和３７年に生まれた鷹は故郷の備後市で如何に育ち、昭和５４年の早稲田大学への上京に至るの？父の子離れと子の父離れはどちらが先？就職は？結婚は？昭和の後半は面白かったが、平成の３０年間は？

こんな"家族の物語"も悪くはないが、私には少し違和感も・・・。

—＊—＊—＊—＊—＊—＊—＊—＊—＊—＊—＊—

■□■昭和３７年にとんびが鷹を！それは昭和のど真ん中！■□■

明治時代は４５年間（１８６８年～１９１２年）と長かったが、昭和の御代はもっと長く、６４年間（１９２６年～１９８９年）も続いた。昭和２４年（１９４９年）生まれの私が小学校を卒業し、中学校に入ったのは昭和３７年（１９６２年）だが、本作で旭（アキラ）が生まれたのも昭和３７年だ。

「とんびが鷹を生んだ」とは昔からよく言われる言葉だが、瀬戸内海に面した岡山県の備後市で運送業を営んでいる本作の主人公・市川安男（ヤス）（阿部寛）の"暴走ぶり"を見ていると、まさにその通り。しかし、そんな"暴れん坊"にこそ、過ぎた女房・美佐子（麻生久美子）が寄り添うものだ。

高度経済成長が続く昭和３０年代、アキラの誕生によって、父親の自覚を少しずつ持ち始めたヤスは、幸せな家庭を作り上げていたが、ある日、"ある事故"で美佐子が突然命を

失ってしまったから、ヤスとアキラは突然父子家庭に。さあ、2人は昭和の後半をどう生きていくの？

■□■昭和の後半は面白いことだらけ！しかし、アキラは？■□■

　私の中学高校時代は昭和37年4月から昭和42年3月。大学時代は昭和42年4月から昭和46年3月。司法修習生時代は昭和47年4月から昭和49年3月。弁護士登録は昭和49年4月、独立は昭和54年7月、事務所の移転は昭和59年7月だ。昭和天皇危篤のニュースは1989年12月の会食中に聞いた。1989年は、6月4日に天安門事件、11月9日にベルリンの壁崩壊という世界的な大事件が起きたが、日本ではバブルが崩壊し、平成の"失われた30年"が始まった。昭和は20年までは日中戦争や太平洋戦争で大変だったし、敗戦後の戦後復興も大変だったが、昭和37年からの昭和の後半は、昭和24年生まれの私にとっては面白いことだらけだった。しかし、昭和37年生まれのアキラは？

　私は小学時代から多くの友人に恵まれたが、アキラには友人はほとんどいなかったらしい。しかし、ヤスの幼馴染の子供のいなかった照雲（安田顕）・幸恵（大島優子）夫婦や住職の海雲（麿赤兒）、さらに小料理屋の女将・たえ子（薬師丸ひろ子）らに囲まれて育てられたから、それなりに恵まれていたはずだ。ところが、備後市で中学・高校時代の反抗期を過ごしたアキラは、母親が死亡した事故の真相を父親が話してくれないのが不満だったらしい。しかし、なぜヤスはあの事故の真相を語らないの？

■□■父子の葛藤と対立の原因は？■□■

　本作は重松清の人気小説『とんび』を瀬々敬久監督が映画化したものだから、話題性は十分。新聞紙上でも、「この春一番の感動をお届けします！」「感動！涙がとまりませんでした！」と報じられている。しかし、『キネマ旬報』4月下旬号の「REVIEW　日本映画＆外国映画」では、3人の評論家がそろって星2つ、2つ、3つと評価が低い。それは、なぜ？

　私が思うに、本作は阿部寛の絶叫型の演技が目立つのが少し難点だが、それ以上にストーリー構成上の欠陥がある。それは、なぜ、美佐子が死亡した事故の真相をヤスがアキラに秘密にしなければならないのか？ということ。父子の葛藤と対立の原因がそこにあるのなら、なおさら、それはヤスがアキラに説明すればいいだけのことでは？また、ヤスが説明しなくても、それくらいのことはアキラが本気になって少し調べればすぐにわかることでは？

　弁護士の私はそう考えてしまうので、母親の死亡を巡って父子の葛藤と対立が生まれていく本作のストーリー構成にイマイチ納得できない。その点、皆さんの理解と解釈は？

■□■親離れ、子離れは？大学進学、就職は？■□■

　私は高校時代まで松山市の親元で育てられたが、大学進学と同時に親離れ、子離れを果

たした。実家にお金がないのは我が家も市川家も同じ。そのために私の大学入学について
は、①私立大学はダメ、国立大学のみ、②浪人はダメ、③4年間での卒業、④1カ月、1.
5万円の送金は順守、という条件だったが、さて、昭和54年に早稲田大学に入ろうとし
たアキラの入学は？そこにおける親離れ、子離れの姿に注目だが、何もここまで父子関係
を突き詰める必要はないのでは？

　続いては、昭和64年にヤスが突然、東京の出版社に就職しているアキラを訪問する時
の物語になるが、なぜヤスはそんな行動に？さらに、そこから登場してくるのが、ヤスを
会社に案内してくれた同僚の女子社員・由美（杏）。そこから展開していく、結婚に向け
ての物語は如何に？

■□■ 『無法松の一生』の昭和版！？そのレベルは？■□■

　岩下俊作原作の小説『無法松の一生』は何度も映画化され、名作として評価されている。
また、村田英雄が歌った『無法松の一生＜度胸千両入り＞』では、"無法松"こと人力車夫・
富島松五郎の暴れん坊ぶりと純情ぶりが、くっきりと浮かび上がっていた。小学生の頃に
同作を観た私は、「一の谷の軍（いくさ）破れ　討たれし平家の公達（きんだち）あわれ」
と歌われた『青葉の笛』の切ない歌詞とメロディをハッキリと覚えている。

　同作は、陸軍大尉・吉岡の良き友になった無法松と吉岡の残した妻・良子との切ない恋
物語でもあるし、無法松と吉岡の一人息子・敏雄との"疑似の父子物語"でもあるから、
ホンモノのとんび（父）と鷹（子）の物語たる本作とは全く異質。また、時代背景も明治

と昭和だから全然違っている。しかし、暴れん坊の無法松と暴れん坊のヤスは雰囲気が実によく似ている。

　とりわけ、本作ラストを飾る夏祭りのシークエンスを観ていると、単に神輿を担ぐだけで、小倉の暴れ太鼓を打つようなシーンは登場しないが、雰囲気は全く同じ。したがって、

本作は『無法松の一生』の昭和版だが、そのレベルは？

■□■子連れの年上女性との結婚は？これでホントに幸せに？■□■

本作は１３９分の長尺になっているが、それは瀬々監督が父子の物語を次々と膨らませていったためだ。昭和は６４年間も続いたが、昭和が終わり平成に入る頃、アキラは子連れの年上の女性・由美と本当に結婚するの？本作ラストにはそんな物語が登場してくるので、それに注目！

アキラが故郷に戻り、ヤスに結婚の許しをもらおうとするストーリーは、今時少し違和感がある。また、ヤスがそれに反対することを見通した小料理屋の女将・たえ子が、照雲や幸恵たちをうまく活用したお芝居は、ネタバレの田舎芝居と言わざるをえないから、あまり好きにはなれない。それでも、そんなドタバタ劇の結果２人はヤスたちの祝福を受けて結婚できたから、めでたし、めでたし。

しかし、その時既に、由美のお腹の中にはアキラとの子供がいたようだから、その後の結婚生活は大変だったのでは？私の大学時代の友人の中には、学生時代に"できちゃった婚"をした奴もいるし、子連れで年上の女性と結婚した奴もいたが、彼らのその後の人生は？そう考えると、アキラが先夫の子供と新たに由美との間に生まれた子供の２人をうまく育てていけたのかどうかはかなり疑問がある。

しかして、令和を迎えた本作のラストは如何に？瀬々監督がそれをまるでNHKの大河ドラマのような収め方をしていることにビックリだが、さて？

■□■この曲にも注目！これぞ昭和！マイトガイはなお健在！■□■

昭和を代表する大スターは石原裕次郎と美空ひばりだが、２人とも昭和の終焉と共に５２歳の若さで旅立ってしまった。三船敏郎や勝新太郎などもみな同じだ。他方、令和に入った今も頑張っているのが、"若大将"こと加山雄三と"マイトガイ"こと小林旭の２人。８０歳を超えてなお舞台に立ち、歌っているのだから立派なものだ。

バブル時代に私もよく歌っていた小林旭の代表曲『熱き心に』は名曲だった。彼の若かりし頃の一方の代表曲が『北帰行』（６１年）なら、もう一方の代表曲が『自動車ショー歌』（６４年）や本作でヤスが愛唱歌（？）として歌っている、『ダイナマイトが百五十屯』（５８年）。小林旭のデビュー曲として大ヒットしたこの歌を元に映画『二連銃の鉄』（５９年）が作られたのだから、何ともいやはや、これぞ昭和！そして、これぞ"暴れん坊"のヤスにピッタリの曲だ。

平成の時代、令和の時代では、誰もさっぱりわからない曲だと思うのだが、令和に入った本作ラストでは、ヤス亡き後、子供たちを車に乗せたアキラが父親と同じこの歌を歌っているので、それにも注目！

２０２２（令和４）年４月２７日記

Data 2022−66

監督・脚本：李相日
原作：『流浪の月』凪良ゆう
出演：広瀬すず／松坂桃李／横浜流
　　　星／多部未華子／趣里／三
　　　浦貴大／白鳥玉季／増田光
　　　桜／内田也哉子／柄本明

★★★

流浪の月

2022 年／日本映画
配給：ギャガ／150 分

2022（令和4）年5月28日鑑賞　TOHO シネマズ西宮 OS

👀 みどころ

　人気小説を人気監督が、広瀬すず×松坂桃李のダブル主演で映画化。そのテーマは、「＜女児誘拐事件＞─ふたりしか知らない、あの夏の＜真実＞。」だから、こりゃ必見！

　そう思ったが、弁護士歴５０年近くの私の目には、何じゃこれは！映像も音楽も美しいが、肝心のストーリーがこれでは・・・？そもそも、なぜこれが誘拐、監禁に？

　それから１５年。『オールド・ボーイ』（０３年）のそこから始まる復讐物語はメチャ面白かったが、本作に見る "被害女児" と "誘拐犯" の再会から始まる物語は？？？邦画の劣化ぶりを改めて再確認。

───＊───＊───＊───＊───＊───＊───＊───＊───＊───

■□■本作に見る松坂桃李の "静の演技" に注目！■□■

　李相日監督作品は、『悪人』（１０年）（『シネマ２５』２１０頁）も『怒り』（１６年）（『シネマ３８』６２頁）も面白かった。また、本作は、広瀬すず×松坂桃李の２人が主演。私は、原作者の凪良ゆうは知らなかったが、「本屋大賞受賞の原作」と聞けば、こりゃ必見！

　他方、本作のチラシには、「女児誘拐事件。─ふたりしか知らない、あの夏の＜真実＞。広瀬すず、松坂桃李で贈る、"許されないふたり" の宿命は、愛よりも切ない。」とある。そして、本作は、「帰れない事情を抱えた少女・更紗と、彼女を家に招き入れた孤独な大学生・文。」の物語らしいから、松坂桃李は大学生役？『孤狼の血 LEVEL２』（２１年）（『シネマ４９』１５４頁）の何とも男臭い役で "動の演技" を見せた松坂桃李だったが、本作ではそれとは正反対の "静の演技" を・・・？

■□■１９歳の大学生と１０歳の少女の同棲（？）は誘拐？■□■

　李相日監督は、『アフター・ウェディング』（０６年）（『シネマ１６』６３頁）等で観た

デンマークのスサンネ・ビア監督と同じように、クローズアップを多用する傾向が強い。冒頭、１９歳の大学生・文（松坂桃李）と１０歳の少女・更紗（白鳥玉季）がそれぞれクローズアップで映される。そして、舞台となる公園を映し、樹々を映し大空を映し出す中、急に雨が降り始めたところで、やっと２人の出会いが描かれる。

　それはそれで美しい情景だし、ストーリーの枠組みとしてもよくわかるが、そもそもわからないのは、なぜこれが女児誘拐事件になるの？ということ。監禁モノの "名作" としては、『完全なる飼育　秘密の地下室』（０３年）（『シネマ３』３６２頁）、『完全なる飼育〜女理髪師の恋〜』（０３年）（『シネマ９』３４８頁）等があるが、本作における文による更紗の監禁を見ていると、それらとは全く異質で、犯罪性は全く感じられない。５０年近くの弁護士経歴を持つ私が文の刑事弁護人に就任すれば、間違いなく無罪獲得事件だ。そんな思いがあるため、本作のストーリー展開には最初から違和感が！

■□■それから１５年！被害者の今は？誘拐犯の今は？■□■

　それから１５年後。パク・チャヌク監督、チェ・ミンシク主演の『オールド・ボーイ』（０３年）（『シネマ６』５２頁）では、１５年後にいきなり釈放されるところから "復讐物語" がスタートしたが、本作の「それから１５年後」の更紗は、レストランでバイトをしながら恋人の中瀬亮（横浜流星）と幸せそうに暮

©2022「流浪の月」製作委員会

らしていた。李相日監督が描いて見せる２人の性生活は順調みたいだし、何よりも亮は優しそうだから、近い将来、このまま２人は結婚し、幸せに・・・？

　他方、ある日、同僚に誘われるまま「カフェcalico」に行ってみると、何とそこでは、あの文が店主として黙々と仕事に励んでいたから、更紗はビックリ！

　あれから１５年。女児誘拐事件の被害者としてマスコミの目にさらされ続けた更紗は、今やっとまともな生活をしていたが、誘拐犯としてマスコミの目にさらされた文の、それから１５年は？そして今は？

■□■ロリコンの何が悪い！なぜそれが言えない？■□■

　『孤狼の血　LEVEL２』では、広島県警の "悪徳刑事" としてのし上がり、鈴木亮平演じる凶悪ヤクザと、"香港ノワール"、"韓国ノワール" と同じように（？）、とことんやり合った松坂桃李が、本作では全編を通じてほとんどセリフのない、暗い性格（？）の若者・文役を演じている。こんな男が「ロリコン！」と呼ばれるのは、今の日本社会では止むを

得ないが、「同性愛（同性婚）の何が悪い！」と堂々と言える今、「ロリコンの何が悪い！」となぜ堂々と言えないの？ロリコンと女児誘拐とは明らかに違うはずだ。

　ところが、本作は、「ロリコンの何が悪い！」と言うことができず、一方的に世間の非難が集中するのは当然という前提で作られている。それって、おかしいのでは・・・？

■□■更なる誘拐事件も？この男の出自の秘密とは？■□■

『流浪の月』ＤＶＤスタンダート・エディション
2022年11月16日発売
価格：4,180円（税込）　　発売・販売元：ギャガ
©2022「流浪の月」製作委員会

　１５年前に１９歳の文と１０歳の更紗が２カ月間、文の部屋で過ごしたのが、刑法上の監禁罪になるのか否かに疑問があるのは、前述のとおりだ。さらに、本作では、再会した文と更紗が話をしたり、亮と争い居場所のなくなった更紗が文の隣の部屋に引っ越してきたことに、世間（マスコミ）の非難が集中するが、それもおかしいのでは？そのうえ、更紗の頼みによって、更紗の同僚のシングルマザー、安西佳菜子（趣里）の子供を文が預かり、面倒をみていると、何とこれも誘拐事件にされてしまうから、アレレ？こんな事態になるのは、文の弁解能力に問題があるのかもしれないが、とにかく私には？？？

　"今ドキの若者"の一種として、文のような男がいても不思議ではないが、なぜ彼はあのような性格になったの？彼のロリコン趣味は一体なぜ？今ドキの若者の"生殖能力"の劣化を嘆く人もいるほどだが、ひょっとして文はあの年にして女性との肉体経験もなし？

　そんなこんなの疑問はラストに向けて少しずつ明らかにされる、彼の"出自の秘密"を見れば納得だから、それをじっくりと。もっとも、私は何度も途中で出ようと思ったほど、邦画の劣化ぶりを実感させられ続けたが・・・。

２０２２（令和4）年6月3日記

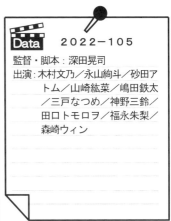

Data 2022-105

監督・脚本：深田晃司
出演：木村文乃／永山絢斗／砂田アトム／山崎紘菜／嶋田鉄太／三戸なつめ／神野三鈴／田口トモロヲ／福永朱梨／森崎ウィン

LOVE LIFE

★★★★★

2022年／日本映画
配給：エレファントハウス／123分

2022（令和4）年9月10日鑑賞　TOHO シネマズ西宮 OS

👀 みどころ

近時は濱口竜介監督の注目度が高いが、深田晃司監督を忘れてはダメ。『歓待』（10年）で注目してから10年以上経ったが、彼の成長度はすごい。

それにしても、『LOVE　LIFE』とは大層なタイトルだが、彼は矢野顕子の名曲を基に「どんなに離れていても、愛することはできる」のモチーフをスクリーン上に如何に表現、演出していくの？

私は、深田監督のチャン・イーモウ監督と同じような"女優発掘能力"に注目しているが、本作のそれは木村文乃。また、深田作品ではいつも"闖入者"に注目だが、本作のそれは韓国人のろう者で、元夫という設定だ。愛する息子の葬儀の席に、いきなりそんな"闖入者"が登場してくれば・・・。

面白いストーリー展開の中で、ラストに浮かび上がってくる、さまざまな"LOVE　LIFE"とは？それはあなた自身の目でしっかりと。

―― * ―― * ―― * ―― * ―― * ―― * ―― * ―― * ―― * ――

■□■日本のエースは濱口竜介監督の他、深田晃司監督も！■□■

私は、『シネマ46』第4章の目次を「中国映画がすごい！若手の注目監督が次々と！」としたうえ、①『凱里ブルース（路辺野餐／Kaili Blues）』（15年）と『ロングデイズ・ジャーニー　この夜の涯てへ（地球最后的夜晩／LONG DAY'S JOURNEY INTO NIGHT）』（18年）の毕赣（ビー・ガン）監督、②『象は静かに座っている（大象席地而坐／An Elephant Sitting Still）』（18年）の胡波（フー・ボー）監督、③『巡礼の約束（阿拉姜色／Ala Changso）』（18年）のソンタルジャ監督、④『ザ・レセプショニスト（THE RECEPTIONIST／接線員）』（17年）の盧謹明（ジェニー・ルー）監督、の4人を取り上げた。また、『シネマ48』の「第6章　韓国映画」では、≪若手女性監督の躍進に注目！≫として、『夏時間』（19年）のユン・ダンビ監督と『チャンシルさんには福が多いね』（1

９年）のキム・チョヒ監督を取り上げた。

　それらに対して、日本の若手監督の躍進は？近時の邦画はいわゆる“製作委員会方式”によるコトなかれ主義と、ネタ不足、脚本不足による“原作主義”が蔓延し、大ヒットアニメへの依存度が高まる中、ミニシアターの衰退が続いている。東京の岩波ホールの閉鎖に続き、大阪でも９月末にテアトル梅田が閉館することになった。すると、日本の映画界は絶望的？？？

　そんな心配もあるが、２０２１年の第７４回カンヌ国際映画祭で脚本賞の受賞で大躍進した『ドライブ・マイ・カー』（２１年）（『シネマ４９』１２頁）の濱口竜介監督の明るいニュースもある。また、私は見逃していたが、『PLAN７５』（２２年）の早川千絵監督も、第７５回カンヌ国際映画祭オフィシャルセレクション「ある視点」部門に正式出品され、初長編作品に与えられるカメラドールのスペシャルメンション（次点）に選出されたことによって近時俄然注目されている。そんな中、私の大好きな深田晃司監督の最新作たる本作が公開されたから、こりゃ必見！

■□■深田監督作品の特徴は？今回の女優は？■□■

　私が最初に深田監督に注目したのは、『歓待』（１０年）を観た時（『シネマ２７』１６０頁）。その「みどころ」で、私は、「単館に名作あり！監督も俳優も全く知らなかったが、日常的に張っている私のアンテナにひっかかった本作は最高！園子温監督の問題作『冷たい熱帯魚』（１０年）と対比しながら、「闖入者二態」をしっかり楽しみ（恐がり）たい。人脈があり、才能があり、アイデアさえあれば、こんな個性的かつ魅力的な映画製作が可能！主演の他、２６歳にしてプロデューサー役を務めた杉野希妃や８０年生まれの深田晃司監督、そして若手劇団員たちの芝居への熱意とエネルギーに注目し、それを応援したい。」と興奮しながら書いた。同作に続く『ほとりの朔子』（１３年）（『シネマ３２』１１５頁）では私の大好きな二階堂ふみを起用し、『淵に立つ』（１６年）（『シネマ３８』７９頁）と『よこがお』（１９年）（『シネマ４５』１８１頁）では、新たなミューズになった筒井真理子を続けて起用したが、深田監督については、どの映画で、どの女優を起用するかも大きな注目点だ。

　国際的に高い評価を得ている深田監督作品の特徴は、人間心理への深い洞察。そのため、自らが手掛ける脚本では、日常的な生活の中に意外な“闖入者”が登場したり、ややこしい人間関係が続いたり、起伏に富んだストーリー展開になることが多い。今時のくだらない純愛ものはミエミエの展開のものが多いが、彼の作品はそれとは真逆だから面白い。また美人女優が大好きな私は、前記の二階堂ふみ、筒井真理子に続いて本作ではどんな女優が起用されるのかが楽しみだったが、それが最近私が注目している女優・木村文乃だったから、私の期待は大！

■□■舞台は団地。闖入者は？どんなハプニングが？■□■

市役所の福祉課で働いている夫・大沢二郎（永山絢斗）とその隣にあるホームレス支援を行う NPO で働いている妻・大沢妙子（木村文乃）が住んでいるのは、まるで1つの小さな町のように、住宅の棟が連なる、とある集合住宅。団塊世代の私には、まさに昭和を連想させる懐かしい風景だ。オセロの得意な一人息子の敬太（嶋田鉄太）との3人の生活は幸せそうだが、アレレ、敬太は妙子の"連れ子"らしい。そのため、向かい側の棟に住んでいる二郎の両親、大沢誠（田口トモロヲ）と明恵（神野三鈴）は、内心では妙子と二郎の結婚を心よく思っていないらしい。そのため、毎日広場を隔ててベランダ越しに挨拶をしている両家族の仲は一見良さそうだが、実は不安がいっぱい・・・？

　しかして、妙子と二郎と敬太が家族になって1年が経とうとしている今日は、敬太のオセロ大会での優勝祝いと同時に、誠の65歳の誕生日を祝うあるサプライズが予定されていた。優勝祝いの進行はプレゼントの受領を中心に予定通り。模型の飛行機をもらった敬太は大喜びだ。それに対して、市役所の友人たちの協力を得て準備された、誠の誕生祝いのサプライズは？さらに、それに続いて起きた、あっと驚くハプニング（不幸）とは・・・？

■□■息子の死は誰の責任？それを契機に何が崩壊？■□■

　団地におけるベランダからの転落死。そんな痛ましいニュースを目にすることは多いが、浴室で模型の飛行機遊びをしていた敬太が浴槽内に転倒して頭を強打、そして、たまたま

その浴槽内に水が溜まっていたため溺死。そんな姿（事故）を見るのは、私も本件がはじめてだ。居間では、誕生日祝いをしてもらっている誠がカラオケのマイクを握り、気分よく歌っていたのに・・・。

しかして、敬太死亡の責任は一体誰に？警察も事情聴取を進め、本件に事件性のないことを確認したが、たまたま風呂場に水を溜めていた妙子が、「私のせいだ！」と自分を責めたのは仕方ない。二郎はもちろん二郎の両親もそんな妙子を慰め励ましたが、これを契機に夫婦、親子間の気持ちの変化は如何に？

深田監督の人間観察力の鋭さ（意地の悪さ？）が光るのは、そんな導入部の展開の中に、二郎の元カノである山崎理佐（山崎紘菜）を絡ませたこと。当初は誠の誕生祝いのハプニング演出の応援要員に過ぎなかったが、直前になって理佐はドタキャン。そのため、かえって、二郎の元カノとしての存在感が浮き上がってしまったから、葬儀の席で理佐が妙子と目を合わせると、たちまちそこに火花が散ることに・・・。そんな状況下、まさかまさか二郎と理佐が密かに会っていようとは・・・？

■□■葬儀への"闖入者"は？その波紋とその広がりは？■□■

深田監督作品といえば"闖入者"だが、本作のそれは、葬儀の席に突然現れた妙子の元夫、パク・シンジ（砂田アトム）。二郎と再婚する前の妙子は、なぜ韓国人のろう者であるパクと結婚していたの？2人はどこでどんな生活をする中で敬太が生まれたの？それは本作では一切描かれないが、ある日、突然パクが妻子を捨てて失踪してしまったため、妙子と敬太が大きな打撃を受けたのは事実。そして、これを克服し、二郎と再婚できたのは、やっと1年前のことだ。

そんなパクが敬太の葬儀の席に現れたのは、オセロ大会での優勝という新聞記事をパクが見たためだが、そこでいきなり妙子を殴りつけた行為はいかがなもの？しかも、その後パクは団地近くの公園で寝泊まりしているようだから始末が悪い。それを知った妙子は、ずっと預かっていたパクの家族からの手紙を渡し、「本当にさようなら」と別れを告げたが、本当にそうできるの？

本作中盤は、生活保護の申請をしようとするパクの姿や、福祉課に勤める二郎がパクに仕事を紹介していく姿、そして、その中で再び妙子とパクとの接点が増していく姿が次々と描かれていくので、それに注目。

■□■三角関係のぶり返し？ひょっとして四角関係に？■□■

二郎がなぜ韓国人の夫から捨てられた（？）女・妙子を好きになったのかは私にはよくわからない。そして、それは、結果的に二郎に振られてしまった理佐も同じだろう。また、二郎が連れ子の敬太を愛していたのは間違いないようだが、妙子との間に子供が生まれたら、その仲はどうなるの？

そんな状況下、突然、敬太が死亡したのは、ある意味、二郎にとってラッキー・・・？

現に、後日の告白によれば、二郎は敬太の死亡によって、妙子との間で子作りに励む意欲が湧いてきたと語っていたほどだ。ところが、二郎の今の目の前の現実は、突如現れたパクがズカズカと妙子や自分たちの夫婦生活の中に入り込んできているから、こりゃ腹立たしい。本作中盤で、深田監督の人間観察力の鋭さ（意地の悪さ？）が光るのは、ベランダに取り付けてある鳩防止のためのディスク越しに、引っ越した後の両親の部屋に妙子がパクを引き入れたうえ、イチャついている姿を二郎が目撃するシークエンスだ。こりゃ一体ナニ？なぜ、妙子は俺に内緒で、あんな勝手なことを！二郎がそう考えたのは当然だ。そんな中、葬儀以降、元カノの理佐が体調を崩して市役所を休んでいるとの情報に接すると・・・？これはひょっとして三角関係のぶり返し？さらには、ひょっとして四角関係に・・・？

■□■LOVE と LIFE は永遠のテーマ！モチーフはあの名曲！■□■

　本作企画の根源は、矢野顕子の名曲『LOVE LIFE』にあるそうだ。LOVE＝愛、LIFE＝人生は、映画や小説の永遠のテーマで、その切り口によって、LOVE も LIFE も如何様にでも描くことができる。「名作映画百選」の中でも常にトップを誇っている『風と共に去りぬ』（39年）も壮大な LOVE と LIFE の物語だ。しかして、「どんなに離れていても、愛することはできる」をテーマにした矢野顕子の名曲『LOVE LIFE』の歌詞をしっかり味わいたい。

　『ドライブ・マイ・カー』の後半は北海道へのロードムービーだった。他方、第94回アカデミー賞作品賞、助演男優賞、脚色賞を受賞した『コーダ　あいのうた』（21年）（『シネマ50』12頁）は、本物のろう者を起用したことが大きな話題だった。しかして、本作中盤以降は妙子とパクとの手話による会話が登場する。妙子とパクは手話を通じて気持ちを伝え合うことができるが、手話のできない二郎は妙子の通訳を通じてしかパクと話し合うことはできないから、何かと意思疎通は難しい。

　そのこともあって、本作後半、「父親が危篤だ」との連絡を受けて、パクが韓国に戻るシークエンスになると、各人各様の LOVE LIFE を巡って、さまざまな意外性が次々と露呈してくるので、それに注目。その最たるものは、旅費を貸してやったうえ、船に乗り込んだパクを見た妙子が、「パクを一人にしておくことはできない！」と叫んで船に乗り移っていくシーン。こんな LOVE LIFE が現実になれば、それはヤバいのでは？少なくとも二郎と妙子の家庭は崩壊してしまうはずだが、さあ、本作はラストに向けてそこからどう進んでいくの？そう思っていると、何と、韓国で妙子が見た、あっと驚く風景とは・・・？おいおい、パクくん、それはないだろう・・・。そう思ったが、本作はそんな意外な展開の中で、さまざまの意外な "LOVE LIFE" の結末を見せてくれるので、それはあなた自身の目でしっかりと。

2022（令和4）年9月16日記

Data 2022-95

監督・脚本：三木聡
企画：マーク・シリング
出演：成田凌／前田敦子／六角精児
／片山友希／岩松了／渋川
清彦／ふせえり／松浦祐也
／BIGZAM／藤間爽子／小田
ゆりえ／影山徹／シャラ ラ
ジマ

★★★★

コンビニエンス・ストーリー

2022 年／日本映画
配給：東映ビデオ／97 分

2022（令和 4）年 8 月 9 日鑑賞 ｜ テアトル梅田

👁👁 みどころ

　"脱力系"で名を上げた三木聡ワールドは、バカバカしいが面白い。しかも、"フーテンの寅さん"のような強力な 1 人の個性ではなく、映画ごとにケッタイな奴が登場するから、それが楽しみだ。

　例年以上の水害が多発する２０２２年の日本列島のクソ暑い夏には、そんな三木聡ワールドがピッタリ！本作のアイデアは、「どこにでもあるコンビニが異世界の入口だったら・・・？」というものだが、さて・・・？

　悩める脚本家と束縛系の変人夫、そして妖艶な人妻が織りなす三角関係を含む"条理が不条理になる「おかしな物語」"とは？

——＊——＊——＊——＊——＊——＊——＊——＊——＊——

■□■クソ暑い夏には三木聡監督の"脱力系"がピッタリ！■□■

　２０２２年の夏はバカ暑い。そのうえ、水害が多発する亜熱帯地域に変容しつつある（？）日本列島の異常気象は、ますます強烈になっている。そうなると、つい思い出すのが『ダメジン』（０６年）（『シネマ11』２４７頁）。同作で、三木聡監督は"脱力系ここにあり！"を日本中に知らしめた。彼はその後、『図鑑に載ってない虫』（０７年）（『シネマ15』４２５頁）で"魔術系"の新境地へも到達していた。その後の彼の作品は見ていないが、クソ暑い夏には三木聡ワールドがピッタリ！しかも、本作には私の大好きな元ＡＫＢ４８の前田敦子が出ているから、こりゃ必見！

■□■原案（プロット）は誰が？映画はアイデアが命！■□■

　三木聡作品は監督と脚本を兼ねるのが常。本作もそれは同じだが、事前情報によると、本作については、映画評論家のマーク・シリング氏が原案（プロット）を携えた上で、監督に三木を指名したらしい。直近に届いた最新の『キネマ旬報』８月下旬号は、２８ページから１０ページにわたって本作を特集していたから、これを読めばそれについての情報

もバッチリだ。

　私はマーク・シリング氏のことを全く知らなかったが、彼は１９４９年生まれのアメリカ人ながら、１９８９年から日本映画の批評をはじめ、映画評論家として活動し、『ラストサムライ』（０３年）には「スクリプト・アドバイザー」として参加したらしい。そんな彼は７年ほど前に、本作のプロットになる短編小説を書いたそうだ。その主人公の設定は、３５歳の翻訳家で、離婚し、毎日ダラダラと、これからどうするのか将来が見えない、近くのコンビニで食事でも何でも済ませているという男だが、そのアイデアの素はイタリアの詩人ダンテの古典文学『神曲』だというからすごい。言うまでもなく、ダンテは世界を「天国・地獄・煉獄」に分けて、この世は真ん中の煉獄だと定義しているが、そのココロは・・・？その短編小説のタイトルは「コンビニ物語」。そんな短編小説を、もしかしたら映画になるかもと考えて、三木聡監督に相談したところ、三木監督のアレンジが施され、脚本化に成功したらしい。なるほど、なるほど・・・。

■□■三木聡監督の狙いは？■□■

　その特集では、轟夕起夫氏の取材・文による「条理が不条理になる『おかしな話』」と題した三木聡監督へのインタビューがある。そこでは、①「大怪獣のあとしまつ」、その後、②不条理が増幅する「出口のない迷路」、③俳優は手応えがないかもしれない、④不条理の中に組み込まれたサスペンス、⑤法則性の中にバグを起こす面白み、の項目で、“条理が不条理になる「おかしな話」”たる本作について語られているので、これは必読！じっくりと読み込みたい。

■□■コンビニの価値は？超大型冷蔵庫の奥には何が？■□■

　コンビニエンスストアの発祥は１９２７年のアメリカに始まるから、その歴史は古い。日本では１９８０年代に急速に広まったが、それはスペースを売る都市型小売店の２４時間利用できる備蓄庫としてのブランド価値が認められたためだ。したがって、その品揃えは豊富で、超大型冷蔵庫の中にはビール、お茶、ジュースと、ありとあらゆる飲み物が・・・？そんなわけはないが、そんなふうに錯覚させるのが、すぐに“和製英語”として定着した“コンビニ”の価値だ。

　他方、脚本を命とする映画では、さらに脚本に至る前の原案（プロット）、つまり“思いつき”が大切。しかして、映画評論家のマーク・シリング氏が思いついたのは、コンビニにある超大型冷蔵庫のさらに奥には無尽蔵の備蓄倉庫があるのではないか？いや、きっとあるはずだ！というアイデア（妄想）。

　ポン・ジュノ監督の『パラサイト　半地下の家族』（１９年）（『シネマ４６』１４頁）では、後半から異次元のあっと驚く“地下世界”が登場してきたが、本作でもある日、本作の主人公である売れない脚本家・加藤（成田凌）がコンビニの超大型冷蔵庫から飲み物を取り出そうとすると・・・。

179

■□■異次元の別世界では一体どんな物語が？■□■

「国境の長いトンネルを抜けると雪国であった」。これは川端康成の小説、『雪国』の有名な書き出しだが、本作では「コンビニの超大型冷蔵庫を抜けると、霧の中にたたずむ別のコンビニがあった」となる。また、ルイス・キャロルの小説『不思議の国のアリス』は、幼い少女アリスが白ウサギを追いかけて不思議の国に迷い込み、しゃべる動物や、動くトランプなどさまざまなキャラクターたちと出会いながらその世界を冒険する様を描いた、

まさにタイトル通りの幻想文学、児童文学だ。マーク・シリングの原案のイメージは、まさにそれと同じ。彼のイメージでは、ある日、突然異世界に入り込むきっかけになったコンビニをいかに描くかが最初のポイントになる。そして、第2のポイントは、キャラクターの設定だ。したがって、そんな目で、原作と本作の脚本の異同を対比してみるのも一興だ。

コンビニは時価の高い都心に設置してこその価値だから、誰もいない田舎にぽつんと1件建っているという設定自体がそもそもナンセンスだが、三木ワールドでは何でもあり！また、駐車場に停めたはずの車がなくなってしまうと、コンビニの店員だという美人の恵子（前田敦子）が泊めてくれるという話になっていくから、アレレ、アレレ・・・？それはそれでいいのだが、恵子の夫（六角精児）はひどい束縛系の変人男だったから、加藤と恵子がいい仲になっていくと、そりゃヤバイ・・・。すると、本作はスリラー系サスペンスに？いやいや、三木ワールドでそれはないはずだ。すると、異次元の別世界で展開していくハチャメチャな物語とは？

■□■前田敦子の空気感に注目！三木ワールドにピッタリ！■□■

大島優子や前田敦子等、かつてAKB48の"センター"に立った女の子が、"卒業"後、俳優として活躍する姿を見るのは楽しい。『もらとりあむタマ子』（13年）（『シネマ32』125頁）を見れば、前田敦子の女優としての才能がよくわかる。それからすでに10年近く経っているから、彼女もかなりのおばさんに？そう心配したが、本作にみる、霧の中にたたずむコンビニ「リソーマート」で働く妖艶な人妻・恵子役はお見事。彼女が醸し出す一流独特の"空気感"は、まさに三木聡ワールドにピッタリだ。また、恋人のジグザグ（片山友希）の飼い犬"ケルベロス"に振り回される、売れない脚本家・加藤役を演じる成田凌も本作の主人公にピッタリ！

本作では、恵子の夫を含めた3人の男女が織りなす"三角関係"にも注目しながら、"条理が不条理になる「おかしな物語」"を存分に楽しみたい。

2022（令和4）年8月12日記

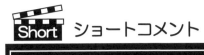

| Short | ショートコメント | ★★★ |

Data	2022-106

監督：川村元気
脚本：平瀬謙太朗／川村元気
原作：川村元気『百花』（文春文庫刊）
出演：菅田将暉／原田美枝子／長澤まさみ／永瀬正敏／北村有起哉／岡山天音／河合優実／長塚圭史／板谷由夏

百花

2022年／日本映画
配給：東宝／104分

2022（令和4）年9月10日鑑賞　　TOHOシネマズ西宮OS

みどころ

　夏の終わりには花火がピッタリ。大阪では８月２７日に「なにわ淀川花火大会」が盛大に開催されたが、本作に見る"半分の花火"とは一体ナニ？

　本作の主人公は、認知症と宣告された母親・百合子と、妻の妊娠を告げられたばかりのその息子・泉。かつて母親が起こした、妻子ある男との駆け落ち事件の記憶は如何に？母親はそれを都合よく忘れることができても、息子はその記憶とどのように向き合うの？

　邦画界で大活躍する川村元気が原作、脚本、監督した本作はいかにも製作委員会方式にピッタリだが、その是非は？そして、本作の出来は？

——＊——＊——＊——＊——＊——＊——＊——＊——＊——＊——

◆邦画界で"敏腕プロデューサー"として名を馳せている川村元気が、自らの体験を基に書いた小説『百花』が大ヒット！そうなれば、ネタ不足に悩む今の邦画界が、東宝を中心とする製作委員会方式でそれを活用しようとしたのは当然。その結果、川村元気が脚本を書き、監督にも初挑戦！

　本作の主人公は、ある日突然認知症と診断された母親・百合子（原田美枝子）と、妻・香織（長澤まさみ）の妊娠が判明したばかりの、百合子の一人息子・泉（菅田将暉）。冒頭、シューマン作曲の有名な『トロイメライ』を弾く百合子の姿が登場する。ピアノ教室の先生をしているだけあって巧いものだが、アレレ、途中から音程がおかしくなり・・・？これは一体なぜ？認知症の進行につれて、母子の仲は次第におかしくなっていくことに・・・？

◆『羊たちの沈黙』（９１年）での演技が印象的だった名優アンソニー・ホプキンスが８３歳にして主演した『ファーザー』（２０年）は、認知症をテーマにした父と娘の物語だった（『シネマ４９』２６頁）。本作はそれとは逆の、母と息子との物語だから、住んでいる家の所有権を巡る問題やどんな介護人をつけるか、等の問題は発生しない。また、そこでは、新しい恋人とパリに移るため「新しい介護人を」と主張する娘に対して、父親は「俺を見

181

捨てるのか」と怒っていたが、認知症になるのが母親ならそんな問題もなし。しかし、介護施設行きとなった母親の部屋を片付けている際中に発見した手帳を開けてみると？

　そういえば、泉は子供の頃母親から捨てられた記憶があった。そのため、泉は１年間、祖母の家で育てられたが、あれは一体何だったの。１９９５年１月１７日に発生した阪神淡路大震災も、泉にとっては母親が居なかった時の記憶だ。その手帳の中には一体何が書かれていたの？そこから明らかになってくる母親の女としての“ある秘密”とは・・・？

◆菅田将暉の芸達者ぶりは定評がある。他方、百合子役の原田美枝子も現在 NHK の朝ドラ『ちむどんどん』で、レストラン「アッラ・フォンターナ」のオーナー役を堂々とこなしている。しかし、本作に見る原田美枝子は？９月の第１週が終わった今、９月１０日には見事な中秋の名月を楽しむことができたが、８月末〜９月初旬にかけては、全国各地で恒例の花火大会が開催されている。今年の８月２７日に開催されたなにわ淀川花火大会も見事だったが、本作で盛んに百合子が見たいと言っている“半分の花火”とは一体ナニ？

　認知症が急速に進み始めた百合子の現在の年齢は？それに対して、泉を捨て、浅葉洋平（永瀬正敏）と駆け落ちした時の百合子の年齢は何歳？本作は現在の泉と子供時代の泉、そして現在の百合子と泉を捨てた若き日の百合子の姿を交差させながら描いていく。そこで私が思ったのは、「願わくば若き日の原田美枝子がもう少し若く美人であってほしい」ということだが、それはともかく、本作ではこの２つの時代の対比をしっかりと。

◆認知症が進行していけばやがて“人間崩壊”となり、死んでしまう。したがって、ある意味でそれがわからない本人よりも、それをじっと見ている周囲の人の方が辛いかもしれない。『ファーザー』を観ていてもそう思ったが、それは本作でも同じだ。

　本作では、“半分の花火”の他にも、百合子はなぜ「一輪差し」ばかり飾っているの？親子で一緒にビスケットを食べる時、何から食べるの？等についても、母親の記憶と息子の記憶が違っていることが印象的に演出される。まさか、百合子が幼い息子を捨てて、男の元に走ったことを忘れているはずはないだろうが、子供心にぼんやりとそのことを理解していた泉は、今日までその記憶をどのように受け止めてきたの？認知症をテーマにした映画では、息子のことや恋人のことすら認識できなくなった２人が葛藤するシークエンスが必ず描かれる。それは『ファーザー』でも、『明日の記憶』（０６年）（『シネマ１０』１７２頁）でも『私の頭の中の消しゴム』（０４年）（『シネマ９』１３７頁）でも同じだ。

　本作では、ついに泉のことが識別できなくなり、子供のように駄々をこねる百合子に対して、泉が「なんで忘れたんだ、こちらは忘れられないんだよ！」と叫ぶシーンが、クライマックスとして登場する。そのように叫びたいのは当然だが、百合子が何度も見たいと言っていた“半分の花火”とは？それは本作ラストに意外に単純な形で判明するので、あなた自身の目でしっかりと。　　　　　　　２０２２（令和４）年９月１５日記

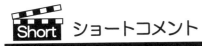

Short ショートコメント　★★★

Data	2022−116

監督：久保田直
脚本：青木研次
出演：田中裕子／尾野真千子／安藤政信／ダンカン／白石加代子／長内美那子／田島令子／山中崇／阿部進之介／田中要次／平泉成／小倉久寛

千夜、一夜

2022 年／日本映画
配給：ビターズ・エンド／126 分

2022（令和4）年10月15日鑑賞	シネ・リーブル梅田

 みどころ

　"待つ女" が2人。それが登美子（田中裕子）と奈美（尾野真千子）の2人だが、その理由は正反対だ。登美子はなぜ３０年間も待ち続けているの？

　オリジナル脚本に基づく本作の舞台は "北の離島の美しい港町" だが、人間の営みは複雑だ。ずっと登美子に思いを寄せている男（ダンカン）の存在も、閉鎖社会の中では人間関係をより複雑にさせるだけ。

　その上、もう1人の "待つ女" だったはずの奈美は、簡単に若い同僚との再出発を決めてしまうから、アレレ・・・？8年間もの歳月をかけた本作のラストの脚本は、コロナ禍もあり、書き直されたそうだが、その当否は？それを含めて、私には納得できない点がいくつもあり・・・。

—— * —— * —— * —— * —— * —— * —— * —— * —— *

◆新聞紙評における本作の評価は高い。キネマ旬報１０月下旬号では３２〜４３ページにわたって本作を特集している。年間、約８万人の行方不明者が日本全国の警察に届け出されるが、そのうち約３００人は北朝鮮に拉致された可能性も排除できない "特定失踪者" だ。すると、それにヒントを得て作られた本作は、北朝鮮による拉致問題をテーマにした社会問題提起作？

　一瞬そう思ったが、そうではなく、本作はある日突然失踪した夫を待ち続ける妻、若松登美子（田中裕子）を描いたオリジナル企画だ。本作についての加藤登紀子（歌手）の新聞のコメントは「久しぶりに見る男と女の壮絶なドラマでした。いない人を愛する狂おしい日常、静けさの中の狂気。田中裕子さん、凄い！」。そう聞くと、こりゃ必見！

◆キネマ旬報には尾形敏朗氏のコラム「田中裕子の＜情炎＞」があり、そこでは「私と同世代で、デビュー時から見続けてきた３人の女優がいる。」との書き出しで「高橋（関根）恵子、秋吉久美子、そして田中裕子である。」と続けている。そして、「そんな３人に共通したのは、セックスを隠さないところ」と分析した上で、様々な自説を展開している。この３人の女優は、私より少し若いが、私も大好きな女優たち。そこで書かれている女優・

田中裕子論に私は大賛成だ。しかし、本作で田中裕子が演じた"待つ女"若松登美子の姿（情炎）に、私は全然納得できない。かつて、あみんが歌った『待つわ』（８２年）は出来が良かったが、本作の出来は・・・？

◆本作は、ドキュメンタリー作品出身の久保田監督が、脚本家の青木研次とのコンビで書き上げたオリジナル脚本に基づくものだが、私の目には随所にアレレ？これはヘン！と思うものが登場する。その第１は、本作にはもう１人の"待つ女"として、田村奈美（尾野真千子）が登場するが、「夫が帰ってこない」との奈美の相談を聞いた登美子は一体、どんな権限で、何の調査をするの？さらに、街中で偶然失踪した奈美の夫・洋司（安藤政信）を登美子が見つける脚本がヘンなら、その後の登美子の行動（お節介？）もかなりヘン！さらに、夜１人で訪れてきた洋司を泊めてやるのは、あまりにヘンだ！中盤のクライマックスとなるこのシークエンスで交わす、長い会話の後、２人の間には一体何が？ひょっとして、男女の関係に・・・？

◆第２に、待つことをやめることのできない女＝登美子と異なり、奈美が求めているのは、「夫が失踪した理由を知りたい」ということだそうだが、調査を依頼する一方で、あんなに簡単に、若い男とセックスできるの？

第３に、ずっと登美子に思いを寄せている男・藤倉春男（ダンカン）のキャラはわからないでもないが、だからといって、いい歳をしてお前まで失踪するか！さらに、ある日突然、無事に帰ってくるか！その上、ラストでの海の中での強引な求婚シーンは一体ナニ？

第４に、登美子が３０年間も夫を待ち続けていることに、夫の両親をはじめ、周囲の人たちはみんな「もういいよ」と考え、「藤倉の求婚を受け入れては・・・」とアドバイスしているのに、登美子はなぜ応じないの？あるいは、なぜ明確に拒否しないの？その結果、自殺をほのめかしていた藤倉まで"失踪"してしまったら、登美子は"ひどい女"として、閉鎖社会の中では、もう生きられなくなるのでは？その他、私には、本作の脚本には納得できない点がいっぱいだ。

◆北の離島の美しい港町（ロケ地は佐渡ヶ島）を舞台とした本作は、全体的に黒いトーンで貫かれている。それはそれでいいのだが、冒頭のシーンは、畳の上でセックスする男女の姿。これは現実なの？いやいや、夜明けに目覚めた、その後の登美子の姿を見ていると、これは単なる夢幻？

田中裕子は本作全編を通して微妙な心理の"待つ女"の登美子役を実に見事に演じている。それに対して、登美子と同じく"待つ女"として登場したはずの奈美が、同僚から食事に誘われた時に見せる態度がイマイチなら、いきなり、ベッドシーンが終わった後の、超現実的な（打算的な）会話を聞いていると、うんざり・・・。

２０２２（令和４）年１０月２０日記

第6章
中国、香港、韓国など

Data 2022-63

監督・脚本： チャン・イーモウ
出演：チャン・イー／リウ・ハオツ
　　　ン／ファン・ウェイ

★★★★★

ワン・セカンド 永遠の24フレーム
（一秒钟／One Second）

2020年／中国映画
配給：ツイン／103分

2022（令和4）年5月24日鑑賞　大阪ステーションシティシネマ

👀👀 みどころ

　２００８年の夏季北京五輪に続いて、２０２２年の冬季北京五輪の総監督を務めたチャン・イーモウの、映画作りでの近時の快進撃はすごい。朝鮮戦争を題材にした『狙撃手』（２２年）の賛否は分かれるが、映画人の原点に回帰し、中国版『ニュー・シネマ・パラダイス』とも言うべき、"フィルム愛"を全開させた本作は絶品！

　"逃亡者"と"リウの娘"が展開する前半のフィルム争奪戦は興味深いし、"ファン電影"が指導する後半の上映会での大騒動もメチャ面白い。

　時代は文化大革命。過酷な時代状況の下、最後に訪れる"ある幸せ"は、一人一人の目でしっかり確認したい。

――＊――＊――＊――＊――＊――＊――＊――＊――＊――

■□■頑張ってるね、チャン・イーモウ監督！■□■

　１９４９年生まれの私は、２０２２年１月２６日に７３歳になったが、①本来の弁護士業務の他、②ライフワークたる都市問題と都市法関係の実践と執筆、③映画評論家としての『SHOW-HEYシネマルーム』の執筆と出版（何と、『シネマ１』から『シネマ５０』まで５０作！）、④『がんばったで３１年！　ナニワのオッチャン弁護士　評論・コラム集』（０５年）に続き、『がんばったで４０年！　ナニワのオッチャン弁護士　評論・コラム集』（１３年）、『がんばったで４５年！　ナニワのオッチャン弁護士　評論・コラム集』（１９年）の出版、⑤中国語の勉強と中国関連活動の拡充、とさまざまな分野で頑張っている。

　それと同じように（？）、１９５１年生まれのチャン・イーモウは、『紅いコーリャン（紅高粱）』（８７年）（『シネマ５』７２頁）で第３８回ベルリン国際映画賞の金熊賞を受賞した後は、同期のチェン・カイコーと共に、第５世代を代表する映画監督として大活躍。以降の活躍は質量ともにすごい。２００８年の北京夏季オリンピックの開会式および閉会式

186

の総監督に続く、２０２２年の北京冬季オリンピックの総監督は国家的大行事だが、映画監督としても①『菊豆』（９０年）（『シネマ５』７６頁）、『活きる』（９４年）（『シネマ５』１１１頁）等の本格的問題提起作、②『HERO（英雄）』（０２年）（『シネマ５』１３４頁）、『LOVERS（十面埋伏）』（０４年）（『シネマ５』３５３頁）等のハリウッドを意識したド派手路線、そして、③『初恋のきた道（我的父親母親）』（９９年）（『シネマ５』１９４頁）、『あの子を探して（一個都不能少）』（９９年）（『シネマ５』１８８頁）、『至福のとき（幸福時光）』（０２年）（『シネマ５』１９９頁）等の「これぞ中国映画！」と思わせるホンワカ路線の３つを並行させながら、幅広い活動を続けてきた。

　そして、７０歳を超えた彼の活動は、近時さらに加速し、ここわずか４年のうちに４本の新作を撮り、３本は中国で公開済み、１本が待機中らしい。公開済みが本作と『懸崖の上』（２１年）、私が４月１２日にオンライン鑑賞した『狙撃手（狙击手／SNIPERS）』（２２年）（『シネマ５０』２００頁）の３本、『堅如盤石』（２０年）が公開待機中だ。そんな状況下、日本でも本作が大公開！

■□■この男は誰？この女はナニ？フィルムの攻防戦は？■□■

　本作の冒頭の舞台は、中国の小さな村。薄暗い中、建物の前に停めてある自転車の荷台に入っているフィルムの争奪戦がこそこそと始まるので、それに注目！その一方の主役は中年の男（チャン・イー）だが、もう一方の主役は薄汚れた１４、５歳の子供（リウ・ハオツン）だ。

　今ドキの人は映画用のフィルムがどんな大きさで、どんな形状をしているのかを知らないだろうが、イタリア映画の名作『ニュー・シネマ・パラダイス』（８８年）（『シネマ１３』３４０頁）を何度も観ているうえ、小学生時代には自宅の幻灯機で映写を経験し、中学生以降はオープンリールの録音機を愛用していた私には、その姿形がハッキリわかる。そのフィルムには「ニュース映画２２号」と書かれていたが、なぜこのフィルムを巡ってこのご両人が争奪戦を繰り広げているの？

　近時の邦画は１から１０まで説明してしまうものが多い。他方、去る５月１９日に観た『インフル病みのペトロフ家』（２１年）等の一部の問題作は説明が極端に少ないから、監督の狙いや物語がさっぱりわからない。それに比べれば、『紅いコーリャン』（８７年）（『シネマ５』７２頁）以降、そのほとんどすべての作品を観ているチャン・イーモウ監督作品は、説明が多すぎず、少なすぎず、そのバランスが絶妙だ。また、ストーリー展開も見どころ、泣かせどころの急所をうまく押さえながら少しずつ見せてくれるので、飽きることなくスクリーン上に集中することができる。

　しかして、この中年男は一体誰？また、少し後に女の子だとわかるこの薄汚れた子供は一体ナニ？そして、この２人はなぜこのニュース映画フィルムの奪い合いをしているの？

■□■汚れ役の"イーモウ・ガール"は如何に？■□■

　『紅いコーリャン』（８７年）のコン・リーと、『初恋のきた道』（００年）のチャン・ツ

ィイーはチャン・イーモウが発掘した二大女優だが、彼はその他にも『至福のとき』（０２年）（『シネマ５』１９９頁）のドン・ジエ、『あの子を探して』（９９年）（『シネマ５』１８８頁）のウェイ・ミンジ、『サンザシの樹の下で』（１０年）（『シネマ２７』１０８頁、『シネマ３４』２０４頁）のチョウ・ドンユイ等を発掘し、次々と大女優に押し上げている。そのため、彼女たちは"イーモウ・ガール"と呼ばれている。

『狙撃手』は男ばかりの戦争映画だったから、"イーモウ・ガール"は登場しなかったが、本作で"イーモウ・ガール"として登場するのが「リウの娘」役を演じたリウ・ハオツン。『初恋のきた道』（９９年）でデビューしたチャン・ツィイーは赤い服とおさげ髪の可憐な姿が印象的で、男なら誰でも一目でその虜になった。それに比べれば、本作のリン・ハオツンはラストの数分間を除く９９％は薄汚れた少年まがいの役で登場するので少しかわいそう。

導入部のフィルムの争奪戦で、ご両人はさまざまな追いかけ合い、騙し合いを展開するが、その勝者は結局"リウの娘"になる。しかし、リウの娘が女の子であることがわかるのはずっと後のことだから、それを含めて、私たちは本作導入部のフィルム争奪戦をしっかり楽しみたい。

■□■なぜ強制労働所から逃亡？逃亡者は悪質分子？■□■

チャン・イーモウ監督と深い縁を持つ日本の俳優、高倉健はヤクザ役（任侠役）が最も似合うが、その次に似合うのが逃亡者役。中国で大人気になった『君よ憤怒の河を渉れ』（７６年）（『シネマ１８』１００頁）でも、『新幹線大爆破』（７５年）でも、彼には逃亡者の役がピッタリだった。

なぜここにそんなことを書くのかというと、本作で名前すら与えられず、「逃亡者」と表示される中年男は、１９６６年から７７年まで続いた中国の文化大革命当時存在していた強制労働所からの逃亡者だからだ。１９６３年から６７年まで放送された米国発の人気ＴＶドラマ『逃亡者』（６３年）では、妻殺しの容疑を着せられ、死刑宣告を受けた主人公が逃亡者になったのは真犯人を捜し求めるためだったが、本作の中年男が逃亡者になったのは一体なぜ？冒頭のフィルム争奪戦からストーリーが進むにつれて、彼がなぜ逃亡者になってまでニュース映画２２号のフィルムにこだわっているのかが少しずつ明らかになっていくが、その理由は、そのニュース映画の中に長い間会えなかった彼の娘の顔が一瞬映っているためだ。

「造反有理」を唱えて毛沢東が指導した文化大革命では、毛沢東語録と紅衛兵が有名になったが、右派や修正主義者、そして造反者は直ちに"悪質分子"として処断され、強制労働所に送られていた。すると、その強制労働所からの逃走者は、当然、悪質分子・・・？

■□■映画上映は村の大イベント！ああ、それなのに・・・■□■

今でこそ映画館は総入れ替え制や座席指定制が常識だが、１９５０～６０年代に小中学生の私が映画館に通っていた当時は全く違っていた。すなわち、「昭和のニュース」で見る通り、当時は途中入退場や立ち見は当たり前、丸１日座り込んだまま何度も観る観客もいたほどだ。

他方、１９６８～７７年の文化大革命当時の中国では、映画は村の最大の娯楽だったから、映画の上映会は村全体の大イベント。そのことは、中国西北部の田舎町、寧夏の野外映画館での上映会を温かく描いた『玲玲の電影日記』（０４年）（『シネマ１７』３８６頁）等を見れば明らかだ。

しかして、夕方から「英雄児女」と「ニュース映画２２号」の上映が予定されている、本作中盤以降の舞台となる小さな村の映画館周辺の熱気もすごい。ところが今、ファン電影（ファン・ウェイ）が烈火のごとく怒り、息子を怒鳴りまくっているのは、彼が荷台に積んでいたフィルムの缶を落下させ、膨大な量のフィルムが剥き出し状態のまま地面にばらまかれていたためだ。その中には、逃亡者が血眼で探していたニュース映画２２号の缶もあった。荷車の周りに集まった村人に対し、ファン電影は「こんな状態では上映は不可能。」「今日の上映会は中止！」と宣言したが、続いて彼はパニックに陥った村人に対して、「上映会を可能にする方法が１つだけある」と説明。さあ、"ファン電影"として日頃から村人の尊敬を一心に集めている彼は、そこでどんな説明を・・・？

■□■映画上映のため、２人の中年男はどんな協力を？■□■

ファン電影の提案はフィルムの洗浄による再利用だが、こんなに大量の泥まみれになったフィルムに、それが本当に可能なの？『ニュー・シネマ・パラダイス』では、フィルムは可燃性が強いため、ちょっとしたミスで燃え始めると大変なことになることを学んだが、

１９７８年に再開された北京電影学院の撮影科に入学し、４年間学んだチャン・イーモウは、当然フィルムの神様だから、その分身とも言える（?）本作のファン電影ならそれはチョロいもの。と言っても、そこは人海戦術の得意な中国らしく、彼の指揮命令の下、村人たちが一糸乱れぬ集団行動でお手伝いすることになるので、それに注目！

そこで意外だったのは、逃亡者もフィルムのことを少しかじっていたこと。そのため、長い時間をかけてフィルムの洗浄、再生作業に従事する中で、２人の中年男の"身の上話"も盛り上がることに。ニュース映画２２号には本当に逃亡者の娘の顔が映っているの?それならそれで上映してやりたいのは山々だが、この中年男が強制労働所からの逃亡者だと分かれば、何よりもまず、俺は当局にそれを通報しなければ！村の次の電影（撮影者）に俺が続いて推薦されるためにも、ここでいい成績を挙げておかなくちゃ！

スクリーン上には映画上映のため２人の中年男が協力し合う姿が映し出されるが、多分それは表向きだけ・・・?

■□■リウの娘はなぜ泥棒を?なぜ弟と２人暮らしを?■□■

導入部の"フィルム争奪戦"で見せる、逃亡者とリウの娘との、追いつ追われつの肉弾戦も面白いが、砂漠の中を偶然通りかかった車に拾われて、図らずも逃亡者に捕まえられる形になってしまったリウの娘の"弁解話"も面白い。なぜリウの娘はフィルム窃盗にこだわっているの?それは、幼い弟と２人で住んでいる彼女が、勉強好きの弟のために電気スタンド用にフィルムで新しい傘を作ってやるためらしい。なるほど、なるほど。しかし、涙ぐましいその話は本当の話し?ひょっとして、とっさにリウの娘がでっち上げた話しかも・・・?

偶然２人を乗せて車を運転していた男は、リウの娘からそんな話を聞かされた上で、「この男が"私のひどい父親"だ」と聞かされると、単純にそれを信じ込み、逃亡者を砂漠に置き去りにしてしまったから、"知能戦"では完全にリウの娘の勝ちだ。

しかして、今日の夕方から上映会が行われるという村で、ファン電影とともにフィルムの洗浄、再生作業に従事している逃亡者は、今は幼い弟と２人で住んでいるというリウの娘の真相を知ることができたから、これにて逃亡者とリウの娘の和解も成立。以降は協力して上映会の開催へ。一方ではそんな筋書きも予想されたが、さて現実は・・・?

■□■ 『英雄児女』に感動！逃亡者の娘は連続上映で何度も！■□■

日中戦争時代の中国では、多くの反日国作映画が作られた。それは太平洋戦争時代の日本で、多くの反米国作映画が作られたのと同じだ。しかして、今日この村で上映される『英雄児女』は『南征北戦』以上の大人気だ。たしかに、"劇中劇"として上映されるそれは私が見ても感動的で、大いに涙を誘い勇気を鼓舞するものだから、村人たちがこれに熱狂し、感動するのは当然だ。しかし、それと同時上映されるはずのニュース映画２２号のフィルムはどこに?その所在を巡って再び逃亡者とリウの娘の間でいざこざが起きたが、それは

逃亡者の誤解によるもので、フィルムはちゃんとリウの娘が映写室に届けていたから、逃亡者は一安心。食い入るようにニュース映画２２号を見る逃亡者の目の中に一目だけでも会いたいと思う娘の姿は飛び込んでくるの？ひょっとして、一瞬スクリーン上に登場した、あの肉体労働に従事している健気な女の子が逃亡者の娘？

　上映会が終わり、感動冷めやらぬ中、会場を埋め尽くした村人たちは次々と出て行ったから、ファン電影は逃亡者の要望に応じてニュース映画２２号を再度上映することに。しかし、逃亡者の娘が映るのは、本作のタイトル通り「１秒間（一秒钟）」だけだから、そこだけを何度も見るにはどうすればいいの？そこで発揮されたのが、ファン電影しかできないという連続上映の技術だ。それによって何度も映し出される娘の姿に逃亡者は何度も感動していたが、１人映写室を抜け出したファン電影は、あらかじめ連絡していた官憲たちを招き入れ、逃亡者の逮捕を要請したから、こりゃヤバいことに・・・。

■□■それから２年後、２人の再会は？邦題の意味は？■□■

　ファン電影が官憲を呼んだことの是非は、本作を鑑賞する中で各自がしっかり考えたいが、ストーリー構成としてはやむを得ない。しかして、砂漠の中を連行されていく逃亡者を遠くから見守るのが、今は固い絆で結ばれたリウの娘だ。逃亡者を連行する官憲たちに情け容赦がないのは当然だから、逃亡者が大切に隠し持っていたフィルムの切れ端を見つけると・・・？これは、こちらも今や固い絆で結ばれたファン電影が、逃亡者のために娘の写っている２片のフィルム（＝２４フレーム）を切り取って渡してくれたものだ。逃亡者は新聞紙に包まれたそれを大切に保管していたが、官憲たちは情け容赦なく砂漠に捨ててしまうことに。しかし、それを遠くから見ていたリウの娘が素早くそこに駆けつけ、砂漠の中に埋もれようとしていた新聞紙を発見したから、大切にこれを保管。いつか逃亡者が戻ってきたら、必ずこれを渡さなければ！逃亡者にとって本当に大切なものは新聞紙ではなく“永遠の２４フレーム”だったが、逃亡者と官憲とのやり取りを遠くから見ていただけのリウの娘に、それはわかるはずはなかった。

　しかして、本作ラストはそれから２年後。強制労働所から再び村に戻ってきた逃亡者を、今は少し娘らしく成長したリウの娘が笑顔で迎えたのは当然。大切に保管していたあの新聞紙をリウの娘から受け取った逃亡者は本当に嬉しそうだ。しかし、その新聞紙をめくってみても、その中には何も・・・。

　さあ、無駄とは知りつつ、２人は再びあの砂漠に駆けつけたが、そこに“永遠の２４フレーム”はあるの？それはいくらなんでも無理だろう。そんな中で迎える感動的なラストは、あなたの目でしっかりと。

２０２２（令和４）年５月２７日記

Data 2022-118
監督：イン・ルオシン
脚本：ヨウ・シャオイン
出演：チャン・ツィフォン／ダレン・キム／シャオ・ヤン／ジュー・ユエンユエン／リャン・ジンカン／ドアン・ボーウェン

★★★★★

シスター　夏のわかれ道
（我的姐姐／Sister）

2021 年／中国映画
配給：松竹／127 分

2022（令和 4 年）年 10 月 19 日鑑賞　　松竹関西試写室

👀 みどころ

　　中国には二つの顔がある。居丈高な軍事大国、経済大国の顔と笑顔がよく似合う素朴で質素な庶民の顔だ。そんな書き出しで、「私の大好きな中国映画作文コンクール」に『こんにちは、私のお母さん（你好，李煥英）』（21年）を題材として応募した私の作文は、見事3等賞をゲット！近時、大ヒットの『戦狼2／ウルフ・オブ・ウォー2』（17年）も『1950　鋼の第7中隊』（22年）も興味深いが、私にはやっぱり本作のような"ホンワカもの"の方がベターだ。

　　長く続いた中国の"一人っ子政策"は、さまざまな矛盾と問題を持っていた。それは本作を監督し、脚本した、共に1986年生まれの二人の女性の体験でもあったらしい。しかして、一人っ子政策の例外とは・・・？

　　本作の舞台は成都だが、北京で医者になる夢を持つヒロインにとって、突如現れた弟は邪魔。そんな存在のために自分の人生設計が台無しにされてたまるものか！ならば、さっさと養子先へ放出を！

　　そんな展開の脚本ながら、ラストには名作『卒業』（67年）で観た花嫁強奪のラストシーンを彷彿させる名場面に。これは必見！これは感動！

—— * —— * —— * —— * —— * —— * —— * —— * —— * ——

■□■戦争映画大作が大ヒット！低予算映画も社会現象に！■□■

　　『戦狼2／ウルフ・オブ・ウォー2』（17年）が大ヒットし、約963億円の興行収入を挙げた。続いて、『1950　鋼の第7中隊』（22年）も大ヒットし、約1130億円の興行収入を挙げ、中国映画の歴代最高を更新した。他方、2022年10月に開催された中国共産党第20回大会を終えた中国では、今や"台湾有事"に向けた緊張感が高まっている。

近時の中国映画の大ヒットはそんな戦争映画大作が中心だが、中国映画は他方で、チャン・イーモウ監督の「幸せ3部作」として有名な『あの子を探して（一個都不能少／Not One Less）』（９９年）、『初恋のきた道（我的父亲母亲／The Road Home）』（００年）、『至福のとき（幸福時光／Happy Times）』（０２年）（『シネマ5』１８８頁、１９４頁、１９９頁）や、フォ・ジェンチイ監督の『山の郵便配達』（９９年）（『シネマ5』２１６頁）のような、日本人の大好きな、素朴で純朴な“ホンワカ映画”も多い。また、ウーラン・ターナ監督の『幸せの絆（暖春／Warm Spring）』（０３年）（『シネマ17』１８０頁）のような“大催涙弾”映画もある。

　近時のそんなホンワカ映画の筆頭は、ジア・リン監督の『こんにちは、私のお母さん（你好，李煥英／Hi Mom）』（２１年）（『シネマ5』１９２頁）だ。同作を観て感動した私は、中華人民共和国駐大阪総領事館が主催した「私の大好きな中国映画作文コンクール」に応募し、見事3等賞をゲットした。本作はそれに続く“ホンワカ路線もの”だが、低予算で制作された本作は「マスクが濡れるほど泣いた。」などSNSで感動と共感の口コミが爆発し、『００７／ノー・タイム・トゥー・ダイ』（２１年）（『シネマ50』４６頁）を超える異例のメガヒットになったらしい。そんな本作の先行試写が実施されたから、こりゃ必見！

■□■ “一人っ子政策”の矛盾。問題点を、姐姐の視点から ■□■

　中国では父、母、兄、弟、姉、妹のことを、それぞれ、父亲、母亲、哥哥、弟弟、姐姐、妹妹というが、本作の原題は『我的姐姐』。つまり、「私のお姉さん」だ。ちなみに、日本人が最も好きな中国映画であるチャン・イーモウ監督の『初恋のきた道』の原題は『我的父亲母亲』だから、いくら中国人に「初恋のきた道は良かった。」と話しても意味が通じない。したがって、本作についても、『シスター　夏のわかれ道』とされた邦題でいくら話題提供しても、中国人には全く通じない。また、英語の「Sister」では、「お姉さん」だけの意味は伝わらないし、「夏のわかれ道」という副題はかなりピント外れだから、この邦題はイマイチだ。

　それはともかく、１９８６年生まれの女性監督イン・ルオシンが長編映画2作目の本作で取り上げたテーマは、中国の一人っ子政策（の矛盾と問題点）。また、その脚本を書いたのは、イン・ルオシン監督の同期生として中央戯劇学院/演劇文学演出科を卒業した女性ヨウ・シャオインだ。一人っ子政策は１９７９年に始まり２０１５年まで実施されたもので、原則として一組の夫婦につき、子供は一人だけと制限した政策だ。共に１９８６年生まれのイン・ルオシン監督と脚本家ヨウ・シャオインは、その一人っ子政策によってどんな影響を受け、どんな矛盾、問題点を感じたの？本作の問題意識はまさにそれ。そして、本作はそれを姐姐の視点から描いたものだから、それに注目！

　ちなみに、本作の登場人物は、脚本を書いたヨウ・シャオインが生活の中で観察した大勢の実在人物をベースにさまざまな特徴を総合して生み出したキャラクターらしいが、そ

のキャラクターの捉え方は素晴らしい。それは少しずつ本作の評論の中で紹介したい。

■□■事故で両親が死亡。6歳の弟が登場！姉の生活設計は？■□■

本作の舞台は、四川省の省都、成都。看護師として病院で働くアン・ラン（チャン・ツィフォン）は、医者になるために寸暇を惜しんで受験勉強に励んでいた。ところが、突然両親が交通事故で死亡し、両親の葬式には見知らぬ6歳の弟ズーハン（ダレン・キム）が登場してきたからビックリ！これは一体ナニ？これは、一人っ子政策の下で生まれたアン・ランが大学生になった時に、アン家の跡継ぎを強く望んだ両親が、二人目の子供ズーハンをもうけていたためだ。本作導入部では、そんなストーリー（内幕）が興味深い映像の中で描かれていく。私は1980年代生まれの中国人の友人がたくさんいるので、彼ら彼女らにはいつも「あなたは一人っ子？」と聞いている。イン・ルオシン監督は1986年生まれだが、全く同じ年に生まれた私の友人の女性に質問してみると、その答えは・・・？

それはともかく、そんな導入部のストーリーで、私が少し納得できないのは、アン・ランは自分が大学生の時に弟が生まれたことを知っていたの？それとも知らなかったの？その前提が少し曖昧なことだ。それはイン・ルオシン監督と、同級生である脚本家ヨウ・シャオインの責任だが、アン・ランは弟の存在自体を知らかったの？それともそれは知っていたが顔を合わせる機会がなかっただけ？私にはその点を明確にしてほしかったが・・・。

アン・ランにとって突然の両親の死亡は大打撃。しかし、子供の頃から独立心が強く、今も北京の医大に入学するための努力を続けているアン・ランは、もともと成都を離れ両親と離れることに何の痛痒も感じていなかった。もちろん、北京の大学での学費や生活費は自分で稼ぎ、親に頼るつもりは毛頭なかったから、なおさらだ。しかし、成都で、幼稚園に通っている6歳の弟の面倒を、自分が姉としてみなければならないことになると、そんな自分の人生設計はハチャメチャに・・・。

■□■弟の面倒は誰が？伯母の意見は？養子縁組案も！■□■

本作にはアン・ランの両親の姿は登場せず、ストーリー展開の軸になるのは①父親の姉であるアン・ロンロン（ジュー・ユエンユエン）、つまりアン・ランの伯母と、②母親の弟であるウー・ドンフォン（シャオ・ヤン）、つまりアン・ランの叔父の二人だ。四川省の一部地域では、お葬式の際に麻雀をする習慣があることを本作ではじめて知ったが、それは麻雀のパイを混ぜるシーパイで派手な音を立てることが死者にとって縁起の良いこと、魔よけになるなどの理由らしい。本作の葬式シーンで俄然存在感を発揮するのが、麻雀大好き人間のウー・ドンフォンだ。ウー・ドンフォンは同時に両親が死亡した交通事故についての加害者への損害賠償請求や、両親が住んでいたアパートの処分等についてもアン・ランにアドバイス（？）するので、それにも注目！しかして、そもそも、この男（叔父）は善人？それとも悪人？

他方、本作で最も興味深いキャラはアン・ロンロン。中国は日本とは異なり夫婦別姓だが、家意識や女性差別は日本以上に強い。アン・ロンロンはアン家の継承者が自分の弟、

つまりアン・ランの父親だったため、進学をあきらめた過去を持っていたが、それは姉である自分の運命だと受け入れてきたらしい。そんなアン・ロンロンが今の事態をみて、「姉なら弟のために我慢すべき」とアン・ランに意見したのは当然だ。それに対して、弟のために自分の人生設計をかき乱されたくないアン・ランの提案は、養子縁組案。ネット社会が日本以上に進んでいる中国では、ネット上で養子先を探すことが広く行われているらしい。善は急げ！アン・ランは直ちに父親名義のアパートの売却と養子先探しに着手することに。なるほど、なるほど・・・

■□■当面は弟と同居。早く養子先を！姉弟の同居生活は？■□■

叔母アン・ロンロンはそんなアン・ランを冷ややかな目で見つめていたが、アン・ランは大真面目だ。しかし、養子先が見つかるまでは、弟ズーハンを引き取り、幼稚園への送迎や食事の世話をするのは仕方がない。他方、ズーハンはなぜ両親がいなくなったのかすら理解せず、アン・ランとの同居生活でもワガママ放題だから始末が悪い。アン・ランがちゃっかり恋人を持っていたにはびっくりしたが、弟との同居生活から生まれる各種トラブルをその恋人（リャン・ジンカン）に相談しても、恋人からのアドバイスはピント外れで、アン・ランをイライラさせるだけ。その上、看護師という重要な仕事についているアン・ランが、そんなイライラを職場に持ち込むと、そこでもさまざまなトラブルが。ズーハンとの同居生活を始めたアン・ランの不満やストレスは今や限界状態。このままでは、姉による弟への虐待事件や、最悪の場合は殺人事件まで・・・。

さすがにそこまではいかなかったが、そんな状況下、裕福そうで物腰柔らかな夫婦が養子縁組候補として現れ、ズーハンとの面談でも気に入ってくれたから万々歳。ところがそれを聞いたアン・ロンロンやウー・ドンフォンは、ズーハンを養子として放り出すことに大反対。「姉が幼い弟を育て上げるべき」とアン・ランを責め立て、養子縁組を破談にさせようと結託したから、さあ、その後の展開は？

■□■一人っ子政策の例外は？罰金の他にもこんな方法が■□■

一人っ子政策は「原則として・・・」だから、例外もあり、漢民族でない少数民族は二人目もOKだ。また、多額の罰金を払えば、漢民族でも二人目が認められることが多い。そんな一人っ子政策は、他方で、中国が男中心社会であることを浮き彫りにした。それは、一人目が男の子であれば二人目は諦めるものの、一人目が女の子であれば多額の罰金を払ってでも二人目を産み「今度は必ず男の子を！」という声が強いこと。それは、一人目が女の子だったアン家も同じだった。しかし、貧乏なアン家は多額の罰金を払うことはできなかったらしい。ところが、一人目の子供が身障者の場合も、一人っ子政策の例外として二人目の出産を認められることに気づいた父親は・・・？

本作導入部では、審査に来た係官に対して、左足が不自由でまともに歩けないことを示すためアン・ランの左足を激しく打ち付ける父親の姿が登場する。これは一体ナニ？そこまでして二人目の男の子が欲しいの？そんな父親の想いを目の当たりにしたアン・ランの

気持ちは如何に？

■□■子役の演技力に注目！喜んで養子に！？■□■

　大人と違って子役の演技は自然そのもので天真爛漫。そうかどうかは別として、子役の名演技には涙を誘う映画が多い。その代表は、ギター曲があまりに有名なフランス映画の傑作『禁じられた遊び』（５２年）。『聖なる嘘つき　その名はジェイコブ』（９９年）（『シネマ１』５０頁）も、そうだ。

　本作導入部に見るズーハンは、一人っ子政策が続く中国で有名になった言葉、"小皇帝"そのものだから、あまり共感できるキャラではない。しかし、両親がいなくなったことを思い知らされる中で次第に姉への愛情が芽生えていく姿は興味深い。そのため、当初はワガママ者同士の幼い姉弟喧嘩と思われていたいろいろなシーンが、少しずつ変容していくので、本作ではそれに注目！それに説得力があるのは、子役ダレン・キムの名演技とチャン・ツィフォンのまっすぐで共感できる演技によるものだが、それ以上にその点は間違いなく繊細な女性脚本家ヨウ・シャオインと女性監督イン・ルオシンの手腕だ。

　養子先が見つかるまでは仕方なし。そう割り切って親の残したアパートで同居していたこの姉弟の仲は最悪。ズーハンもストレスがたまっていたのだろう。幼稚園では考えられないようなイジメ（？）の実行も。これでは、幼稚園に呼び出されたアン・ランのメンツも大潰れだ。しかし、ある夜ケガをした弟を迎えに行った帰り道、アン・ランの背中にいる疲れ切ったズーハンの口から「ママと同じ匂いがする。」との声が。そんな声を聴き、さらに背負った重さと体温が少しずつアン・ランに伝わってくると・・・？

　ある日そんな弟は、アン・ランに対して明るく養子に行くことを承諾したが、それはズーハンの本心？それとも姉への忖度・・・？

■□■ついに北京行きの日が！最終書類へのサインは？■□■

　映画『卒業』（６７年）は、私が大学に入学した１９６７年を代表するハリウッド映画。それまでのハリウッドの"映画スター"といえば、ジョン・ウェインを代表とする格好良い、男らしい男とされていた。しかし、同作の主人公ベンジャミン役を演じたダスティン・ホフマンは小柄だし、ハンサムでもなかった。そんな男が主演した『卒業』は、同じ年に話題を集めた『俺たちに明日はない』（６７年）と共にハリウッド映画の"時代の転換点"になる映画だった。

　『卒業』では、サイモンとガーファンクルが歌った『サウンド・オブ・サイレンス』と『ミセス・ロビンソン』が有名だが、自分の恋人ベンジャミンを母親ミセス・ロビンソンの情事の対象にされたことに、キャサリン・ロス演じる娘エレーナが怒ったのは当然。そのため、同作ラストはエレーナが別の男との結婚式を挙げる教会のシーンになったが、そこで起きた、あっと驚く事件とは！？それは私たち団塊世代の男女なら誰でもよく知っている"花嫁強奪作戦"だが、本作ラストはそれによく似た（？）"姉による弟の強奪作戦"になるので、それに注目！

北京に行くまでは自宅で弟と同居。その間に自宅を売却し、弟を養子先へ、それがアン・ランの立てた計画だが、何事も計画どおりに実行していくアン・ランのことだから、なんやかんやのトラブルに出会っても実行力は手堅いはず。“新しい資本主義”などと訳のわからない構想をぶち上げながら、なんの実効的な政策を伴わない岸田文雄政権とは大違いだ。しかして、今日は北京へ飛ぶ飛行機のチケットも準備できたらしい。そこで「最後のご挨拶」としてアン・ランが養子縁組先を訪れると、そこで差し出されたのは「今後一切、弟と会わないこと」を誓約する書類だ。養親から「念のため・・・」と言われながら、そこへのサインを求められたアン・ランはすぐに了解し、スラスラと自分の名前を・・・。そう思ったが、そこでスクリーン上はなぜかさまざまな回想シーンに。すると、ひょっとして・・・？

　その後の展開はあなた自身の目でしっかりと！それにしても『卒業』から５０年以上経った今、『シスター　夏のわかれ道』と題された本作で、あのラストシーンの再現（？）を観ることになろうとは・・・。私は、こんな映画大好き！

２０２２（令和４）年１０月２５日記

“一人っ子政策”の問題点を、弟の突然の登場に戸惑う姉の視点から！
―監督も脚本も中央戯劇学院卒の８０后の女性が―

坂和　章平

　文化大革命終了後の７９年から始まった一人っ子政策は良くも悪くも大胆な制度。両親から子供一人だけなら倍々ゲームで人口は減少し、将来的に人口はゼロに？１５年に廃止されたが、その功罪は？今や中国では“Ｚ世代”が主流だが、“躺平主義”も横行。しかし鄧小平が主導した改革開放政策下で急速に豊かになった８０后は元気だ。一人っ子政策の下で生を受けた８６年生まれの二人の才女が体験した、跡継ぎの男の子を願う両親との確執は？

　北京の医大に入り女医に！それが成都で看護師として働くアンの夢なのに、突然両親が交通事故で死亡し６歳の弟が跡継ぎとして登場！これは一体ナニ？一人っ子政策の例外は罰金だが、姉が身障者の場合も例外に？するとあの時、父親が私の足を強打したのは？幼稚園の送迎、食事の世話は姉の義務。叔父も伯母もそう決めつけたが、養子縁組案は？

　姐姐は徹底した自立主義。対する小皇帝は超わがまま。そんな姉弟の束の間の同居生活はケンカばかりで最悪だ。ネット募集による養親候補は裕福で優しいから申し分なし。早く家を処分し弟も放出！そんな思惑の中、ある局面で「ママと同じ匂いがする」と言われると？ギター曲が有名な『禁じられた遊び』（５２年）では子役の名演技に涙したが、６歳の弟の養子縁組承諾の意思表示は真意？それとも姉への忖度？それらの心理描写はさすがだ。北京への旅立ちの今日、弟とは二度と会わないとする誓約書へのサインを求められたアンは？

　『卒業』（６７年）のラストはチョー有名。母親の誘惑に負けた主人公による、教会での花嫁強奪作戦に拍手喝采！するとサインの前に回想シーンが次々と登場する本作はひょっとして姉による弟の強奪作戦に？そんな感動と姉弟讃歌はあなた自身の目でしっかりと！

（『シスター　夏のわかれ道』「日本と中国」NO.2271・2022 年 12 月 1 日掲載）

Data 2022−89

監督・編集：陳梓桓（チャン・ジーウン）

製作：任硯聰（ピーター・ヤム）／蔡廉明（アンドリュー・チョイ）／小林三四郎／馬奈木厳太郎

Blue Island 憂鬱之島

★★★★

2022 年／香港・日本映画
配給：太秦／97 分

2022（令和4）年 7 月 28 日鑑賞　　シネ・リーブル梅田

◉◉ みどころ

　２０１４年に大爆発した香港の"雨傘運動"は大注目を集め、民主化への期待が高まったが、結果は正反対！今や一国二制度は"死に体"状態に！

　それでも陳梓桓監督は諦めず、『乱世備忘 僕らの雨傘運動』（１６年）に続いて、本作を！取り上げる"３つの題材"は、①香港六七暴動、②文化大革命と香港逃亡ブーム、③六四天安門事件、だ。

　時代と舞台を大きく異にするそれを、ドキュメンタリーとドラマの融合という手法で撮影したが、その賛否？成否は？

――＊―＊―＊―＊―＊―＊―＊―＊―＊―＊―

■□■ 『乱世備忘』に続いて、陳梓桓監督が香港の今を！■□■

　１９８７年に香港で生まれた陳梓桓（チャン・ジーウン）監督の長編デビュー作となった映画が、自らもデモに参加していた、２０１４年に香港で起きた雨傘運動の７９日間を描いたドキュメンタリー『乱世備忘 僕らの雨傘運動』（１６年）（『シネマ４３』１７５頁、『シネマ４４』３１８頁）だった。サブタイトルの"僕ら"の中には１６歳の女の子も含まれていたが、同作を観れば、雨傘運動、ひまわり学生運動、SASPL、SEALDs 等を中心とする雨傘運動の"論点"がよくわかる。

　雨傘運動は、市民的不服従（良心にもとづき従うことができないと考えた特定の法律や命令に非暴力的手段で公然と違反する行為）が原則だったが、その後の香港の行方を見れば、雨傘運動の成否は？あれは敗北？それとも・・・？また、同作の撮影が大変だったのは当然だが、同じ頃に観た、『チリの闘い 第１部 ブルジョワジーの叛乱』（７５年）、『第２部 クーデター』（７６−７７年）、『第３部 民衆の力』（７８−７９年）（『シネマ３９』５４頁）に比べると、「少し突っ込み不足は否めないが必見！」だった。そんな陳梓桓監督が、『乱世備忘 僕らの雨傘運動』に続いて本作を！

■□■テーマは香港の記憶、現在そして未来！■□■

　英語の Blue は青だけではなく、憂鬱という意味もある。「Blue day」はその典型だが、「Blue Island」とはナニ？そして「憂鬱之島」とはナニ？陳梓桓監督は、「それが香港だ」という自虐的な思いを込めて、それを本作のタイトルにしたが、本作のテーマは、香港の記憶、現在そして未来だ。

　阿片戦争で敗れた清朝政府は、１８４２年にイギリスと南京条約を締結。そこから、中国本土とは、異なる香港の近・現代史が始まった。そして、１９９７年に香港の主権が中国に移行されたことによって、イギリスによる植民地支配は終了し、「一国二制度、香港人による統治、高度な自治」が始まったが以降、香港と中国本土との"微妙な関係"が続くことに・・・。２０２２年８月の今、中国本土は秋の中国共産党第２０回大会の話題で持ちきり。今や香港は完全に（中国）本土化してしまったから、香港の未来は絶望だけ・・・？

■□■ "３つの題材"（１）香港六七騒動とは？■□■

　「香港の記憶、現在そして未来」をテーマにした本作は、①香港六七暴動、②文化大革命と香港逃亡ブーム、③六四天安門事件、という３つの歴史的大事件を題材として取り上げるので、それに注目！

　まず最初の「香港六七暴動」とは、私は全く知らなかったが、パンフレットによると、１９６７年香港左派暴乱とも呼ばれ、香港の親中派によって１９６７年５月に起こされた、香港イギリス政府に対する抵抗を目的とした大型暴動のこと。事件は当初、労働者運動や反イギリス政府デモだったが、鎮圧と拘束の過程でデモ参加者に多数の負傷者や死者が発生。また、中国が労働団体や組織と繋がっており、香港の左派は中国がすぐにでも香港を取り戻すものと誤解していた。その後衝突はエスカレートし、デモ側が放火したり爆弾を爆発させたり、警官を襲撃し殺害したり銃撃戦になるなど、一連の暴力行為が起こった。事件は７カ月間に及び、１９３６人が起訴され、８３２人が負傷、５１人が死亡した。

　まさに私が大学入学し学生運動に参加したのと同じ時期に、香港でこんな騒動が起きていたとは！

■□■ "３つの題材"（２）文化大革命と香港逃亡ブームとは？■□■

　１９６６年に始まった文化大革命は日本でも有名な事件だから、私もよく知っている（つもり）。しかし、「文化大革命と香港逃亡ブーム」とは一体ナニ？本作の冒頭、中国大陸の都市・深圳から対岸に位置する自由の象徴である香港へ泳いで渡ろうとする男性の姿が登場するが、なるほど、文化大革命の当時にはこんな姿が・・・。海が荒れているために、途中で力尽き溺れて亡くなる者も多かったが、香港にたどり着くことに成功した知識青年は、香港に根付き香港の新移民となったそうだ。

■□■ "３つの題材"（３）六四天安門事件とは？■□■

　パンフレットでは、六四天安門事件について、次のとおり解説されている。すなわち、

１９８９年４月、天安門広場に集まった大学生と市民は、心臓病で死去した中国共産党総書記の胡耀邦を追悼したが、その後一部の大学生の主導の下、追悼活動は反官僚、反腐敗デモへと発展。５月中旬には学生たちはハンストを始め、全国各地の４００あまりの都市でも人々が集結して抗議し、支持を表明した。期間中に最も多いときで１００万人が天安門に集まってデモを行った。デモ活動は日増しに発展、拡大したため、軍の最高指導者である鄧小平は軍事力で鎮圧することを決定。６月３日から６月４日早朝にかけて人民解放軍が武力制圧を行った。

　１９８９年６月４日の天安門事件における"戦車のシーン"は衝撃的だったが、それは本作にも登場する。さあ、陳梓桓監督は、この３つの題材を本作でいかに『憂鬱之島』というタイトルでまとめていくの？

■□■ドキュメンタリーとドラマを融合！その賛否・成否は？■□■

　本作冒頭の海辺のシーンとそこから海に飛び込む男女のシーンを観ていると、本作も『乱世備忘』と同じドキュメンタリー映画。誰もがそう思うはずだが、然にあらず。本作で陳梓桓監督は、基本的には"３つの題材"をドキュメンタリーとして描きつつ、他方でさまざまなフィクションを混入させる手法を取った。そのため、文化大革命の猛威を逃れるため、恋人と共に中国本土から香港に泳いで渡ってきた体験を聞いていた若い男女が、その後に両親や自分が香港へ来た経緯を話したり、若き日の老人たちの越境する姿を演じたりするからアレレ・・・。

　また、「香港六七暴動」の老人と彼を演じる学生が撮影の合間に話したりするので、さらにアレレ・・・。他方、ドキュメンタリー映画にニュース映像が対応されるのは常だが、本作では有名な天安門の戦車のシーンをはじめとしてそれも多い。それは当然だが、さまざまなフィクションを組み入れた本作では、さらに、香港の牢獄のセットの中で、投獄された過去を持つ老人と、暴動罪で投獄されるかもしれない今の学生が、肉声で語り合うので、さらにアレレ・・・。

　これらは、前述した３つの題材が、時と場所を大きく異にしているため。つまり、陳梓桓監督は世代を超えた人物を登場させることによって、３つの時と場所をうまくリレーしようと考えたわけだ。しかし、その是非は？その成否は？本作の評論で、山根貞男氏（映画評論家）は、それを「香港の叫び　魂のリレー」と表現しているが、残念ながら、私にはそれが成功しているとは思えないが・・・。

２０２２（令和４）年８月４日記

Data 2022−78

監督・脚本・編集：是枝裕和
出演：ソン・ガンホ／カン・ドンウ
ォン／ペ・ドゥナ／イ・ジウ
ン／イ・ジュヨン

★★★★★

ベイビー・ブローカー

2022年／韓国映画
配給：ギャガ／130分

2022（令和4）年7月2日鑑賞 ｜ TOHOシネマズ西宮OS

👀 みどころ

　近時の邦画の快進撃は『万引き家族』（１８年）から始まった。一貫して"家族"をテーマにしてきた是枝監督は、『パラサイト 半地下の家族』（１９年）のソン・ガンホらとコラボし、新たな家族の物語に挑戦！

　『ドライブ・マイ・カー』（２１年）の後半は北海道へのロードムービーになったが、すべて韓国で撮影した本作は、ソウルから朝鮮半島東海岸を月尾島（仁川）まで、"ベイビー・ブローカー様御一行"が養親探しのため、ワゴン車で進むロードムービーになる。否応なく起きるさまざま"トラブル"も見物だが、注目は終末の大団円？

　何が犯罪で、何が正義？それがよくわからないからこそ、弁護士も商売が成り立つことを、本作を見て再確認！

———＊———＊———＊———＊———＊———＊———＊———

■□■是枝監督が家族をテーマに韓国の俳優とスタッフで！■□■

　２０２１年の第７４回カンヌ国際映画祭では濱口竜介監督の『ドライブ・マイ・カー』（２１年）（『シネマ49』１２頁）が脚本賞を受賞したが、近時の邦画の快進撃は２０１８年の第７１回カンヌ国際映画祭で是枝裕和監督の『万引き家族』（１８年）（『シネマ42』１０頁）がパルムドール賞（最高賞）を受賞したところから始まった。同作はインパクトはあるものの、いかにも品のない（？）タイトルとは裏腹に、亡・樹木希林扮する初枝ばあちゃんを中心にした"疑似家族（万引き家族）"の物語が、是枝監督の素晴らしい手腕によってカンヌの絶賛を獲得した。他方、過去も現在もずっと元気に次々と問題提起作を作り続ける韓国映画界の中心にいる俳優がソン・ガンホ、監督がポン・ジュノだが、その２人が組んでパルムドール賞を受賞した傑作が『パラサイト 半地下の家族』（１９年）（『シネマ46』１４頁）だ。

近時の日本は、内向き志向が強くなっているが、還暦を迎えようとしていた是枝監督はそれとは逆に、『万引き家族』の後は、フランスの女優カトリーヌ・ドヌーヴと組んで『真実』（１９年）（『シネマ４６』１３９頁）を監督する等、海外志向を強めていた。そんな是枝監督が、今回は何と、ソン・ガンホを主役に起用し、韓国の制作スタッフで新たな"家族の物語"に挑戦！すると、そこに『空気人形』（０９年）（『シネマ２３』２２５頁）で主役に起用し、第６２回カンヌ国際映画祭に挑戦したペ・ドゥナを加えたのは当然だ。

　是枝監督は『そして父になる』（１３年）（『シネマ３１』３９頁）では、「６年間育ててきた息子が、他人の子供？そんなバカな！血を優先？それとも時間を優先？」という困難なテーマに挑戦！そして、『万引き家族』では、死亡通知を出さずに親の年金をもらい続けていた家族が逮捕されたという、現実に起きた事件をきっかけに、「消えた高齢者」として社会問題化し、年金詐欺を働いた家族がバッシングを受けたことに違和感を覚える中で、年金と万引きで生計を立てている一家の物語に着想した。しかして、本作では新たに、何をテーマに、どんな家族の物語に挑戦を？

■□■今回のテーマは赤ちゃんポスト！それって一体ナニ？■□■

　『そして父になる』は"子供の取り違え"というあっと驚くテーマを描いたが、その製作の中で是枝監督は熊本市の病院に設定している「こうのとりのゆりかご」に関する資料を読み、"赤ちゃんポスト"や"養子縁組"について興味と関心を持ったらしい。

　赤ちゃんポストとは、「様々な事情で育てら

れない赤ちゃんを匿名で預け入れることのできる窓口」のこと。世界ではじめての赤ちゃんポストは、２０００年４月にドイツのハンブルクの民間幼稚園の片隅に「Babyklappe」（ベビークラッペ＝赤ちゃんの扉）の名で設置され、数年の間に世界に広まったらしい。日本では２００７年５月に熊本慈恵病院に設置された１つだけだが、韓国には３つの赤ちゃんポストがあり、最初のそれは２００９年にソウル市内のジュサラン・共同体教会に設置されたそうだ。なるほど、なるほど。

　本作のパンフレットには、柏木恭典氏（千葉経済大学短期大学部 こども学科 教授）のコラム「韓国・日本における赤ちゃんポストや養子縁組の現状」があるので、本作を鑑賞

するについては、それをしっかり勉強したい。

■□■本作に見る赤ちゃんポストにビックリ！■□■

日本の赤ちゃんポストはたった1つだけ熊本慈恵病院に設置されているが、キリスト教信者が多い韓国では、1つ目も2つ目も教会に、3つ目はお寺に設置されているらしい。それを前提として、本作導入部における、釜山家族教会に設置された赤ちゃんポストに、若い女性ムン・ソヨン（イ・ジウン）が赤ちゃんを預け入れるシークエンスに注目！

赤ちゃんポスト設置の目的は前述のとおりだが、世の中には、そんな人の"善意"を利用して金を稼ごうとする"悪い奴"がいるもの。それがベイビー・ブローカーだ。そして、原題を『BROKER』、邦題を『ベイビー・ブローカー』とする本作で、第75回カンヌ国際映画祭主演男優賞を受賞したソン・ガンホ演じるのが、ベイビー・ブローカーのハ・サンヒョン。本作ではまず、サンヒョンが相棒のユン・ドンス（カン・ドンウォン）と共に、ソヨンが職員のいない日曜日の夜に預けていった赤ちゃんを、本業である釜山の街で営む古ぼけたクリーニング店兼自宅に連れて帰るシークエンスにビックリ！ホントにこんな現実があるの？

『万引き家族』では、「万引き家族」なるものの実態（生態）をはじめて教えられたが、さて、本作に見るベイビー・ブローカーの実態（生態）は？サンヒョンとドンスは、この赤ちゃんの養子縁組をどうやって成立させ、いくら稼ぐの？

■□■養父母探しのロードムービーが開始！その追跡者は？■□■

『ドライブ・マイ・カー』の後半は、若い女ドライバーの運転する赤いサーブに乗った主人公が北海道に赴くロードムービーになっていた。それと同じように本作も、導入部で赤ちゃんポストの実態が提示された後は、"ある事情"でソヨンも仲間に加わった"ベイビー・ブローカー"たちの、養父母探しのロードムービーになっていく。サンヒョンが商売用に使っているボロボロのワゴン車で釜山を出発した彼らの最初の目的地は、盈徳。しかし、待ち合わせの場所に"商談"にやってきた男女は、ウソンの顔を見て「写真ほど可愛くない」とクレームをつけ、約束の金額を値切ってきたから、アレレ・・・？そこで「お前らなんかに渡すか！」とブチ切れしたソヨンを見たサンヒョンは取引を終わらせ、他の養親候補を探すことにしたが、サンヒョンの妻子を含む"ベイビー・ブロー

カーゴ一行様"は、とりあえず、ドンスが育った児童養護施設に一晩泊まることに。

　他方、そんな彼らをずっと追跡していたのは、女性青少年課の刑事スジン（ペ・ドゥナ）と後輩のイ（イ・ジュヨン）。彼女たちはサンヒョンとドンスをずっと見張っていたが、逮捕するためには取引の現場を押さえなければならないから、そのタイミングが難しい。

■□■ドンスとソヨンはなぜケンカを？捨て子になる理由は？■□■

　本作は、冒頭のソヨンによる赤ちゃん預け入れシーンに際して、ソヨンが「必ず迎えに来るからね」という手紙を添えていたことが大きなポイントになる。赤ちゃんポストで赤ちゃんを受け入れる側の人間としては、「そんな勝手なことを言われても・・・」と思うのが当然だが、クリーニング店と共に並んで"ベイビー・ブローカー"をなりわいにしているサンヒョンは、過去に同じような経験があるらしい。もっとも、受け入れた翌日、「私が母親だ」と名乗りながらソヨンが登場し、「やっぱり思い直して赤ちゃんを迎えに来た」と言われても・・・。

　そんな対応の中で見せる韓国を代表する俳優、ソン・ガンホの演技力はさすが。警察に通報されることを恐れたサンヒョンは、自分たちの裏稼業を打ち明けつつ、一方では、「赤ん坊に温かな家庭を見つけるための善意からだ」と開き直り、他方では、「養子縁組と引き換えに謝礼が出る」とソヨンを説得する姿が興味深い。

　ソヨンが"ベイビー・ブローカー様御一行"の1人として、養親探しのロードムービーに旅立ったのは、ソンヒョンのそんな巧みな弁舌に丸め込まれたためだ。ところが、ドンスが育った児童養護施設で一泊した夜、ドンスがソヨンに対して、子供を捨てる母親への怒りをぶちまけ、ソヨンが赤ちゃんポストに赤ちゃんを預けた時に添えた「必ず迎えに来るからね」という手紙を嘘だと決めつけたから、さあ大変！ドンスは直ちに「事情も知らずに理想の母親像を押しつけるな」と反論し、2人は激しく対立したが、それはなぜ？そんな2人の仲裁でも役に立ったのが、サンヒョンの巧みな弁舌。いらだつドンスに対して、サンヒョンは、「ドンスも同じ手紙とともに母親に捨てられた過去があるのだ」と話し、「辛く当たるのを許してやってくれ」と頼むと・・・。なるほど、みんなそれぞれ色々な事情があるわけだ。

　"ロードムービー"が面白いのは、さまざまな事件と話し合いを伴う"ロード"の時間と正比例して、ロードムービー参加者たち相互の理解が深まっていくこと。それは、中学高校時代の修学旅行が思春期の生徒たちにとって有意義なのと同じだ。さらに、是枝監督はそんな"ロードムービー"の中であれほどギスギスしていた3人の関係が変化していくことを描く演出がうまいので、それに注目！

■□■中盤からはアレレ？殺人事件を伴うサスペンスに！？■□■

　『パラサイト 半地下の家族』は、前半で面白い家族の物語を見せた後、後半からは「半地下の家族」というサブタイトルの意味が明かされていくから、ミステリー色が満ちてきた。そのため、同作はポン・ジュノ監督直々の「ネタバレ厳禁」の「お願い」があった。

本作の是枝監督はそれと同じような「お願い」はしていないが、本作も中盤から“ベイビー・ブローカー御一行様”を追い続ける刑事たちのもとに、刑事科から殺人事件の一報が舞い込んでくるからビックリ！それは、釜山のホテルで男の死体が発見され、その容疑者として指名手配されているのが若い女だというものだ。アレレ、本作は後半からサスペンスに！？

　他方、サンヒョンたちはやっと次の養親候補を探し当てて商談に入ったが、今度の怪しげな買い手は相場の2倍の金額を提示してきたからアレレ。サンヒョンたちの養親探しも一筋縄にはいかないようだ。さあ、是枝監督が描く、“新たな家族”の物語の、その後の展開は？

■□■半島の東海岸に沿った旅はハプニング続き！■□■

　日本は島国で、四方を海に囲まれているから、海岸沿いの美しい観光地がやたら多い。台湾を旅行すると、台湾も全く同じだということがわかるし、台湾は日本以上の南国だから、海の美しさはある意味で日本以上。とりわけ、台湾の東海岸はそうだ。他方、韓国は半島だから、北は大陸につながっているが、南と東西は海に面している。韓国第二の都市・釜山に旅行すれば、釜山が海に面した美しい都市で、魚介類のおいしい都市だということがよくわかる。

　しかして、釜山から月尾島（仁川）に向かうロードムービーたる本作の①釜山、②盈徳、③浦項、④厚浦、⑤蔚珍、⑥江陵に向かうまでのワゴン車による“ベイビー・ブローカー様御一行”の行く先々は半島の東海岸に沿った都市だから、美しい海岸の風景をしっかり楽しみたい。もちろん、本作では、養親探しの苦労や“ベイビー・ブローカー様御一行”内部のトラブルが次々と起きてくる。それは、①こっそり車に忍び込んでいた児童養護施設の少年ヘジンの登場、②赤ちゃんの発熱による病院への担ぎ込み、③ソヨンによるサンヒョンとドンスへの“ある告白”、等々だが、是枝演出による芸達者な韓国俳優人の軽妙な演技によるそれらの物語をしっかり楽しみたい。

　他方、蔚珍から江陵へは“ベイビー・ブローカー様御一行”に2人の女刑事も加えたドタバタ道中になるが、それは一体ナゼ？

　さらに、江陵から月尾島（仁川）の“ベイビー・ブローカー様御一行”の旅は車を乗り捨て、韓国の韓国高速鉄道（KTX）での旅になるが、それは一体ナゼ？そして、ソウルで韓国高速鉄道（KTX）を降りた“ベイビー・ブローカー様御一行”たちは、ホテルで3組目の養子縁組候補ユン夫妻との“商談”に入るが、その成否は？

■□■3度目の商談は？現行犯逮捕は？結末は大団円？■□■

　『パラサイト　半地下の家族』に見た家族は本来“犯罪家族”ではなかったが、『万引き家族』に見た家族は、法律上は当然、犯罪家族。それと同じように、本作が描く赤ちゃんポストに預け入れられた赤ちゃんを養子縁組させて金を稼ぐ“ベイビー・ブローカー”を裏稼業とする一家は本来“犯罪家族”だ。それを追跡し、金銭授受の現場を押さえて現行

犯逮捕しようとする2人の女刑事の執念も涙ぐましいが、これは当然、正義に基づくものだ。そんな"対決"を含みながら、釜山から月尾島（仁川）に向かうロードムービーの中で、ソウルで迎えた3度目の養親候補との商談にサンヒョンはすべてをかけていたが、その首尾は?

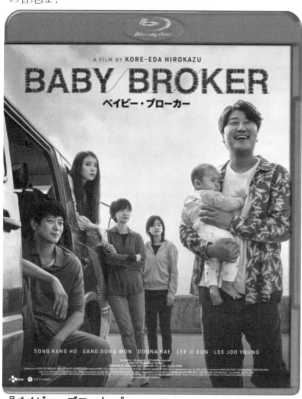

『ベイビー・ブローカー』
発売日：2022年12月2日
Blu-ray コレクターズ・エディション：6,380円（税込）
スタンダード・エディション：Blu-ray：5,280円（税込）／
DVD：4,180円（税込）
発売・販売元：ギャガ
© 2022 ZIP CINEMA & CJ ENM Co., Ltd., ALL RIGHTS RESERVED

本作導入部でサンヒョンがソヨンに話していた通り、「俺たちの商売は、捨てられた赤ん坊に温かな家族を見つけるための善意からだ」との説明（弁明）もたしかに一理はある。また、旅の途中で、赤ん坊が熱を出した時の慌てぶり、対応ぶりを見れば、いかに商売のためとはいえ、彼らの赤ん坊に対する愛情（愛着）もよくわかる。しかし、是枝監督がそんな家族をテーマとして描いた本作は、きっとサンヒョンたち"ベイビー・ブローカー"の現行犯逮捕で終わるはず。それがずっとスクリーンを見ていた私の予測だったが、案の上・・・?しかし、何が正義で、何が悪かを一義的に定めることは難しい。それは、弁護士生活50年近くになる私が強く実感することだ。

しかして、本作ラストは、現金授受を伴う赤ん坊の人身売買によってサンヒョンたちは現行犯逮捕、そして、裁判で有罪。そんな単純な結末でいいの?いやいや、そんなはずはない。それがわかっていれば、いや、本作の結末大団円（?）に十分留意しつつ、楽しみたい。

2022（令和4）年7月9日記

Data　2022−101

監督・脚本：リュ・スンワン
出演：キム・ユンソク／チョ・イン
　　　ソン／ホ・ジュノ／ク・ギョ
　　　ファン／キム・ソジン／チョ
　　　ン・マンシク／キム・ジェフ
　　　ァ／パク・ギョンヘ

★★★★

モガディシュ　脱出までの１４日間

2021 年／韓国映画
配給：ツイン、カルチュア・パブリッシャーズ／121 分

| 2022（令和 4）年 8 月 20 日鑑賞 | シネマート心斎橋 |

👀みどころ

　モガディシュは１９８８年から長く内戦が続くアフリカの国ソマリアの首都。『戦狼２　ウルフ・オブ・ウォー２』（１７年）を観れば、アフリカの某国における“中国版ランボー”の“人民のため・国家のための大活躍”が楽しめるが、反乱軍に首都が制圧される中、韓国と北朝鮮の大使たち一同の命運は？

　２０２１年８月末限りとされたアフガニスタンからの脱出を巡って、世界に流れたニュースは悲惨なもの。“台湾有事”を巡る邦人救出のシナリオは今やっと検討され始めたが、その生きた教材が本作に！

　１９９０年１２月末、モガディシュでの“脱出までの１４日間”は如何に？

―――＊―――＊―――＊―――＊―――＊―――＊―――＊―――＊―――

■□■国連加盟を巡ってソマリアで票集め！時は１９９０年！■□■

　１９８９年は天安門事件（６月４日）、ベルリンの壁崩壊（１１月９日）に代表される世界的な激動の年だが、『６４―ロクヨン―前編』（１６年）（『シネマ３８』１０頁）、『６４―ロクヨン―後編』（１６年）（『シネマ３８』１７頁）で描かれたとおり、１９８９年は日本もわずか７日間だけしかなかった昭和６４年から平成に移行した転換点であると同時に、バブル崩壊により“失われた３０年”に移行した重要な年だ。そんな時、韓国や北朝鮮はどうだったの？

　１９８９年当時の北朝鮮はまだ金日成の時代。今でこそ韓国との経済格差は大きく開いているが、当時は？他方、韓国は、軍事独裁政権から民主政権への転換を目指そうとしていた時代だ。そんな時代に、アフリカのソマリアはどんな情勢だったの？

　１９８８年に発生した“ソマリア内戦”は今日までずっと続いているが、国連加盟への票集めを巡って、１９９０年当時、韓国と北朝鮮がソマリアで競い合っていたことを本作ではじめて知ってビックリ！そんな票集めの真っ只中にソマリア内戦が激化し、首都のモ

ガディシュが反乱軍に制圧されてしまえば・・・？

■□■大統領との面会は？贈り物は？なぜ北の大使が？■□■

本作の冒頭は、ソマリアの空港に降り立ったカン・テジン参事官（チョ・インソン）からソマリア大統領への贈り物を受け取った"韓国大使ハン・シンソン（キム・ユンソク）様御一行"を中心に、いかにも韓国らしいコメディー風のストーリーが展開していく。これは現在、国連への加盟を悲願としている韓国が、最多の投票権を持つアフリカ諸国に行っている根回しの一つだ。

豪華な贈り物と共にソマリア大統領との面会が実現すれば、ソマリアの１票は確実！ハン・シンソンはそう確信していたが、官邸へ向かう途中に北朝鮮大使館が密かに仕込んだ（？）現地の若者たちの襲撃によって贈り物が強奪される被害に遭い、わずか１５分遅れるとすでに大統領は移動済みに。そのうえ、翌日の面会では北朝鮮のリム・ヨンス大使（ホ・ジュノ）とテ・ジュンギ参事官（ク・ギョファン）に鉢合わせしてしまったからヤレヤレ。「妨害工作をするな」と怒るハン大使に対して、逆にリム大使からは、「我々は南より２０年も早くアフリカと関係を築いてきた」と言い返される羽目に。

五輪の誘致合戦も大変だが、国連加盟への"清き１票"を求める政治工作も大変だ。１９９０年当時のそんな工作の中にも、韓国と北朝鮮の"南北対立"があったことを知ってビックリ！

■□■モガディシュ陥落！暴徒の動きは？各国の大使館は？■□■

アフリカの某国で起きた内乱で、"中国のランボー"と呼ばれる主人公が、中国人民と祖国のために大活躍した大ヒット作が『戦狼2　ウルフ・オブ・ウォー2』（１７年）（『シネマ４１』１３６頁）だった。同作がソマリア内戦をネタにしていることは明らかだが、本作では、ソマリアの大統領府における韓国 VS 北朝鮮の攻め合いの真っ最中に、反乱軍が首都モガディシュを制圧するシークエンスになるので、それに注目！

２年前に勃発し、日に日に激化していた内戦が、首都まで、さらに大統領府まで及んだことにビックリだが、そこでの内乱軍の主張は、「人権、宗教、民主化を弾圧してきた不道徳で腐敗したバーレ政権を援助する国は、すべて敵だ」というものだったから大変。街に溢れた暴徒は、「独裁政府に協力した各国政府は出ていけ！」と各国の大使館に石や火炎瓶を投げ込んだから、通信手段は絶たれ、韓国・北朝鮮の両大使館も完全に孤立することに。韓国はカン参事官の交渉力と押しの強さでソマリア警察に大使館の警備を約束させたが、北朝鮮の大使館は・・・？

■□■石田三成はどこへ脱出？北の大使は？韓国の対応は？■□■

私は司馬遼太郎の小説が大好き。その代表は『坂の上の雲』と『竜馬がゆく』だが、『関ケ原』も大好きな小説の中の一つだ。近江出身で"文治派"の石田三成と、豊臣秀吉子飼いの武将で"武闘派"の加藤清正や福島正則らは、朝鮮出兵を契機として大猿の仲になっていた。そんな中、豊臣秀吉が死去した翌年の１５９９年に盟友・前田利家が亡くなった

ことを受けて３月３日に勃発したのが、七将による「石田三成襲撃事件」だ。三成は何とか伏見城内の自分の屋敷に逃げ込んだが、そこで助けを求めたのが、最も警戒していた相手・徳川家康。石田三成が徳川家康に助けを求めたのは、一体なぜ？

　同小説前半では、生き生きと描かれたその描写が一つの山場になっていたが、本作では、北朝鮮のリム大使たちが家族を連れて、暴徒たちに襲われた北朝鮮の大使館から中国大使館へ逃れようとする姿が描かれる。しかし、燃え上がる中国大使館を見たリム大使は、やむを得ず武装警官に守られた韓国大使館に助けを求めることを決意。テ参事官が「帰国したら粛清される！」と猛反対したのは当然だが、リム大使はなぜそんな決断を？他方、幼い子どもたちを含む北朝鮮大使館からの脱出者たちを目の前に見たハン大使の対応は？大統領府であれほど苦汁を飲まされたハン大使は、果たして彼らを受け入れるのだろうか？

■□■ “転向書”を巡る南北の確執は？共同歩調は？■□■

　人間は立場や地位によってその顔や対応を変えるものだが、本作では苦境が増すにつれて、当初あれほど対立していた韓国のハン大使と北朝鮮のリム大使が共同歩調を取ろうとする姿が目立ってくる。しかし、同じように対立していたカン参事官とテ参事官の対立はむしろ強まっていくので、それに注目！

　北の大使館からの脱出者たちをハン大使が丸ごと受け入れたのは大英断。しかし、警戒心と緊張感が最高潮に達する中、カン参事官は全員を韓国に亡命させて手柄にしようと画策し、預かったパスポートの名前で“転向書”を偽造したから、さあ大変。それを発見したテ参事官との間で殴り合いになったが、２人が争う間に、カン参事官に追加料金を拒否された武装警察が逃げてしまったから、韓国大使館もヤバイことに。そこで、今は南北で争っている場合ではないと腹をくくったハン大使は、とりあえず「協力して逃げ道を見つけよう」と提案。リム大使はこの提案に対し合意し、２人は「戦場から生きて帰るためだ」と激しく対立する参事官たちを説得したが・・・。

■□■救護機の乗れるのは誰？救護機へのカーチェイスは？■□■

　“台湾有事”の際の邦人保護（救護）をめぐる議論が日本でもやっと始まったが、本作では、１９９０年から９１年にかけての１４日間における、ソマリア内戦下の首都モガディシュからの韓国人と北朝鮮人の救護（脱出）のあり方がリアルに（？）描かれる。

　まず、確保しなければならないのは救護機だが、そもそもそれが困難。アフガニスタンからの米軍撤収を巡って、撤収期限たる２０２１年８月末に向けて起きた惨劇は、目を覆うものだった。モガディシュでもそれと同じこと、いや、それ以上の惨劇が起こる可能性が高かったが、ハン大使とリム大使が南北双方の関係国に脱出への協力を要請した結果、韓国とイタリアとの間で赤十字の救護機が確保できたのは超ラッキー。しかし、そこでの関門は国交のない北朝鮮側の同乗をイタリアが拒否したことだ。これについては、ハン大使が「全員が南に転向した」と嘘をつくことで何とかクリアできたが、すべての道路が反乱軍や暴徒で溢れている中、数台の車に分乗した南北合同の脱出組は、どうやってイタリ

ア大使館までたどり着くの？

　映像の技術が進歩した昨今は、カーチェイスの迫力を売りにするスパイアクション映画が多い。かつてのリュック・ベッソン監督の『TAXi』シリーズは、それとは異質の独特なカーチェイスを売りにしていたが、本作のクライマックスに見るカーチェイスは？戦車ならいくら銃撃を受けても平気だが、乗用車ではジェームズ・ボンド用の特別仕様車以外それは無理。しかし、車の周りを古書で覆えば、戦車と同じようになるのでは・・・？それが本作を監督したリュ・スンワン監督のアイデアのようだが、その出来は？私はそんなバカな設定に大反対だが、あなたの賛否は？

■□■どこまで共同歩調を？どこから別歩調に？■□■

『モガディシュ　脱走までの14日間』DVD
発売元：カルチュア・パブリッシャーズ
販売元：株式会社ハピネット・メディアマーケティング
発売日：2022年12月2日
価格：4,180円（税込）

　はじめて政権交代を実現させた金大中政権（1998年～2003年）以降の韓国は、保守と革新が5年毎の政権交代を巡って激戦を繰り返している。2022年5月に新たに発足した尹錫悦政権は、8月の今、米韓軍事共同演習の強化を巡って、北朝鮮との対立を激化させている。近時、新たにTVに頻繁に登場している、金正恩の妹である金与正氏の韓国攻撃の言葉は手厳しいが、それでも1990年当時の南北対立よりは、ずっとマシ！

　すると、あの反乱軍と暴徒からの銃撃を受ける中、あのド派手なカーチェイスによって、無事制限時間内にイタリア大使館に到着し、無事救護機に南北合同の脱出組が乗り込めたとしても、到着後はどうなるの？それを象徴するかのように、救護機が降り立った韓国の空港には、脱出組を4つの組に分断する4台のバスが待機していたから、それに注目！

　首を長くして待っている家族と再会できるハン大使をはじめとする韓国大使館の人々は喜びいっぱいだが、リム大使をはじめ北の大使館の人々を乗せたバスは、これからどこへ向かうの？その行先は、朝鮮民主主義人民共和国の首都・平壌だろうが、"転向者"のお墨付きを得たことによってモガディシュからの脱出を可能にさせた彼らには、これから一体どんな"粛清"が待ち受けているのだろうか？それを考えると・・・。

2022（令和4）年8月25日記

Data 2022-100

監督・脚本：ビョン・ソンヒョン
出演：ソル・ギョング／イ・ソンギュン／ユ・ジェミョン／チョ・ウジン／パク・イナン／イ・ヘヨン／キム・ソンオ／チョン・ベス／ソ・ウンス／ペ・ジョンオク／キム・ジョンス／ユン・ギョンホ

★★★★★

キングメーカー　大統領を作った男

2021年／韓国映画
配給：ツイン／123分

| 2022（令和4）年8月20日鑑賞 | シネマート心斎橋 |

👀 みどころ

　阪本順治監督の『ＫＴ』（０２年）のテーマとされた金大中事件は、日本でもチョー有名。金大中の政治家としての足跡を見れば、韓国政治の過酷さと彼の数奇な運命がよくわかる。しかし、１９６０年代から彼の選挙参謀として影の存在であり続けた厳昌録（オム・チャンノク）とは？

　『青春の光と影』は名曲だが、「政治の光と影」は陰湿。そして、その権力闘争と権謀術策はいやらしい。しかし、誰かがそれをやらなければ・・・。

　日本の“総理総裁モノ”はくだらないものが多いが、韓国の“大統領モノ”は名作が多く実に面白い。５年毎の政権交代が常態化している韓国で、今年５月に就任した保守の尹錫悦（ユン・ソギョル）大統領は日本との関係改善に意欲的だが、米韓軍事演習の拡大に北朝鮮はたちまち大反発！そんな難局の中で本作が公開された意義をしっかり確認したい。

　それにつけても、旧統一教会汚染（？）に右往左往しているだけの第２次岸田改造内閣のバカバカしさは・・・？

───＊───＊───＊───＊───＊───＊───＊───

■□■韓国の“大統領モノ”に新たな名作が誕生！■□■

　第２次世界大戦後の混乱と朝鮮戦争、そして軍事独裁政権との戦いを経て、民主主義国家になった韓国では、大統領選挙は最大のイベント。アメリカは、民主党と共和党、台湾は国民党と民進党の２大政党が政権交代を繰り返しているが、韓国でも保守系と革新系の２大政党が政権交代を繰り返している。

　直近では、２０２２年５月に革新系の文在寅（ムン・ジェイン）から保守系の尹錫悦（ユン・ソギョル）への政権交代が実現した。韓国でそれが可能になったのは、長く続いた軍事独裁政権に、金大中（キム・デジュン）が長い間挑戦し続け、１９９８年から２００３

年まで、はじめて彼の革新系政権を樹立した結果だ。台湾でも、１９８８年にはじめて実現した直接選挙による李登輝政権の誕生は大ハプニングで、その後の中国国民党 VS 民主進歩党との２大政党制実現の端緒になったが、韓国でも金大中政権の誕生は大ハプニング。しかして、そんな"大統領を作った男"とは？

　日本では"総理総裁モノ"の名作は少ないが、韓国では"大統領モノ"の名作は多い。『KT』（０２年）（『シネマ２』２１１頁）、『ユゴ　大統領有故』（０６年）（『シネマ１６』１２６頁）、『弁護人』（１３年）（『シネマ３９』７５頁）等がその代表だが、ここに、その系列の新たな名作が誕生！

■□■表（金大中）は有名だが、裏（厳昌録）は誰？■□■

　１９９７年１２月の大統領選挙で、与党候補に僅差で勝利し（４０.３％VS３８.７％）、１９９８年から２００３年まで第１５代大統領を務めた金大中は、『KT』のテーマとされた「金大中事件」の当事者として、さらにノーベル平和賞を受賞した韓国唯一の大統領としてチョー有名。地方の野党政治家から出発し、大統領にまで上り詰めた彼の不屈の精神力と闘争心は、韓国はもちろん世界でもトップクラスだ。他方、彼の選挙の参謀として実力を発揮した男が、"大統領を作った男"、厳昌録（オム・チャンノク）だが、この男のことを知ってる日本人はまずいないだろう。

　本作は実話に基づく（架空の）映画だから、政党名はすべて架空のものにされている。また、２人の主人公キム・ウンボム（ソル・ギョング）とソ・チャンデ（イ・ソンギュン）も架空の名前とされているが、そのモデルが金大中と厳昌録であることは、最初からの大前提だ。厳昌録については、東亜日報に連載された「南山の部長たち」の中で詳細に描かれているので、本作をしっかり理解したいなら、同記事を読むことが不可欠だ。さあ、本作が描く"大統領作った男"ソ・チャンデとは、どんな男？

　ちなみに『KCIA　南山の部長たち』（２０年）（『シネマ４８』２２６頁）は、１８年間もの長期政権に君臨してきた朴正煕大統領の下で、KCIA（韓国中央情報局）の部長として、ナンバー２の権限を最大限に行使してきたキム・ギュピョン部長の波乱の人生を描いたものだった。そこでは、織田信長 VS 明智光秀の関係にも似たような（？）、２人の緊張関係がメチャ面白かった。しかし、本作が描く"大統領を作った男"は、同作には全く登場してこないので、誤解のないように。

■□■『青春の光と影』は心地良い名曲！政治の光と影は？■□■

　１９６７年に発売された『青春の光と影』は、ジュディ・コリンズが歌って大ヒットした曲。その歌詞もメロディーも心地よいもので、まさに青春は光と影の両者から成り立っていることを感じさせる名曲だった。

　他方、政治は権力闘争だから、昔は殺すか殺されるかを伴うものだった。民主主義に根差した投票制度の下では、さすがにそれはなくなったが、騙しや脅しを含む権謀術策は当然のこと。したがって、「政治の光と影」は「青春の光と影」ほど心地良くはないが、選挙

参謀はそれを見据えて指導するのが商売だ。

　しかして、本作導入部では、政治の表に立つ、真面目一辺倒で情熱一辺倒（？）のキム・ウンボムの姿と、選挙参謀として裏方でそれを支えるソ・チャンデの姿が描かれる。キム・ウンボムが地元の木浦（モッポ）で実施された国会議員の補欠選挙で初当選したのは１９６１年。キム・ウンボムはさらに１９６３年の国会議員選挙でも対立候補を破って当選したが、その選挙のウラで活躍したのが、「１票を得るより相手の１０票を減らす」戦略を提案したソ・チャンデだった。そこでは、対立候補の隠し子キャンペーンを利用したネガティブキャンペーンが問題視されて、彼は事実上の謹慎状態に。続く１９６７年の国会議員選挙では、キム・ウンボムの台頭を警戒した大統領陣営は、与党と中央上層部の総力を挙げてキム・ウンボム潰しに乗り出した。そのため、キム・ウンボムは再びソ・チャンデを呼び戻し、実質的な選挙運動のリーダーの座に据えたが、さて、その戦いの展開と結果は？本作の前半から中盤にかけては、そんな選挙戦の姿をじっくり楽しみたい。

　他方、躍進著しいキム・ウンボムの裏でソ・チャンデが暗躍していることに気づいたパク・キス大統領（キム・ジョンス）（ちなみにそのモデルは、朴正煕）は、大統領の行動隊長であるキム部長（ユン・ギョンホ）を使って、大金を餌に引き抜きを図ったが、その首尾は？ソ・チャンデのような男なら大金の魅力に目がくらんでもおかしくないが、さて歴史の真実は？

■□■大統領選挙前の、党内での公認争いは？こりゃ面白い！■□■

　来たる８月２７日に投開票される日本維新の会の代表選挙は、投開票前から馬場伸幸氏の当選が確実！そこで新たに代表に選出される馬場氏は国会議員だから、議院内閣制の下で総理大臣になる資格はあるが、そこまで行くのは極めて難しい。それに対して、韓国の大統領制は国民による直接選挙だから、理論的には誰でも、現実的には

野党の統一候補に選出されれば誰でも大統領になることができる。

　前述のように、１９６１年に木浦の国会議員補欠選挙ではじめて勝利し、以降１９６３年と１９６７年にも与党候補を破って国会議員を続けてきたキム・ウンボムが、党内でどの程度汗をかき、実力を発揮してきたのかは本作では描かれない。しかし、１９７１年の大統領選挙に向けて実施された１９７０年９月の党大会で、新民党総裁のカン・インサン（パク・イナン）、新民党の有力議員イ・ハンサン（イ・ヘヨン）（ちなみにこのモデルは金泳三）の２人と野党統一候補の座を争うほどに力をつけていたから立派なものだ。

　総理総裁選をめぐる権謀術策については、日本の自民党内のそれをいつも目にしているが、本作中盤では、この三氏による野党統一候補選定を巡るドラマ（権謀術策）を楽しみたい。そこでもキム・ウンボムが重用した選挙参謀ソ・チャンデの能力（異才）が存分に発揮されるので、それに注目！

■□■勝つためなら何でも！？自宅爆破は事故？自作自演？■□■

　１９７０年９月の党大会で大統領選挙の野党統一候補とされたキム・ウンボムは、１９７１年の大統領選挙で韓国初の政権交代を目指して懸命の選挙戦を続けたが、現職大統領の壁は厚い。その間、キム・ウンボムから「表に出る準備はできているか？」と問われたソ・チャンデは、「遂に、影の存在であり続けた自分にも！」と張り切ったから、彼の選挙参謀としての権謀術策はいよいよ冴えわたることに。ところが、そんな選挙戦の真っ最中である１９７１年１月にキム・ウンボムの自宅で爆発事故が発生したから、さあ大変！これは事故？それとも事件？もし事件だったら、その犯人は？

　去る７月８日に発生した安倍晋三元総理銃殺事件の犯人は、山上徹也容疑者と特定されたが、キム・ウンボムがアメリカ外遊中に起きたこの事故は、キム・ウンボムの暗殺を狙ったものでないことは明らかだ。すると、この"事件"の犯人は暴徒？それとも現職大統領側の人物？いやいや、これはひょっとして、ソ・チャンデの主導による自作自演かも・・・？１９３１年９月１８日に起きた満州事変は大陸進出を狙う関東軍による自作自演だったことが歴史的に明らかにされているが、まさか、まさか・・・？でも、あの日、あの時刻、ソ・チャンデ一人だけが選挙事務所にいなかったことは明白だが・・・。

■□■お前が犯人？ソ・チャンデの回答は？あなたの判定は？■□■

　何が本当で、何が嘘かの判定は難しい。警察の取り調べは権力をバックにしたものだからそれなりの信憑性があるが、今回の自宅の爆破事故については、「お前が犯人？」と聞くキム・ウンボムに対するソ・チャンデの回答一つで真偽がわかるはず。そう思っている私の目の前で、ソ・チャンデは「そうです！」と答えたから、アレレ・・・。

　彼の答えに失望したキム・ウンボムはソ・チャンデとの絶縁を宣言したため、以降、ソ・チャンデの姿は完全にキム・ウンボム陣営から消えてしまったが、弁護士の私が気がかりなのは、「そうです！」と答えた時のソ・チャンデの目。「俺の目を見ろ、何にも言うな」は、サブちゃんこと北島三郎のヒット曲『兄弟仁義』の３番冒頭の歌詞だが、しっかりそ

の目を見れば、彼が語っている言葉が本当か嘘かがわかるものだ。キム・ウンボムはソ・チャンデの言葉を真実と判定したが、私はむしろ正反対！さて、あなたの判定は？

それはともかく、選挙戦真っ只中の１９７１年３月における選挙参謀ソ・チャンデの解任は大事件。キム・ウンボム陣営の痛手は如何に？

■□■終盤の選挙戦に異変！ソ・チャンデの去就は？結果は？■□■

パク・キス大統領は、１９６９年１０月に自らの三選出馬を可能にする憲法改正（悪？）を行った。そのため、１９７１年の大統領選挙は事実上そこからのスタートになった。そして、１９７０年９月の党大会で野党統一候補に選出されたキム・ウンボムの善戦は、その選挙戦の当初から際立っていた。すると、これはひょっとして政権交代が実現？そんな気運が韓国全土に盛り上がっていく中で起きたキム・ウンボムの自宅爆破事件とソ・チャンデ解任事件は大ショックだが、それでもキム・ウンボムは大善戦！

ところが、そこで突如与党側が仕掛けてきたのが、与党候補の地盤である慶尚道とキム・ウンボムの地盤である全羅道との"地域対立感情"を煽り立てるキャンペーンだ。選挙民の数は慶尚道の方が圧倒的に多いから、この対立が定着すれば、キム・ウンボムは不利。しかし、なぜこの時期になって、与党陣営は突如そんなキャンペーンを仕掛けてきたの？それを陰で指揮しているのは一体誰？ひょっとして、あのソ・チャンデが与党側の陣営に・・・？しかして、投開票の結果は如何に？

■□■史実は？金大中大統領の誕生はいつ？その時厳昌録は？■□■

"史実を基にした物語"は面白い。韓国の朴正熙大統領は、１９６３年から１９７９年まで、５期１６年間（第５代～第９代）大統領を務めたから、後に日本でもチョー有名になった金大中の大統領選挙勝利による韓国における政権交代は、それよりずっと後の１９９７年秋のことになる。つまり、本作ラストのクライマックスとなる１９７１年の大統領選挙で金大中候補は、約５４０万票 VS 約６４０万票で朴正熙大統領に敗れたわけだ。そして、その敗因の一つが、選挙終盤戦で与党側が仕掛けた地域対立感情を煽り立てるキャンペーンだが、その仕掛け人が厳昌録だった（？）、というのが本作最大のミソだ。

もし、キム・ウンボムの自宅爆破事件についてキム・ウンボムが最後までソ・チャンデを信じ、選挙参謀を解任していなければ・・・？そんな歴史上のイフは、「もし、クレオパトラの鼻がもう少し低かったら・・・」という、歴史上のイフと同じように無意味だが、コトの真偽はどうなの？それには、数年後、数十年後の厳昌録の告白が不可欠だが、残念ながら彼は、１９８８年１月３日に他界し、生前再び金大中と会うことはなかったらしい。本作については、ハッキリとした史実と、今なお真偽不明の事実をかみしめながら、"大統領モノ"のダイナミックな面白さをしっかり楽しみたい。

２０２２（令和４）年８月２６日記

Data 2022−108

監督・脚本：ビル・カムソン
出演：ファン・ジョンミン／
イ・ユミ／リュ・ギョ
ンス

人質　韓国トップスター誘拐事件

2021 年／韓国映画
配給：ツイン／94 分

2022（令和 4）年 9 月 17 日鑑賞　　シネ・リーブル梅田

◎◎みどころ

　なんともショッキングなタイトルの映画だが、これはドキュメント？それともドッキリ？戦後ずっと平和と民主主義を享受してきた日本ならともかく、金大中の拉致事件が起きた韓国なら、ひょっとしてこれは現実？

　ファン・ジョンミンが"1億俳優"と呼ばれているのは、彼の主演作の累計観客動員が1億人を超えているため。しかし、アーノルド・シュワルツェネッガーやシルヴェスター・スタローンのような肉体派ならともかく、演技派のファン・ジョンミンは、本作でどんな活躍（活劇）を？そして、"人質"にとって演技力はいかなる武器に？それを、本作でしっかり確認したい。

―― * ―― * ―― * ―― * ―― * ―― * ―― * ―― * ―― * ――

◆韓国のトップ俳優を 1 人挙げろ、と言われると、私は『ベイビー・ブローカー』（22 年）等のソン・ガンホだ。しかし、主演作の累計観客動員が 1 億人を超え、"1 億俳優"と呼ばれているファン・ジョンミンもソン・ガンホと並ぶトップスターだ。

　私が彼を見たのは、『国際市場で逢いましょう』（14 年）（『シネマ 36』58 頁）や『哭声／コクソン』（16 年）（『シネマ 39』195 頁）の中でだが、そんなトップ俳優が誘拐されたら・・・？野党の大統領候補だった金大中が拉致されるという信じられない事件が起きた韓国なら、そんなこともひょっとして現実に・・・？

　本作冒頭、タイトル通りの韓国トップスター、ファン・ジョンミンが公式の記者会見をこなした後、マネージャーや行きつけのコンビニの店員に対して、意外に（？）親しみやすいプライベートな一面を見せながら、ちょっとした単独行動（？）に移る姿が描かれる。そりゃ、誰だって息抜きは必要。しかし、折り悪しく、本作冒頭のそんな一人ぼっちの場面で、ファン・ジョンミは身代金目当ての凶悪な誘拐犯の手に落ちてしまうことに。ひょっとして、これはドキュメント？それともドッキリ？

◆俳優は演技力が命。そうすると、誘拐される映画なら、誘拐被害者の役をしっかり演じなければダメ。そうも思うが、映画は脚本に基づいて作られるものだし、俳優はそれを演

じればいいだけだから、ある意味で楽。しかし、いきなりノー脚本で誘拐の被害者役を演じろと言われても・・・？

　事態が十分飲み込めない中、誘拐犯のボス、チェ・ギワン（キム・ジェボム）やその支配下のヨム・ドンフン（リュ・ギョンス）から“タメロ”を厳しく叱責されたファン・ジョンミンは、以降、従順な被害者になってしまうの？すでにギワンたちに誘拐され、SNSでも大きく報じられていた先輩（？）の誘拐被害者であるパク・ソヨン（イ・ユミ）たちは、怖さのあまりそうなっていたが、演技力を誇るファン・ジョンミンは、こんな状況下でもその演技力を活用することができるの？それがドッキリ（カメラ）ではなく、脚本付きの一本の映画として本作を成立させている所以だが、さて、その出来は・・・？

◆本作は主犯のギワンが当初から登場し、その残忍さを先輩の被害者やそれに続く被害者ファン・ジョンミンのみならず、共犯者仲間の間でも冒頭から示していく。また、本作は、ギワンがなぜ刑務所に入っていたのか？いつ出所したのか？等にも簡単に触れつつ、ギワンをファン・ジョンミンや警察の“好敵手”と位置づけたから、それに沿って２時間のドラマが進行していく。新聞批評では、このギワンを“知能犯”と表現しているものもあるが、私の目にはこのギワンの頭の悪さが目立つ。さらに、女性刑事のエコたちを含む警察陣もギワンに引き回されていくだけだから、これでは本作に見る韓国の警察の能力も心配だ。もっとも、その分、本作の誘拐事件がドッキリではないと理解した後のファン・ジョンミンの腹の据え方と脚本なき中での彼の演技力が冴えていくので、それに注目！

　他方、私が納得できないのは、アーノルド・シュワルツェネッガーやシルヴェスター・スタローンのような体力、腕力を誇る肉体派俳優ならともかく、ファン・ジョンミンのような演技派俳優がさまざまな場面で見事な格闘戦を見せたり、痛めつけられ、傷つけられているにもかかわらず、べらぼうな体力を見せつけることだ。これは、いくらなんでもやりすぎでは・・・？

◆本作中盤では、ちょっとした隙をついて、パク・ソヨンと共に監禁状態から逃れ、アジトを脱出したファン・ジョンミンが、やっと探り当てた民家に助けを求めるシークエンスが登場する。そこで、私を含めた多くの観客はひと安心するわけだが、近時の面白い韓国映画がそこでハッピーエンドになるはずはない。ファン・ジョンミンに対して、「携帯は持ってないから、奥の電話を使え」と教えたこの民家の主は一体何モノ？

　そんなスリルとサスペンス（？）を含め、本作に見るファン・ジョンミンの逃走劇と、警察による犯人たちの追い詰め作戦の展開はそれなりに面白い。しかして、クライマックスに見るアジト爆破シーンは、いかなる状況で登場し、ファン・ジョンミンたちはそこから無事に救出されるの？それをしっかり確認すると共に、本作では“それから２年後”という、ラストの短いストーリーを本作の“ひねり”としてしっかり確認したい。

２０２２（令和4）年9月23日記

Data 2022-99

監督・脚本：イ・オクソプ
出演：イ・ジュヨン／ク・ギョファ
　　　ン／ムン・ソリ／チョン・ウ
　　　ヒ

★★★★

なまず

2018年／韓国映画
配給：JAIHO／89分

2022（令和4）年8月16日鑑賞　｜　シネ・リーブル梅田

👁👁 みどころ

　原題も邦題も『なまず』とする本作の主人公は、病院の水槽内で悠々と泳ぐなまず？もし、このなまずが一旦暴れたら・・・？1987年生まれの韓国期待の女性監督は、長編デビュー一作になぜそんなタイトルを？

　職場（病院）内セックスがレントゲン撮影されたら？それが職場で出回ったら？そんなバカげた設定で始まる本作の主人公はもちろんなまずではなく、若き男女だが、このストーリーは一体ナニ？次々と展開していく、ワケのわからんハチャメチャな物語は、ホントのようでもあり、ウソのようでもあり・・・？

　若き才能の評価は難しいが、私はチャン・イーモウ（張藝謀）監督の名作『活きる』（94年）を彷彿させる（?）"この手の映画"は大好き。こりゃ、必見！

—— * —— * —— * —— * —— * —— * —— * —— * —— * ——

■□■この女性監督に注目！韓国ニューウェーブの大本命！■□■

　近時の韓国映画では、ポン・ジュノやホン・サンス等の"巨匠"も元気だが、若手女性監督も元気。それは『夏時間』（19年）（『シネマ48』247頁）のユン・ダンビ監督や、『チャンシルさんには福が多いね』（19年（『シネマ48』251頁）のキム・チョヒ監督等に顕著だ。

　他方、2019年の第14回大阪アジアン映画祭で見事グランプリに輝いたのが、1987年生まれの女性監督、イ・オクソプの長編監督初作品となった本作だ。本作は第23回釜山国際映画祭でも4部門受賞しているから、大阪アジアン映画祭でのグランプリ受賞はある意味当然かもしれないが、そんな注目作が2022年の今、やっと日本で公開！こりゃ、必見！

■□■この邦題はナニ？原題は？英題は？テーマは？■□■

　本作の邦題は『なまず』。原題の『메기』もWeblio翻訳で調べてみると「鯰」。これを、

さらに漢字ペディアで調べると＝「なまず」だ。しかし、こりゃ一体ナニ？「なまず」と聞いて思い浮かぶのは、まず、あの愛嬌のある大きな口と、長く伸びた髭、そして、図体の大きさだが、それに続いて連想するのが地震との関係。はっきり言えば、「なまず」には地震発生の予知能力があるのでは？という問題だ。これは単なる迷信ではなく、それなりの科学的根拠もあるらしい。

しかし、韓国の若手女性監督は自身の長編デビュー作になぜそんなタイトルをつけたの？ちなみに、「なまず」の英語表記は「Catfish」だが、本作の英題は『Catfish』ではなく『Maggie』。これは女性の名前で、マーガレットの愛称とされている。すると、ストーリー中で展開していく物語を病院の水槽からじっと見つめる本作の重要キャラクター（？）である、なまずの名前が「Maggie」？すると、ひょっとして私はそれを見逃したの・・・？

本作のパンフレットには勝呂尚之氏（専門研究員・農学博士）のコラム「地震を起こす魚？〜ナマズの生態〜」がある。しかし、チラシに「なまずが空を飛んだ日、巨大な穴が現れた！？半径０．５ｍの恋愛群像劇。」と書いてある通り、本作は決してなまずの生態に注目して作った映画ではないから、そんなコラムは不要では・・・？

■□■冒頭の設定はチョー大胆！チョー異例！■□■

１９７０年代に一世を風靡した日活ロマンポルノは、"シリアスもの"から"コメディもの"までバラエティ豊かだった。その中には当然"オフィス内セックス"バージョンもたくさんあった。また、"過激度"が増していくにつれて"本番モノ"が生まれ、やがてはAVアダルト・ビデオ路線に・・・？

１９８７年生まれのイ・オクソプ監督がそれを知っているはずはないが、本作冒頭はソウル郊外にあるマリアの愛病院内での"病院内セックス"がレントゲン撮影されるという、日活ロマンポルノでも１度も取り上げられることのなかった前代未聞の事件から始まる。誰もが知っている通り、レントゲン室は撮影時、関係者以外立ち入り禁止だが、そのレントゲン写真に生々しく映っている（？）男女は、紛れもなく看護師のヨ・ユニョン（イ・ジュヨン）とその恋人のソンウォン（ク・ギョファン）！？本作は犯人探しのサスペンス映画、スリラー映画ではなく、恋愛青春群像劇。したがって、本作では冒頭からそんなヘマをやらかした男女が、上記の２人であることが堂々と明示される。もっとも、それが"永遠の闇"として葬り去られれば問題なしだが、問題は、そのレントゲン写真が瞬く間に病院内に広まったこと。そして、その話題の中心は、「盗撮犯は誰か？」ではなく、「レントゲン写真に映っている男女は誰？」という興味本位のものになったから、さあ大変だ。

そこで２人は相談の上、仕方なく退職届を準備し、ユニョンが副院長のイ・ギョンジン（ムン・ソリ）に相談するところから、本作最初のハイライトが登場する。副院長はユニョンを優しく慰めるかと思いきや、スクリーン上にはその正反対に、ユニョンに対して厳しく"自宅待機"を命じるシークエンスになるから、アレレ？そんな理不尽な扱いに"反発"したユニョンは、辞めるのを止めることにしたが、そんなことがホントに可能なの？

■□■なまずは何を見ているの？なまずの声は誰？■□■

　安倍元総理の銃撃事件1つを挙げても、今ドキの若者は何を考えているのかさっぱり分からない。それと同じように（？）、本作は冒頭からホントのようなウソのような、わかったようなわからないようなストーリーが次々と登場していくからそれに注目！さらに、前述したユニョンとギョンジン副院長との一連の問答を経た後、おもむろに「申し遅れましたが私、なまずと申します。」と語られるが、その声の主を『オアシス』（02年）（『シネマ7』177頁）で有名になった女優、チョン・ウヒが担当するので、そんな"おふざけ（？）"にも注目！

　ここで「えぇ、なまずが人間の言葉を喋るの？」などと馬鹿げた質問をしてはダメ。本作は1987年生まれのイ・オクソプ監督の豊かな感性に基づいて描かれた青春群像劇だから、まさに何でもあり！したがって、「それをずっと見守っているのが水槽で飼われている1匹のなまずでした」という設定にも、なるほど、なるほど・・・。しかも、そのなまずの声のナレーションを有名女優、チョン・ウヒが担当するのだから、ハチャメチャな展開を含め、とにかくなんでもあり！

　こりゃ、きっとどこかでなまずが暴れるシーンが登場し、その後ソウルがそして韓国中が大地震に！そう思ったが、それは半分的中し、半分外れることになるので、それに注目！

■□■穴に落ちたら、どうする？どうすべき？■□■

　中国語を勉強していると、いろいろな知識を身につけることができる。とりわけ、四文字熟語には興味深いものが多い。しかして、あなたは「打落水狗」を知っている？これは白水社中国語辞典によると、「水に落ちた犬を打て」で、「窮地に陥っているものを追い討つ」という意味だ。その語源は、中国の文芸家、魯迅の評論の中にあり、元の「水に落ちた犬を打つな（不打落水狗）」という言葉をひっくり返して作った言葉だ。

　このように、四文字熟語からは多くの教え（教訓）を学ぶことができるが、本作導入部では「穴に落ちた時にやるべきことは、掘り進むことではない。そこから抜け出すことだ。」の教えが登場するので、それに注目！ちなみに、本作の冒頭では「宇宙船に乗らずに宇宙に行く方法は？」「それはレントゲン室で働くことです。」の問答が流れた後に、ユニョンとソンウォンによる"職場内セックス"が登場するが、穴に落ちた時のナレーションが流れるのは、ユニョンとソンウォンが話し合っている、ある場所、あるシチュエーションの時だから、それにも注目！このように、本作ではさまざまな"結節点"（？）で、なまずが語るさまざまな教訓（？）が登場するので、若きイ・オクソプ監督の博識ぶりとともに、その教訓の中身にも注目！

■□■何がホントで、何がウソ？何を信じればいいの■□■

　副院長の理不尽な対応に怒ったユニョンは、それと断固戦うべく自宅待機通告の翌日、それを無視して意気揚々と職場に出かけたが、その日は、なぜかユニョンと副院長以外全員欠勤。その理由は全員"体調不良"だが、そんな馬鹿なことがあるの？副院長は職員た

220

ちの嘘に失望していたが、ユニョンは「本当に嘘なのかをこの目で確かめましょう」と説得し、コトの真偽を探るべく、ある医師の自宅を訪れると・・・。

　そう、何がホントで、何がウソかは、それほど単純ではないのだ。コロナ禍が3年間も続く現在ならば、"全員欠勤"も"なるほど"と納得できるはず。すると、あの時、マリアの愛病院で起きた"全員欠勤"を嘘だと決めつけるのは大間違い！？やっぱり人間は信じなければ・・・。

　他方、ユニョンの恋人であるソンウォンが、職場を失った後、大事な指輪を失ったことの説明を聞いていると・・・？さらに、ユニョンがソンウォンの元彼女であるジョンに呼び出されて、彼の黒い過去を聞かされると・・・？一体、何がホントで、何がウソ？何を信じたらいいの？

　そんな状況下、ユニョンの目の前の道路で大穴が開き、ソンウォンがそのシンクホールの中に落ちてしまうと・・・？

■□■このワケのわからんハチャメチャな韓国映画、大好き！■□■

　中国の四文字熟語には、「人間万事塞翁が馬」、「禍福は糾える縄の如し」がある。これは"人生論"の本質をついた四文字熟語で、それを映画にしたのが、チャン・イーモウ（張藝謀）監督の傑作中の傑作『活きる』（94年）（『シネマ5』111頁）だ。本作は、それとは全く異質だが、何がホント？何がウソ？そんなテーマを次々と突きつけながら、ヒロインのユニョンや観客たちにその選択を迫っていく面白さがある。若き恋人同士のソンウォンとユニョンの仲は、冒頭の"病院内セックスシーン"を見れば一見順調そうだが、退職届を準備するくだりや、ソンウォンが職を失った後、なまずが暴れ出したおかげで韓国各地に起きたシンクホール出現事件と、それに対する政府の埋め戻し工事策によって職にありつく姿を見ていると、彼は何とも頼りない、今ドキの若者（に過ぎない）ことがよくわかる。したがって、そんなソンウォンが語る、失った指輪の話や元カノの話など嘘っぱちに決まっている・・・？

　他方、当初あれほど冷酷だった副院長とユニョンとの間には、総員欠勤の中での共同作業の中で、互いにある"信頼関係"が生まれることに。この人なら相談してよさそう！この人なら信じてよさそう！しかし、そんなことが1987年生まれのイ・オクソプ監督にホントにわかるの？いやいや、わかっているのは水槽の中で静かに泳いでいるなまずだけ？しかし、もし、このなまずが再び水槽内で暴れ出したら・・・？

　そんなワケのわからんハチャメチャな最新の韓国映画たる本作、私は大好き！

2022（令和4）年8月18日記

Data 2022-76

監督・脚本・撮影・編集・音楽：ホン・サンス

出演：シン・ソクホ／パク・ミソ／キム・ヨンホ／イェ・ジウォン／キ・ジュボン／ソ・ヨンファ／キム・ミニ／チョ・ユニ／ハ・ソングク

SHOW-HEY シネマルーム

★★★★★

イントロダクション

2020 年／韓国映画
配給：ミモザフィルムズ／66 分

| 2022（令和4）年6月27日鑑賞 | シネ・リーブル梅田 |

みどころ

「うまい、安い、早い」を"売り"にするホン・サンス監督の快進撃が続いている。わずか６６分ながら、３話構成をとる本作の主人公は、若い男と若い女。キム・ミニは第１話の"ちょい役"だけだ。

会話劇の面白さは３話を通じて際立っているが、３話共通のテーマは抱擁！韓国での男女のそれは、西欧式の挨拶とは異なるものだから、それぞれどんな意味が？それをしっかり考えたい。

なお、本作ではやたらタバコを吸うシーンが目立つが、今ドキこれはちょっとまずいのでは・・・？

────＊────＊────＊────＊────＊────＊────＊────＊────

■□■ホン・サンス監督最新作２作を同時公開！■□■

「うまい、安い、早い」は吉野家のキャッチフレーズだが、それと同じ"売り"で素晴らしい作品を、大量に、早く作り続けてきた韓国の監督が、キム・ギドクとホン・サンス。残念ながらキム・ギドクは２０２０年１２月１１日に亡くなったが、ホン・サンスはなお健在！

『シネマ42』では、「ホン・サンス監督×女優キム・ミニ４作品を一気に！」の見出しで『それから』（17年）、『クレアのカメラ』（17年）、『正しい日　間違えた日』（15年）、『夜の浜辺でひとり』（17年）を、『シネマ49』では、「ホン・サンス監督新旧３作」の見出しで、『逃げた女』（20年）、『カンウォンドのチカラ』（98年）、『オー！スジョン』（00年）を収録したが、今回は彼の最新作『イントロダクション』（20年）と『あなたの顔の前に』（21年）が同時公開！こりゃ、必見！

前者は６６分、後者は８５分と、今ドキの映画にしては短いから、当然両者を続けて鑑賞することに。

■□■ベルリン銀熊賞（脚本賞）の長編２５作目は３部構成で■□■

『ドライブ・マイ・カー』（２１年）（『シネマ４９』１２頁）に続く、濱口竜介監督の最新作『偶然と想像』（２１年）（『シネマ５０』１６３頁）は、３つの短編で構成するはじめての試みだった。それに対して、ホン・サンス監督の第２４作目、『逃げた女』はホン・サンス監督のミューズたるキム・ミニ演じるガミと３人の女との３部構成の会話劇だった。女同士の会話は男同士のそれとは違う独特のものがあるが、男のホン・サンス監督がそれに通じているのは一体なぜ？多くの観客や批評家にそう思わせるホン・サンス監督の力量はさすがで、同作のタイトルを『逃げた女』としたことの意味を含めて、銀熊賞（脚本賞）の受賞は当然と納得させられた。

本作もそれと同じような３部構成になっている。本作の主人公は、本作が初主演となるシン・ソクホが演じる若い男ヨンホと、同じく本作が長編デビュー作となるパク・ミソ演じる若い女ジュウォンの２人。ホン・サンス監督の公私にわたるミューズであるキム・ミニは第１話にちょっと出るだけだ。

濱口監督の『偶然と想像』は、タイトル通り偶然と想像という統一テーマの下に、全く異なる登場人物による３つの短編で構成されていたが、本作は３章に分けられた物語すべてにヨンホとジュウォンが登場する。もちろん、３つの章はそれぞれ舞台も違うし、年代も違っているから、そこには若い２人の成長の姿も読み取れるが、そんな本作がなぜ脚本賞を？

■□■タイトルの意味は？３話を通じて抱擁が！タバコが！■□■

「イントロダクション」という英語は定着している英語だが、『イントロダクション』と題された本作を日本語でどう翻訳するかは意外に難しい。ちなみに、ドリス・デイが歌って大ヒットした『ケ・セラ・セラ』では「アイ イントロデュース ハー」という歌詞があり、それは「紹介する」だが、本作の「イントロダクション」は、さて？

本作のパンフレットには、芝山幹郎氏（評論家）の「そうだったのかと気づくことと、なんだったのだろうと思うこと」と題するコラムがあり、その最初に「そもそも『イントロダクション』という題名が曲者だ。「初対面」とも「人生の入り口」とも訳せそうだが、どちらの訳語もちょっとずつずれる。むしろ、シーンによっていろいろなニュアンスが重なり合う。ひとつの色に無理やり絞り込む必要はなさそうだ」と書いているが、なるほどその通り。

さらに、３部構成を取る本作では、スクリーン上に１、２、３とはっきり表示されるが、それはナゼ？それについても、芝山氏はさまざまな解釈を試みている。それはそれで興味深いが、私が３部構成をとる本作全体を通して目立つのが、第１に抱擁、第２にタバコだ。第１部では、病院経営者の父親を訪れた息子のヨンホがいきなり看護師と抱擁を交わすシーンにビックリ！これは一体ナゼ？第２部の抱擁は、衣装デザインを学ぶためドイツのベ

ルリンまでやってきたジュウォンと、離れて１日しか経っていない彼女を追いかけてきたヨンホが道端で抱擁するシーンだが、これには十分納得。そして、第３部にも抱擁シーンが登場するから、それにしっかり注目！

　もう一つ、本作は全編を通じてタバコを吸うシーンがやけに目立つが、これは一体ナゼ？　私が思うに、それはきっと彼の心の中のイライラぶりを示すとともに、彼の決断力のなさを象徴するのだろうが、今ドキこれは青少年の教育上よろしくないのでは・・・？

■□■この父子の関係は？なぜ看護師と抱擁？■□■

　第１部に見る、韓方病院の院長であるヨンホの父親（キム・ヨンホ）はかなり羽振りが良さそう。今日は患者としてやってきた有名な俳優（キ・ジュボン）と親しげに会話を交わしているため、息子のヨンホがやってきても、「待たせておけ！」でおしまい。この父子関係は断絶状態とまでは言わなくても、あまりよくないらしい。

　導入部に登場するヨンホとジュウォンの挨拶ぶりを見れば、ジュウォンはヨンホの恋人のようだ。ところが、第１部のラスト近くでは、待ちぼうけを食わされている間、看護師（イェ・ジウォン）とたわいもない会話を交わしていたヨンホは、その看護師と抱擁を交わすので、アレレ。これは明らかに西欧式の挨拶としての抱擁とは違うものだから、ひょっとしてこの２人は以前から・・・？

　そんな思いを巡らせている中、ホン・サンス監督は、外で雪が降っている風景を見せる中で第１部を終わらせてしまうから、これも一つのテクニック・・・？

■□■第2部の舞台はベルリン！キム・ミニも登場！■□■

　ホン・サンス監督作品の舞台は、韓国の「江原道（カンウォンド）」が多いが、海外を舞台にしたものもあるし、主人公に外国人を起用したものもある。ちなみに、『夜の浜辺でひとり』（17年）（『シネマ42』299頁）の後半は、江陵（カンヌン）が舞台だが、前半の舞台はドイツのハンブルクだった。また、『クレアのカメラ』（17年）（『シネマ42』290頁）では、フランス人女優イザベル・ユペール扮するフランス人観光客クレアが主人公で、彼女が持つカメラがストーリーの核を構成していた。

　しかして、本作第2話の舞台はドイツのベルリンだ。第2部は、ジュウォンが母親（ソ・ヨンファ）と一緒にベルリンの住宅街を歩いているシーンから始まる。ジュウォンは、衣装デザインを学ぶためドイツにやってきたものの、まだ到着したばかりで住む部屋が見つかるまでは知人の画家の家に居候させてもらうらしい。母娘のそんな会話劇が進んでいるところに、突然ヨンホから電話が。韓国とドイツは距離が遠いし、時差もかなりあるから、そう簡単に行き来できるところではない。しかるに、あの若い青年ヨンホは離れて1日しか経っていないのに、寂しくてたまらず、ベルリンにやってきたらしい。私も学生時代、夏休みで帰省する彼女を見送るため、港まで一緒に行き、そのまま一緒に船に乗って彼女の家まで同行するという"愚行"をしたことがあるが、本作に見るヨンホの行動もそれと同じような（それ以上の？）"愚行"だ。もっとも、心細い気持ちでいっぱいだったジュウォンが嬉しかったのは当然で、2人は道端で抱き合ったが、さて、その後は？

　ここでもホン・サンス監督は、その後の2人のストーリーを見せてくれないから、それは自分で想像するしかない。

■□■海辺の海鮮料理店ではどんな会話が？登場人物は？■□■

　第3部の舞台は、韓国ではおなじみの海辺にある海鮮料理店。そこで料理をつまみ、酒を飲みながら会話を交わしているのは、ヨンホの母親（チョ・ユニ）と第1部に登場していた俳優だ。第3部がなぜそんな物語になっているのかは、2人の会話を聞いていると少しずつわかってくる。要は、かつては俳優を志したこともある中途半端な息子を心配する母心だ。したがって、そこにヨンホを呼んだのは、そのきっかけになった旧知の俳優からヨンホに説教をしてもらうためだが、車でやってきたヨンホは関係のない友人を伴って席に座ったから、アレレ・・・。ヨンホも友人も、もう少し空気を読む必要があるのでは・・・？

　そこから合計4人で始まる焼酎の飲みっぷりに注目！これでは、まともな会話になるはずはない。しかして、第3話の抱擁シーンは？そう思っていると、友人と2人で海辺に座るヨンホの前に突然ジュウォンが登場してくるから、これは一体なぜ？そして、そこでもヨンホとジュウォンの抱擁シーンが登場するが、これは一体ナニ？ひょっとして、これは夢？幻？

2022（令和4）年7月11日記

SHOW-HEY シネマルーム

★★★★★

あなたの顔の前に

2021年／韓国映画
配給：ミモザフィルムズ／85分

| 2022（令和4）年6月27日鑑賞 | シネ・リーブル梅田 |

Data 2022−77

監督・脚本・製作・撮影・編集・音楽：ホン・サンス

出演：イ・ヘヨン／チョ・ユニ／クォン・ヘヒョ／シン・ソクホ／キム・セビョク／ハ・ソングク／ソ・ヨンファ／イ・ユンミ／カン・イソ／キム・シハ

みどころ

　ホン・サンス監督第２６作目は往年の大女優、イ・ヘヨンを起用。米国暮らしをしていた元女優サンオクが韓国へ帰国し、妹のマンションへ。積もる話は山ほどあるから、ストーリーは作りやすい。

　さまざまな舞台を巡るサンオクの１日を通して、ホン・サンス監督お得意の"会話劇"が進むが、そこで目立つのはサンオクの祈り（独白）。彼女は何のために韓国に戻り、何を神に感謝しているの？

　最後の会話の相手は、約束していた某映画監督。そこでは新作映画作りの話題で盛り上がったが、アレレ、一転して意外な結末に・・・？

　原題、英題、邦題とも同じ、このタイトルの意味は？それをしっかり考えながら、ホン・サンス流会話劇の出来映えをしっかり楽しみかつ味わいたい。

—— * —— * —— * —— * —— * —— * —— * —— * —— * —— * —— * —— * ——

■□■第２６作目は往年の大女優を起用！彼女の役は？■□■

　私の「シネマルーム」の出版は２０２２年７月で５０冊目になったが、ここ１０年ほどは年間２冊のペースを守っている。それと同じように（？）、コロナによる延期が相次ぐ映画界にあっても製作ペースが衰えず、２０２１年に『イントロダクション』に次ぐ第２６作目たる本作を完成させたのが「うまい、安い、早い」が"売り"のホン・サンス監督。

　本作の特徴は、彼の公私にわたるパートナーである女優のキム・ミニを登場させず、彼女をプロダクションマネージャーとし、往年の大女優イ・ヘヨンを起用したこと。それは一体ナゼ？私は全然知らなかったが、１９６２年生まれのイ・ヘヨンは１９８２年にデビューした後、９５年までに２６本の映画に出演しているらしい。

　本作で８５分間ほぼ出ずっぱりのイ・ヘヨンが演じるのは、アメリカ暮らしをしていた元女優のサンオク。彼女は今韓国に帰国し、長らく疎遠だった妹ジョンオク（チョ・ユニ）

の高層マンションに身を寄せているが、それは一体ナゼ？

■□■姉妹のたわいもない会話の中に、なぜか緊張感も！■□■

　日本以上に都市問題が深刻な韓国では、高層マンションに住むのは大変。それなのに、なぜジョンオクがあんな高級マンションに住んでいるのか、私にはよくわからない。ところが、川沿いのカフェで朝食後のコーヒーを飲みながら、ジョンオクが「お姉さんもここに住めばいいのに」と、近くで工事中の新築マンションの購入を勧めるシーンを見てびっくり！

　もっとも、そんなたわいもない姉妹の会話の中でも、ジョンオクはかつて自分をソウルに残して渡米したサンオクに対する恨み節もこぼしていたが、それと同時に「今回はなんで帰ってきたの？連絡をもらって驚いたわ」と質問したのは当然だ。それに対するサンオクの答えは、「ただ来たの。会いたくて」だったが、それはきっとウソ！そこにはきっと何かの事情があるはずだ。それなのに一体なぜ？しかし、姉のそんな答えに妹がそれ以上突っ込むことができなかったのは仕方ない。本作導入部はそんな姉妹のたわいもない会話の連続だが、その中になぜか緊張感も！

■□■公園内での会話は？トッポギ店での会話は？■□■

　そんな導入部での姉妹の会話に続いて、スクリーン上には２人が花々が咲き誇る公園内を散歩中、通りすがった２人の女性に写真撮影をお願いするシークエンスが登場する。そこでは、４人の間で実に自然な会話が交わされるが、それって何か意味があるの？私には実はそれがよくわからない。その後、サンオクが昨夜見たという不思議な夢についてジョンオクが尋ねると、それに対するサンオクの答えも「ダメよ。１２時を過ぎないと」と教えてもらえなかったからアレレ。

　続く会話は、ジョンオクの息子スンウォン（シン・ソクホ）が経営するトッポギ店。アメリカから帰国した機会に店に立ち寄ったのは当然だが、残念ながらスンウォンは留守。しかしその後、店を後にしたサンオクを追ってきたスンウォンとの間で、スンウォンがサンオクのためにずっと保管していたというプレゼントを巡って、何とも温かい会話が展開されるので、それに注目。なるほど、この伯母さんとこの甥との関係は極めて良好らしい。

■□■幼い頃に住んだ家では？下手すると住居侵入だが・・・■□■

　ホン・サンス監督の会話劇はそれぞれ面白いが、どこで何が出てくるのかはサッパリわからない。本作も前述のような会話劇が続くが、トッポギ店を出たサンオクは今度は１人でタクシーに乗って、ある地に向かい、今はとある家の庭を散策中だが、これは一体どこ？誰の家？その説明はまったくされないが、そこで応対した若い女性との会話を聞いていると、ここはかつてサンオクが住んでいた家らしい。なるほど、なるほど。

　アメリカから韓国に戻ってきたサンオクは、約束の地に向かうまでにまだ時間があるので、タクシーに乗って懐かしい昔の家を訪れたわけだが、こんな行為は下手すると住居侵入罪に・・・？弁護士的にはついそんなことを考えてしまったが、ホン・サンス監督作品

では、今は洒落た店舗に改装されたものの、緑が生い茂る庭の風情は昔のままのこの家での、サンオクと女性店主（ム・セビョク）やその娘との微笑ましい会話劇に注目！

■□■最終目的地の居酒屋では？誰とどんな会話を？■□■

韓国のレジェンド女優イ・ヘヨンをはじめて起用した本作のラストを飾る会話劇では、それにふさわしい"お相手"が必要。そこでホン・サンス監督が白羽の矢を当てたのは、同監督作品常連のクォン・ヘヒョだ。もっとも、ここではクォン・ヘヒョよりイ・ヘヨンの方が"格上"だから、仁寺洞にある"小説"という小さな居酒屋での2人の会話は、今は映画監督になっているソン・ジェウォン（クォン・ヘヒョ）が約30年前の学生時代に観たというサンオクが出演した映画と、同作での彼女の演技について熱く語り合うものになる。ソン・ジェウォン監督がサンオクとの面会を望んだのは、彼女と一緒に映画を作りたかったからだ。そんな要請に対して、サンオクが「どれくらいの期間を要するの？」と質問したのは当然だが、それに対するジェウォン監督の回答は「約3カ月で脚本を仕上げる」というものだったから、それならスケジュールを含め十分応じられるのでは？

そう思っていると、意外にもその答えは「ごめんなさい・・・できません。私には時間がありません。」だったから、アレレ・・・。それは一体なぜ？「私には時間がない」とは一体何を意味するの？

■□■タイトルの意味は？■□■

儒教の国であるはずの韓国にキリスト教徒が多いのは意外だが、本作では冒頭から1人で神に祈りを捧げるサンオクのシーンを映し出すことによって、それを明確にしていく。サンオクの祈りのシーンは再三登場するが、その内容は、今日生きていることを、そして、今日の糧を感謝する前向きのものばかりだから、ノープロブレム。しかし、ホン・サンス監督はなぜサンオクの1日を映し出す本作の1つ1つの会話劇の中に、それぞれ祈りのシーンを入れているの？

女は美人なほど得なことは言うまでもないが、そこには生まれた時からの宿命がある。それに対して、男は顔より力、顔よりカネ、とも言われるが、同時に中年になれば、男は自分の顔に責任を持たなければならない。しかして、本作は原題も英題も、そして邦題も「あなたの顔の前に」だが、その意味は？わかったようなわからないようなこのタイトルの意味は、サンオクの祈りの言葉の中からちらほら推察できるが、基本的にはよくわからない。本作のクライマックスになる居酒屋でのサンオクと監督との会話劇は、新作映画の制作を巡って盛り上がってくるのと同時に、焼酎の量も進んでいくが、そんな中、サンオクの口から「私と寝たい？」という露骨な言葉も飛び出すから、アレレ・・・。その後の展開や如何に？

そう思っている中静かに始まるサンオクの告白とは・・・？なるほど、ホン・サンス監督の演出は面白い。ホン・サンス監督の会話劇は面白い！

2022（令和4）年7月13日記

Data 2022-93

監督・脚本：バンジョン・ピサンタ
　　　　　ナクーン
原案・製作：ナ・ホンジン
出演：ナリルヤ・グルモンコルペチ
　　　／サワニー・ウトーンマ／シ
　　　ラニ・ヤンキッティカン

★★★★★

女神の継承

2021年／タイ・韓国映画
配給：シンカ／131分

2022（令和4）年8月2日鑑賞　　シネ・リーブル梅田

👀 みどころ

　祈祷師イルグァンを主人公にした韓国映画『哭声／コクソン』（16年）には日本人祈祷師もいたが、本作でタイのバンジョン・ピサンタナクーン監督とタッグを組んだ韓国のナ・ホンジン監督は、タイ東北部イサーン地方の女祈祷師ニム（巫女、シャーマン）に注目！仏教が広まる13世紀以前の“ピー信仰”とは？

　“女神バヤン”は人々にどんな効用を？それについての取材陣に対するニムの答えは明確だったが、ある葬儀の後、姪のミンに悪霊が憑りついたから、大変！その原因は？解決策は？

　『犬神家の一族』（76年）はストーリーにピッタリのタイトルだったが、“女神の継承”と題する本作もそれは同じ。『カメラを止めるな！』（17年）で見た、さまざまなゾンビ以上の怖さを見せるミンの変貌ぶりは如何に？そして、“女神の継承”をめぐる大規模な儀式の成否は？ニムの生死は？

　本作後半からクライマックスにかけての恐ろしさと迫力はピカイチ。それはあなた自身の目でしっかりと！こりゃ怖い！こりゃすごい！

───＊───＊───＊───＊───＊───＊───＊───＊───＊───＊───

■□■ナ・ホンジン監督が、『哭声』に続いて祈祷師に着目！■□■

　韓国ではキム・ギドク亡き後も、ホン・サンス監督が「うまい、安い、早い」の路線を引き継いでいるし、ポン・ジュノやパク・チャヌクは今や世界の巨匠に成長した。若手女性監督の活躍もすごい。そんな中、長編デビュー作たる『チェイサー』（08年）（『シネマ22』242頁）も、続く『哀しき獣』（10年）も大ヒットさせたのが、ナ・ホンジン監督。この2作は、「韓国ノワール」と呼ばれる「スリラーもの」だったが、続く第3作『哭声／コクソン』（16年）（『シネマ39』195頁）でナ・ホンジン監督は祈祷師に注目し、

横溝正史の『八つ墓村』（７７年）ばりの（？）おどろおどろしい傑作を完成させた。当時の日本では「たたりじゃ！」が流行語になったが、祈祷師の社会的身分は低かった。しかし、『哭声／コクソン』を見ると、韓国では悪霊の退治を職業とする祈祷師の地位が高いことを知ってビックリ！同作には國村隼も日本人の祈祷師役として登場していたが、あっと驚く世界観を構築した同作は"韓国版エクソシスト？セブン？ゾンビ？"として大ヒット！

　本作は、そんなナ・ホンジン監督が原案を作り、プロデューサーとなったうえで、タイのバンジョン・ピサンタナクーン監督とタッグを組んだものだが、そのきっかけは、彼が『哭声／コクソン』でファン・ジョンミンが怪演したイルグァンという祈祷師の「生い立ちを伝えたいと思った」ことだ。韓国はキリスト教徒が多いが、"微笑みの国"と呼ばれるタイは圧倒的に仏教徒が多い。私も一度タイ旅行に行ったことがあるが、そこでは両手を合わす挨拶が常で、タイ人の人懐っこさを実感したものだ。しかし、しかし、本作冒頭、タイ東北部イサーン地方にある小さな村では？

■□■タイトルの意味は？原題は「巫女」！ピー信仰とは？■□■

　本作の原題は『รางทรง（RangSong）』。これは、タイ語で「祈祷師」「巫女」「シャーマン」の意味だ。しかして、韓国のナ・ホンジン監督が原案を手がけ、プロデューサーとして、タッグを組む本作の監督に指名したのは、タイのバンジョン・ピサンタナクーン監督。彼は『心霊写真』（０４年）がハリウッドでリメイクされ、『愛しのゴースト』（１３年）でタイ歴代興行成績１位を記録した監督らしい。私は『愛しのゴースト』だけは鑑賞していた（『シネマ３５』未掲載）が、『哭声／コクソン』に続いて、その主人公、祈祷師イルグァンの生い立ちを描きたいと願うナ・ホンジン監督にとっては、そんな両作品をヒットさせたタイのバンジョン・ピサンタナクーン監督は最適のパートナーだったらしい。

　巫女やシャーマンと聞けば、日本でもおなじみ。さしずめ、邪馬台国の女王、卑弥呼は巫女やシャーマンの代表・・・？また、山や川、森などの森羅万象に宿ると言われている精霊も、日本ではおなじみだ。前述したように、タイは仏教国だが、仏教が伝来した１３世紀以前のタイには、パンフレットにある髙田胤臣氏（タイ在住ライター）のコラム「細部が原寸大イサーンだからこそ怖さが増す」によれば、「ピー信仰」、すなわち森羅万象に神や精霊が宿ると考える信仰があったらしい。そして、現在のタイではタイ仏教の様式が取り入れられているものの、村社会の東北部イサーン地方では、「ピー信仰」が強いらしい。なるほど、なるほど・・・。

　本作のパンフには、前述の髙田胤臣氏のコラムの他、相田冬二氏（映画評論家）のコラム「わたしたちは供物。」もある。両者ともに超難解だが、こりゃ必読！

■□■女神バヤンの祈祷師ニムを実況中継！そこに異変が！■□■

　本作は、タイ東北部イサーン地方の村で暮らす祈祷師ニム（サワニー・ウトーンマ）の独白からストーリーが始まる。ニムは先祖代々、女神バヤンに選ばれた祈祷師として務めを果たしてきた一族の次女。本来、祈祷師を継ぐべき長女のノイ（シラニ・ヤンキッティ

カン）が、それを拒絶してキリスト教徒になったため、やむを得ずニムが代わったらしい。そんなニムにインタビューしているのは、ドキュメンタリーの撮影をしているクルーたちだ。縫製業で生計を立てるかたわら、村人たちの悩み相談を聞いているニムは、「がんを治すのは医者だが、もしも悪霊に苦しむ者がいれば、それを助けるのが私の仕事だ」と明るく語っていたから、今では祈祷師の仕事に誇りを持っているようだ。

そんなある日、ヤサンティア家に嫁いだニムの姉ノイの夫が他界し、その葬儀が行われるところから、本作の本格的ストーリーが始まっていく。これは『犬神家の一族』（76年）と同じような設定だが、その葬儀の席で、がんで死亡したノイの夫の父親は、工場が傾き保険金目的の放火後、逮捕されて服毒自殺したこと、祖父は労働者に石を投げられて死亡したこと、等が語られていく。そして、葬儀の夜から突如としてノイの娘のミン（ナリルヤ・グルモンコルペチ）が不可解な言動を見せ始めることに。これは一体ナニ？『犬神家の一族』では、金田一耕助探偵は問題の発端は"犬神家のたたり"だと判断したが、こりゃひょっとして、ヤサンティア家も犬神家と同じような"たたり"に見舞われているの？そしてまた、本作に見るミンの異変はどこまでエスカレートしていくの？

■□■異変は拡大！ミンに憑りついた悪霊とは？■□■

『犬神家の一族』では、冒頭に読み上げられる遺言書が大きな問題提起をすることになったが、ハローワークで働きながら友人たちとクラブに通ったり、おしゃれをしたりするのが大好きな、今どきの女性であるミンを突如襲った異変は一体ナニ？男友達に罵声を浴びせたり、見知らぬ子供を突き飛ばすなど、人格が変わったような奇行を連発するようになった彼女は、その後、極度の体調不良に見舞われ、不気味な悪夢にうなされるミンの異常行動は次々とエスカレートしていくことに。その結果、勤務先のハローワークもクビになってしまったが、解雇の理由とされた防犯カメラの映像にはあまりにもショッキングなミンの行動がはっきりと！この異変の原因は？ミンに憑りついた悪霊とは？

自宅の浴室で手首を切った血まみれのミンを発見し、病院に運び込んだノイは、ミンの異変は、祈祷師一族の血を引くミンをニムの後継者に選んだ女神バヤンが憑依しているのではないか、と考えたが、それはそれで筋が通っている。そこで、最愛の娘を救いたいノイは、ニムにバヤンを受け入れる"代替わりの儀式"をしてほしいと懇願したが、私にはここらあたりの展開が十分理解できない。さらに、それに対するニムの答えは、意外にも「儀式はできない。ミンに憑いているのはバヤンではない」というものだったから、アレレ。この中盤の展開は難解だから、しっかり鑑賞を！

■□■ミンは失踪！ニムの祈祷の効用は？ミンの変貌に注目！■□■

そんな状況下、ミンが謎の失踪を遂げてしまったから状況はさらに深刻だ。そこで、地元の人々や警察が大規模捜索を繰り広げる中、ニムは姪のミンの悪霊を取り払うため祈祷の儀式を行うことになったが、そのことの意義は？狙いは？

本作導入部では、取材陣のインタビューに応える形で、ニムから祈祷師一族が帰依して

いる女神バヤンの石像について解説され、現地も見せてもらうことができる。この石像は険しい山の中に建てられており、その中にタイ東北部イサーン地方におけるピー信仰のすべてが宿っているはずだから、その姿カタチに注目！そして、ミンが失踪してしまうという大変な事態を迎えた後半からは、ミンに悪霊が憑りついた原因は、祈祷師の座をめぐるノイとニムの姉妹間の確執にあることが見えてくるうえ、ニムからミンへの"女神の継承"（代わりの儀式）を行うことの意義が浮かび上がってくるので、それに注目！

タイのバンジョン・ピサンタナクーン監督は、『女神の継承』の"世界観"を表現するため、１年間をかけ、３０人以上の祈祷師と出会い、話を聞き、リサーチを重ねてきたそうだ。スクリーン上で観るニムによるさまざまな儀式は、それらを踏まえた、本作でしか見ることのできない完全オリジナルバージョンだから、それにも注目！

大規模な祈祷の日は設定されたが、なおミンは発見されないまま。ミンに憑りついた邪悪な悪霊はあの若くてピチピチしたミンをどこまで変貌させていくの？『カメラを止めるな！』（１７年）（『シネマ４２』１７頁）では、次々と登場してくる"ゾンビ"によって、あっと驚く世界観が表現され、爆発的大ヒットになったが、本作後半に見るミンの変貌ぶりは如何に？いきなり、隠しカメラの前に飛び出してくる怪物のようなミンの姿にビックリなら、ラストに向けて、光るような目になっている不気味なミンの姿にもビックリ！ああ、怖い！こりゃまさに、現代のエクソシスト！

■□■原因はヤサンティア家の歴史に？たたりじゃ！■□■

親の因果が子に報い・・・。昭和２４年生まれの私が小学生の頃は、何らかの"死"に直面した時、そんなフレーズをよく耳にしていた。そんな視点で本作を観ると、まさに「親の因果が子に報いた」のは、ヤサンティア家らしい。もちろん、それ以上の問題は、祈祷師一族の長女、次女として生まれたノイとニムとの間の祈祷師の継承をめぐる確執だが、「女神の継承」はいずれ必要なこと。その場合、ニムの後継者にミンがもっともふさわしいことは当然だが、なぜそれがスムーズに行われないの？ちなみに、『柳生一族の陰謀』（７８年）は、大御所・徳川家康の跡を継ぐべき者の確執・対立を描くものだが、それはどこにでもある「正当な継承者は俺だ！」という権力争いだった。しかし、本作では祈祷師の継承をめぐる権力争いが生じているわけではない。そのため、なぜミンに憑りついた悪霊がミンをあそこまで凶暴にしていくのかが私にはわかりにくい。もっとも、それは、『犬神家の一族』でも同じで、すべては、"たたりじゃ！"で説明されるのだろう。

大混乱がエスカレートしていく中、ミンの悪霊を取り除くことができるのだろうか？ニムの祈祷師としての力はそこまで及ぶのだろうか？ミンの異常性、凶暴性がエスカレートしていく中、隠しカメラまでセットして決死の取材を行っているドキュメンタリーのクルーたちの安否も心配だが？さらに、ニム自身の生死は？本作後半からクライマックスにかけての怒涛の展開はあなた自身の目でしっかりと！こりゃ怖かった！これはすごかった！

２０２２（令和４）年８月５日記

Short ショートコメント ★★★

Data 2022−56

監督・脚本・製作：ルバイヤット・ホセイン
出演：リキタ・ナンディニ・シム／ノベラ・ラフマン／シャハナ・ゴスワミ／モスタファ・モンワル／パルビン・パル／ディパニタ・マーティン

メイド・イン・バングラデシュ

2019年／フランス・バングラデシュ・デンマーク・ポルトガル映画
配給：パンドラ／95分

2022（令和4）年5月10日鑑賞 ｜ シネ・リーブル梅田

👀 みどころ

　バングラデシュ発の本作の舞台は、首都ダッカにある縫製工場。小林多喜二の『蟹工船』の職場も過酷だったが、平均年齢25歳の女性ばかりの職場の労働環境は？低賃金ぶりは？職場の火災、同僚の死亡、賃金の遅滞、そんな状況下、23歳のヒロインは労働者権利団体の女性に導かれるまま、労働組合の結成に立ち上がった、その前途は？

　問題意識や良し！しかし、舞台設定やストーリー展開はイマイチ平板。さらに、いくら気の強いヒロインとはいえ、ラストの展開はいかがなもの・・・？

——＊——＊——＊——＊——＊——＊——＊——＊——＊——＊——

◆株の動きや市場の動きについては敏感なつもりの私だが、日本でメイド・イン・バングラデシュのTシャツがどの程度溢れているのかについては寡聞にして知らない。かつては「メイド・イン・チャイナ」の繊維製品が「安かろう、悪かろう」の代表だったが、そんな時期はとうの昔に過ぎ去り、今や中国の経済発展はものすごい。

　私と同世代の柳井正氏が私の弁護士登録と同じ1974年に設立した「ユニクロ」は、今や衣料品業界におけるグローバル企業として君臨しているが、「メイド・イン・バングラデシュ」のTシャツはどの程度の位置付けになっているの？

◆私がはじめて観たバングラデシュ発の映画である本作は、1981年生まれの女性監督ルバイヤット・ホセインによるもの。『メイド・イン・バングラデシュ』と題された本作の舞台は、バグラデシュの首都ダッカにある縫製工場。主人公はそこで働く女性シム（リキタ・ナンディニ・シム）だが、本作のテーマは、『メイド・イン・バングラデシュ』というタイトルからはまったく想像がつかない、バングラデシュ版「蟹工船」・・・？

◆アパレル産業のあり方が問われる出来事が9年前にバングラデシュで起きたらしい。それは、先進国向けの衣料品を作る工場が集まったビル「ラナプラザ」が崩壊し、1000人以上が亡くなった、というものだ。日本では明治時代初期に「女工哀史」の物語があったが、バングラデシュでは、21世紀に入った今でも、ラナプラザは「女工哀史」と同じ

233

ような状況だったわけだ。本作冒頭、縫製工場で突然、火災の発生を告げる警報が鳴り響くことに。シムはなんとか逃げ延びたものの、親友の一人はその犠牲に！

◆本作の新聞紙評は多いが、そのほとんどは好意的。『キネマ旬報』4月下旬号の「REVIEW日本映画&外国映画」でも、星3つ、3つ、4つだからそれなりの評価だ。そう思っていると、2022年4月26日付朝日新聞は、「オピニオン&フォーラム」欄で「その服　作っているのは」「バングラ工場事故　グローバル企業の搾取構図あらわに」「想像してほしい　なぜその値段か　作り手の環境は」の見出しで、神戸女学院大学文学部准教授・南出和余さんの詳しい解説を掲載した。

　1990年からバングラデシュと関わり、農村などでフィールドワークを続けてきた同准教授は、2年余り前に希望者を募り、本作の英語の字幕を翻訳したそうだ。なるほど、なるほど。しかし、朝日新聞が本作にそこまで注目したのは、一体なぜ？

◆女性差別のあり方は世界各国でさまざま。第2次世界大戦で敗北した日本は、アメリカ式民主主義を取り入れる中で、いち早く男女平等（の必要性）に目覚め、その方向に切り替わっていったが、中東諸国は？インドやミャンマーは？そして、バングラデシュは？

　本作では、23歳のシムが独身ではなく亭主持ちの女性であることにビックリだが、本作は全編を通じて首都ダッカにおける男女差別の実態を赤裸々に描いていくので、それに注目！バングラデシュ国内の繊維工場労働者の80％が女性、その平均年齢が25歳というデータと、本作に見る過酷な労働環境や低賃金の実態をしっかり確認したい。

◆弁護士の私には、バングラデシュにも日本と同じような（？）労働法があることが当然だと考えているが、それはシムが労働者権利団体で働く女性ナシマ・アパ（シャハナ・ゴスワミ）と出会うところから少しずつ明らかになっていく。つまり、シムはナシマ・アパの影響（啓蒙力）によって自分の権利に目覚めていくわけだが、そんな"にわか仕込み"の知識に基づく労働組合の結成はうまくいくの？資本家との闘争は続けられるの？

　新進女性監督の問題意識や良し！冒頭の問題提起も良し！シムとナシマ・アパとの"出会い"はちょっと"出来すぎ"感が強いが、映画としては演出としては、それも良し！しかし、学生運動の中で、ロシア革命をはじめとするマルクス・レーニン主義を勉強してきた私には、本作に見るシムの行動（血気）は、あまりに単純で危ういのが少し心配！

◆小林多喜二の小説（プロレタリア文学）『蟹工船』（29年）をSABU監督が映画化した『蟹工船』（09年）（『シネマ23』未掲載）は、日本の資本主義形成過程における典型的な労働争議だから、そこから学ぶべきものは多い。しかし、それに比べると、本作に見るシムの労働争議はいかにも甘い。そのうえ、にっちもさっちも行かなくなった時に、スクリーン上でシムが取る行動はいくら気の強い女とはいえ、あまりにあまり・・・？こんなスタイルがバングラデシュの労働争議の闘い方なの？いや、そんなことはないはずだ。

　そう考えると、本作はルバイヤット・ホセイン監督のちょっとした勇み足・・・？

2022（令和4）年5月13日記

第7章
昔の名作、4Kリマスターの名作

Data 2022-75

監督：陳凱歌（チェン・カイコー）
原作：李碧華（リー・ピクワー）『さ
　　　らば、わが愛　覇王別姫』
出演：張國榮（レスリー・チャン）
　　　／張豊毅（チャン・フォンイ
　　　ー）／鞏俐（コン・リー）／
　　　葛優（グォ・ヨウ）／雷漢（レ
　　　イ・ハン）

SHOW-HEY シネマルーム

★★★★★

さらば、わが愛　覇王別姫

1993年／中国・香港映画
配給：アスミック・エース／172分

2022（令和4）年6月25日鑑賞　　テアトル梅田

👁👁 みどころ

　1982年に北京電影学院を卒業した後、共に世界に羽ばたいた張藝謀（チャン・イーモウ）と陳凱歌（チェン・カイコー）は、1980年代の『紅いコーリャン』（87年）と『黄色い大地』（84年）で好敵手になったが、90年代には、『活きる』（94年）と本作『さらば、わが愛　覇王別姫』（93年）で、再び対抗！日本軍の大陸侵攻を含む、激動の中国現代史は複雑だが、面白い。新中国建国後の国共対立と文化大革命の激動も興味深い。しかし、そんな中、人々の生活は？

　『活きる』の主人公は金持ちのボンボンだったが、本作の主人公は子ども時代共に京劇俳優養成所で厳しい訓練を受けた段小楼と程蝶衣。2人は、京劇『覇王別姫』の大スターに上り詰めたが、そこに女郎あがりの菊仙が段小楼の妻として登場してくると・・・？

　激動の中国現代史と『覇王別姫』をしっかり勉強しながら、陳凱歌の最高傑作をしっかり楽しみたい。

＊──＊──＊──＊──＊──＊──＊──＊──＊──＊──＊──＊

■□■30年前の"超名作"を20年ぶりに再々鑑賞！■□■

　今年2022年は、田中角栄と周恩来の握手に象徴される、1972年9月29日の「日中国交回復」50周年の年だが、2月24日のロシアによるウクライナ侵攻を受けて、西側VS東側の対立が深まる中、日中関係はよろしくない。

　私が陳凱歌（チェン・カイコー）監督の"超名作"、『さらば、わが愛　覇王別姫』をはじめて見たのは、日中国交正常化30周年記念として、シネ・ヌーヴォが2002年12月21日から2003年2月7日まで「中国映画の全貌2002-3」を開催し、63本の中国映画を一挙上映した時だ。「年末年始なら、なんとか時間が取れる。何としてもたく

さん見ておかないと・・・」と考え、5回券を2枚買った。そして、2004年6月19日から7月30日までシネ・ヌーヴォが開催した「中国映画の全貌2004」で2回目の鑑賞をした。

そんな"超名作"がなぜか今、テアトル梅田で上映されていると知れば、こりゃ必見！劇場に聞くと、「土日は満席も！」とのことだったので、午前中にわざわざチケットを購入して席を確保し、午後から劇場へ。列をなしている人の中では、あちこちで中国語も。思いがけず、こんな企画をしてくれたテアトル梅田に感謝！

■□■字幕は不是簡体字。不是中国映画、是中国・香港映画■□■

本作は1993年に公開されたが、2002年の鑑賞時に私が知っていた俳優は鞏俐（コン・リー）だけ。彼女は張藝謀（チャン・イーモウ）監督の『紅いコーリャン』（87年）（『シネマ5』72頁）で目に焼き付いてしまった美人女優だ。当時の私は、京劇の「覇王別姫」の項羽を演じた本作の段小楼役の俳優、張豊毅（チャン・フォンイー）は全然知らなかったし、「覇王別姫」の別姫を演じた怪しげな女役である本作の程蝶衣役が香港の人気俳優、張國榮（レスリー・チャン）だということも知らなかった。また、20年前に見た時は中国語が全然わからなかったが、今は中国語検定3級とHSK5級に合格しているので、ある程度読めるし、聞き取ることもできる。そのため、今回はじめて本作が簡体字でないことを知り、また、本作が中国映画ではなく、中国・香港映画であることを知ることができた。

■□■第五世代監督代表として北京電影学院卒業後、世界へ！■□■

陳凱歌は、張藝謀監督や田壮壮（ティエン・チュアンチュアン）ら、後に「第五世代監督」と呼ばれる面々とともに、1966年から77年まで続いた文化大革命が終了したため再開された北京電影学院に1987年に入学し、1982年に卒業した後に映画制作を開始し、一気に世界中に"中国ニューウェーブ"を知らしめた人物だ。彼を一躍有名にしたのは『黄色い大地』（84年）（『シネマ5』63頁）だが、1978年から改革開放政策が始まっても、1989年には天安門事件が発生したから中国は大変。映画製作も激変する政治情勢に左右されるのは仕方ない。

そんな時代状況の中、張藝謀が監督した『菊豆』（90年）（『シネマ5』76頁）、『古井戸』（87年）（『シネマ5』79頁）、『活きる』（94年）（『シネマ5』111頁）等にはビックリ！よくぞ、ここまで中国社会の問題点を直視した映画が公開できたものだ。ちなみに、『青い凧』（93年）（『シネマ5』98頁）の田壮壮監督は中国当局の批判を受け、10年間映画を撮ることを許されない処分を受けている。

そんな彼らと同じように、『黄色い大地』の翌年に『大閲兵』（85年）（『シネマ5』69頁）を作った陳凱歌監督は、1993年に本作を監督したが、それが中国映画ではなく、中国・香港映画になったのは、ある意味で必然・・・。

■□■京劇 VS 歌舞伎。京劇では訓練さえ受ければ大スターに？■□■

　本作は１７２分の長尺だが、ある瞬間に段小楼と程蝶衣が登場するまでは、少年時代の小石頭と小豆子の厳しい訓練風景が清朝末期の時代状況の中で描かれる。今ドキの邦画のスクリーンはとにかく明るく美しいものが多いが、１９９３年公開の本作はそうではない。今で言えば、完全な"児童虐待"と糾弾されるはずの、京劇俳優養成所での訓練風景に圧倒されるだけではなく、モノクロ風のなんとも言えず印象深い撮影技術にも圧倒されるはずだ。苦しい中で互いに助け合っていた仲間である小癩が自殺で死んでしまったのは残念だが、自慢の石頭をそのまま芸名にしていた先輩・小石頭は順調に成長したし、女郎の私生児として養成所に連れてこられた小豆子は小石頭に思慕の念を抱きながら共に成長したから大したものだ。

　歌舞伎では"血筋"や"家柄"が重要だから、各家元に生まれてきた男の子は、今ドキの日本では珍しく、幼い時から厳しい訓練を受けることになる。しかし、それは本作に見る小石頭や小豆子に対する訓練の厳しさとは全く異質のものだ。しかし、それだけの訓練を受けただけに、成長した段小楼と程蝶衣の京劇役者としての力量は？京劇では、厳しい訓練さえ受け入れれば、誰でも大スターに？

　それぞれ段小楼、程蝶衣の芸名を名乗り、「覇王別姫」の共演でトップスターになった２人だが、段小楼は置屋の女郎である菊仙（鞏俐（コン・リー））とねんごろになっていく一方、程蝶衣は彼の女役としての怪しい魅力にぞっこんになった、京劇界の重鎮で同性愛者でもある袁四爺（葛優（グォ・ヨウ））とねんごろに・・・。日本軍による中国大陸侵攻が始まり、時々刻々と権力者が揺れ動く時代状況の中、２人の京劇人生のスタートは、如何に？

■□■波乱の京劇人生のスタートは袁四爺との出会いから！■□■

　清朝末期は、中国にとって西欧列強からの帝国主義的侵略に続いて、大日本帝国からも中国大陸への侵攻を受けた屈辱の時代。「腐った清王朝ではダメ」と認識し、開明的な思想を武器に"革命"を目指して日本に留学した孫文は、中国に帰った後に、大活躍したが、それより前に"腐った清王朝"に代わって中国を支配したのが袁世凱。彼は後の軍閥として力を発揮し、政界にものし上がってくる張作霖と共に、清朝末期の中国では有名かつ特記すべき人物だ。彼が本当はどんなキャラだったのか私は知らないが、本作の袁四爺を見て、私は袁世凱＝袁四爺と考えてしまったが、それは完全な誤解で、袁世凱は１９１６年に死亡している。しかして、本作に見る京劇界の重鎮として、また、（女形の）役者の被護者（同性愛者）としての袁四爺は・・・？

　近時大活躍の張藝謀監督の『愛しの故郷』（２０年）の第１話『続・Hello 北京』（『シネマ４９』２４３頁）で大活躍している俳優が葛優（グォ・ヨウ）。彼は『狙った恋の落とし方。』（０８年）で大人気になったが、私は、『活きる』での素晴らしい演技を見た時から彼の大ファンになっていた。そのグォ・ヨウが本作では袁四爺役で登場し、味わい深い演技

を見せてくれるので、それに注目！

■□■2人の京劇人生は激動の中国現代史と共に！■□■

　『活きる』の主人公・福貴は、贅沢な家庭に育ちながらサイコロバクチにうつつを抜かす男だったが、１９４９年の新中国建国前後の激動の中国現代史の中で、したたかに生き抜く姿が感動的だった。そこには、一度は愛想をつかしながら、再び福貴のもとに戻ってくる、鞏俐扮する妻・家珍の強い支えがあったから、同作は夫婦愛の物語としても絶品で涙を誘った。

　それに対して本作は、子供の時から京劇俳優養成所で厳しい訓練を受け、やっと今、京劇スターとして花開いた段小楼と程蝶衣の兄弟愛が中心だったが、そこに女郎だった菊仙が段小楼の妻として入り込んでくるため、終始一貫、奇妙な三角関係がストーリーの中核になる。それが非常に面白いのは、日本軍が大陸に侵攻してくる中、袁四爺と程蝶衣との同性愛も長く続かず、本作の主役として登場する３人の男女の運命が否応なく激動の時代の流れの渦の中に巻き込まれるためだ。激動する時代の中で生きていくためには、時の権力者に迎合することも必要！そんな経験は誰にでもあるが、そんな立場ばかり主張していたのでは、身が持たない。『活きる』に見る福貴はとりわけそれが強かったし、本作に見る段小楼と程蝶衣もそうだ。子供の時から石頭を自慢にしてきた段小楼は、大人になってからも自我の主張が強かったから、何かと大変。程蝶衣や菊仙のとりなしで、何とかそれをしのいでいたが、文化大革命が進み、京劇そのものが旧体制の遺物だとして否定されてくると・・・？さあ、激動の中国現代史の中で、２人の主人公は如何に？

■□■成長した捨て子は毛沢東思想にどっぷり！師弟対決は？■□■

　本作に見る京劇俳優養成所がどんなシステムで成り立っているのか、私にはサッパリわからないが、女郎の私生児として、母親から捨てられるように養成所に入れられた程蝶衣が、兄弟子・段小楼の"指導よろしき"を得て成長し、大スターになったのは立派。そんな程蝶衣だから、ある日、養成所で目にした「捨て子」を見捨てることができなかったのは仕方ない。しかして、激動する時代の中、師匠の死亡で養成所の解散を余儀なくされた後、程蝶衣の弟子として訓練を受け成長してきた捨て子の小四（雷漢（レイ・ハン））は、１９６６年から文化大革命が始まると、いっぱしの紅衛兵になっていたから、彼の動静にも注目！中国古来の伝統的な価値をすべて"旧幣、旧悪"と決めつけた文化大革命では、知識階級が自己批判を余儀なくされ、焚書坑儒まで実行されたから大変だ。『活きる』では、ベテラン医師が排除され、経験の少ない若い女の子が福貴の娘の出産の処理をしたため、その結果は悲惨なものになってしまった。

　段小楼も程蝶衣も、そんな時代状況に"迎合"すれば、京劇のスターとして生きていくこともできたはずだが、『覇王別姫』を捨てて、人民大衆のための演劇を！と言われても・・・。日本敗戦後に北京に入ってきた国民党の兵士たちの『覇王別姫』の鑑賞ぶりには納得でき

なかったが、そうかといって、国民党に代わって新たな支配者になった共産党の演劇論もイヤ。そう考えただけならまだしも、段小楼と程蝶衣が現実にそんな行動をとれば、堕落の象徴として弾圧されている京劇の大スターである段小楼と程蝶衣が"自己批判"を強要されることになったのは当然だ。その結果、１９７０年代の中国のニュースとして、私たちがよく見ていた、あの集団の中での自己批判（吊し上げ）の風景が本作のスクリーン上に広がっていくから、それに注目！そして、それをリードしたのが、今や完全に毛思想に心酔した小四だから、その対比は鮮やかだ。成長した小四が毛思想に心酔するのは自由だが、自分の青春をかけて学んだ京劇を旧体制の遺物として完全に否定してどうなるの？いやいや、そこは大丈夫、毛思想を体現する新たな人民大衆のための芸術は、演劇界でも立派に育っていたらしい。

　しかして、文化大革命って一体何だったの？本作では、小四の姿を通じて、『活きる』と同じように、それをしっかり考えたい。

■□■別姫の最期は？覇王の最期は？■□■

　日本の歌舞伎では、白塗りの千両役者が見得を切るところが見どころだが、京劇『覇王別姫』の見どころは？中国史を理解し、中国語を勉強すれば、「四面楚歌」という四文字熟語が何を意味するかがよくわかる。また、司馬遼太郎の小説『項羽と劉邦』を読めば、項羽こと覇王の天才性もよくわかる。しかして、別姫とは？

　唐の時代では、玄宗皇帝の愛妾、楊貴妃が有名だが、それと並んで有名なのが項羽の愛妾、虞美人、すなわち別姫だ。本作の中では、何度も京劇俳優養成所からの逃亡を繰り返していた程蝶衣だったが、ある日、生の『覇王別姫』の覇王と別姫の演技を見ると涙を流しっぱなしに。それは一体なぜ？本作では、『覇王別姫』の名場面が何度も登場するので、それに注目！しかして、四面楚歌の中、別姫はなぜ自らの首をはねてしまったの？そして、項羽（覇王）の最期は？

　本作ラストは、文化大革命の混乱が収まったある時期、２人だけで舞台に立つシークエンスになるので、それに注目。そんな中、２時間５２分という長尺の本作はいかなるラストを？それは、あなた自身の目で感動の涙と共にしっかりと！

２０２２（令和４）年７月４日記

Data 2022−57

監督：パク・チャヌク
原作：作・土屋ガロン、画・嶺岸信
明「オールド・ボーイ」
出演：チェ・ミンシク／ユ・ジテ／
カン・ヘジョン

SHOW-HEY シネマルーム

★★★★★

オールド・ボーイ　４K

2003 年／韓国映画
配給：KADOKAWA／120 分

2022（令和4）年5月10日鑑賞 ｜ シネ・リーブル梅田

☜☉☉ みどころ

　ポン・ジュノ監督と並ぶ韓国の巨匠パク・チャヌク監督は「復讐三部作」で有名だが、その一つで、２００４年のカンヌと世界を震撼させた本作が、18年ぶりに４K版で復活！

　ハリウッド版も面白いから、原作となった日本の漫画と合わせて、その"異同"を対比させればなお面白い。もっとも、そのためには、"催眠術"と"後催眠術（暗示）"の学習が不可欠だが・・・。

　主人公たち全員の"人物像"はクッキリ・ハッキリしているが、ストーリーは複雑で闇に包まれているから、わかりづらい。なぜ監禁？なぜ解放？なぜ7.5階の部屋？なぜ７月５日までに謎解きを？その他、なぜ？なぜ？なぜ？のオンパレードだが、ネタバレ厳禁なので、あしからず・・・。

―――＊―――＊―――＊―――＊―――＊―――＊―――＊―――＊―――

■□■あの名作が１８年ぶりに４Kリマスター版で復活！■□■

　２００４年の第５７回カンヌ国際映画祭でグランプリを受賞。審査委員長のクエンティン・タランティーノ監督が激賞し、国内外の映画賞で高い評価を得た鬼才パク・チャヌクの傑作復讐サスペンス『オールド・ボーイ』が１８年ぶりに４Kリマスター版でスクリーンに蘇った。ポン・ジュノと並ぶ韓国の巨匠パク・チャヌク監督は、「復讐三部作」で有名だが、『親切なクムジャさん』（０５年）（『シネマ9』２２２頁）、『復讐者に憐れみを』（０２年）と並ぶそれが本作だ。

　そのチラシには、「鬼才パク・チャヌク監督─世界を震撼させた驚愕の復讐サスペンスが４K化！！」と書かれ、「予測不可能」「打ちのめされること間違いなし」「世界水準の傑作」と絶賛する言葉が並んでいる。そこまで絶賛されているのは一体なぜ？

■□■０３年版が名作ならハリウッド版も名作！評論も充実！■□■

私が本作をはじめて観たのは２００４年１１月２１日。その時点では、同作はそのストーリーについて、「秘密を守れ！」が絶対条件。したがって、スタッフ契約書には、映画の結末を公開前に口外したら違約金を科すという条項があったらしい。そのため、同日付けで書いた同作の評論は、かなり気を遣ったものにならざるをえなかったが、それでも「すごいものを観た！」という実感のこもった充実した内容になっている（『シネマ６』５２頁）。

　さらに、同作を観て衝撃を受けたというスパイク・リー監督が、ハリウッド版『オールド・ボーイ』（決してリメイクではない）の監督を決意したことによって誕生したのが、２０１３年のアメリカ映画『オールド・ボーイ』。これも素晴らしい出来だったから、その評論も充実したものになっている（『シネマ３３』１５１頁）。

　そこで、本作を（再）評論するについては、「０３年版」と「ハリウッド版」も読んでもらいたいことと、それとの重複を避けるために、両者も参考として掲げておく。

■□■前回ＯＫ（？）のネタバレ　２人は高校時代の同窓生！■□■

　「ネタバレ厳禁」の中、２００４年に書いた「０３年版」の評論で、私は、「一つだけその大前提となっている事実を説明すれば、それはデスとウジンは先輩・後輩だったということ」と、ギリギリＯＫ（？）のネタバレ情報を書いた。また、そのうえで、「そこから解き明かされていく事実が、１５年間の監禁と釈放後の追跡に見合う（？）だけの『あっと驚く物語』だというわけだ。乞うご期待！」と書いた（『シネマ６』５５頁）。

　私の高校時代は１９６５年から６７年の３年間だが、デスが突然監禁されたのは１９８８年だから、デスの高校時代も私と同じような時期？それはともかく、私の高校時代は、舟木一夫の『高校三年生』の大ヒットを経て、昭和の学園ソング、青春ソングの全盛時代だった。もっとも、私は中高一貫教育の男子校だから、「ぼくら　フォークダンスの手を取れば　甘く匂うよ　黒髪が」の経験はないが、本作に見る高校時代のデスは、ウジンの姉であるスアに対して淡い憧れの気持ちを・・・？

　「韓国の鬼才、世界を震撼させた驚愕の復讐サスペンス」たる本作では、何よりも右手に握った金槌を振り下ろす“怪優”チェ・ミンシクの姿が印象的だが、本作後半には初心な高校時代のデスが登場し、さまざまな人間関係の解明（？）が進んでいくので、それに注目！

■□■今回ＯＫ（？）のネタバレ（１）　催眠と後催眠現象■□■

　催眠術とはどんなもの？その内容や怖さ、面白さを多くの人は知っているつもりだが、実はその科学的根拠についてはほとんど知らないはず。したがって、後催眠術（暗示）については、その言葉はもちろん、その内容も全くわからないはずだ。後催眠暗示とは「心理学や精神医学用語で、催眠中の被験者に対し、その催眠から覚醒したあとに一定の行動をとるようにかけられる暗示のこと。通常、覚醒された後では『暗示されたこと自体をすっかり忘れるように』という健忘暗示と一緒に与えられる。これによって被験者は催眠中暗示された行動を、覚醒後に行うことになる。そのため、種々の心的疾患の療法に利用さ

れる」というものらしい。しかして、韓国の鬼才パク・チョヌク監督はそれを本作のテーマにしている（?）ので、本作の鑑賞についてはその勉強が不可欠だ。

　本作冒頭では、とにかくよくしゃべる、いかにも「これぞ韓国男！」という感じのデスのアクの強さが目立つ。雨の中、公衆電話ボックスに入り娘に電話をしている姿は微笑ましいマイホームパパだが、そこから、"あっと驚く展開"になっていくので、ビックリ！他方、１５年後に突然解放されたデスは「日本料理店　地中海」へ一人で行くが、それは一体なぜ？それは後催眠によって、デスに対し、監禁部屋を出たら「地中海」へ行くように暗示がかけられていたためらしい。もちろん、今ドキのわかりやすい邦画のように、「何でも解説」してくれるわけではないから、スクリーンを見ていても、なぜそんな展開になっていくのかは容易にわからないが、それはしっかり勉強しなくちゃ！

　また、カウンター席に座り、「生物をくれ」、と注文したデスが、出された生タコを手づかみで口の中に入れるシーンにもビックリだが、それ以上に、カウンター越しに若い女料理人のミドの顔を見るなり、デスが「久しぶり、違ったかな？」「見覚えがあるんだけど、どこで？」と質問したのは、一体なぜ？さらに、その夜のうちにミドがデスを自分の部屋に引っ張り込む（?）という、あれよあれよの展開になったのは、一体なぜ？なるほど、なるほど、これらはすべて後催眠暗示のなせる業・・・？

■□■今回OK（?）のネタバレ（2）　7.5階のヒミツ■□■

　０３年版の評論のラストで私は、「７月５日に秘められたヒミツとは？」の小見出しで、いくつかの疑問点をネタバレにならない限度の文章で書いた。それはその通りなので今回も維持するが、今回ネタバレOK（?）の情報として書けるのは、デスを監禁していた7.5階の部屋のボスで、高校時代のデスの後輩だった男イ・ウジン（ユ・ジテ）が"ある賭け"を提案するシークエンスの重要性。これは、１５年間の監禁状態から突然解放されたデスが、日本料理店「地中海」で出会った若い女性ミドと一夜を共にするストーリーに絡むハイライトシーンだ。

　本作全編を通じて、デスは"動の演技"が目立つのに対し、若いクセに不気味な雰囲気を漂わせるウジンは"静の演技"がハマっている。そして、そもそもウジンがデスを１５年間も監禁したのは何のため？また、解放された（した？）デスと対面したウジンが、デスに対して、「なぜ監禁されたのか？」を５日以内に解明する"謎解きゲーム"を提案し、同時に「謎が解ければ、ウジン自身の自殺装置を作動させ、解けなければデスとミドを殺す」という罰ゲームまで提案したのは、一体なぜ？

　もちろん、その"答え"はここには書けないが、今回は許されるであろう（?）これだけのネタバレを書けば、7.5階の監禁部屋の意味や謎解きゲームの期限を７月５日としたことの意味がわかりやすくなってくるはずだ。０３年版の評論も参考にしながら、１８年ぶりの名作を再度じっくりと！

■□■今回OK（？）のネタバレ（3） デスとミドの関係は？■□■

本作では、デス役を演じたチェ・ミンシクの"動の演技"とウジンを演じたユ・ジテの"静の演技"が目立つが、助演陣としても、7.5階の管理人のパク役を演じるオ・ダルス、警護室長のハン役を演じるキム・ビョンオクとデスの幼馴染ジュファン役を演じるチ・デハンの熱演もすごい。人間に対する拷問は多種多様だが、ペンチで歯を抜き取られるのはどの程度の苦痛？考えただけでもそんな拷問は御免こうむりたいが、さて本作では？

他方、本作導入部でさっそうとした（？）女料理人姿で登場した後、なぜか奇妙なおじさんの一人に過ぎないデスといきなり一夜を共にするという、あっと驚く行動を見せるミド役のカン・ヘジョンの演技も興味深い。韓国映画特有の"美女"というわけではなく、個性的な顔立ちの彼女がパク・チャヌク監督演出の下で見せる演技は、後半からクライマックスにかけて"ハードさ"を増していくので、それにも注目！

ネタバレ厳禁の本作では、そのネタバレ情報についてあれこれ書けば立派な評論になるが、デスとミドの関係は一体ナニ？なぜこんな年の離れた男女が、ここまで本作のストーリーに絡んでくるの？そのネタバレはここでは書かないが、15年間という監禁期間の意味を含めて考えれば、なるほど、なるほど・・・？

本作後半では、ウジンの姉スアが屋上から飛び降りる自殺シーンが大きく注目される中で、デスとウジンとの"ドス黒い関係"と謎のゲームを仕掛けたことの意味が解き明かされてくる。したがって、後半からは、このスアにも注目だが、ストーリー全般を通じては、ミドの存在感とデスとミドの関係に興味と焦点を当て続けたい。

2022（令和4）年5月17日記

Data 2022-50

監督・脚本：ジョン・ウー
制作：ツイ・ハーク
出演：チョウ・ユンファ／ティ・ロ
　　　ン／レスリー・チャン／エミ
　　　リー・チュウ

★★★★

男たちの挽歌（英雄本色）4Kリマスター版

1986年／香港映画
配給：ツイン／96分

2022（令和4）年4月29日鑑賞　｜　テアトル梅田

👀 みどころ

　ジョン・ウーとツイ・ハーク、そして、チョウ・ユンファ、ティ・ロン、レスリー・チャン。そんな男たちが勢揃いした、"香港ノワールの金字塔"が35年ぶりに復活！

　1960〜70年代の日活・東映のヤクザ路線をアレンジした香港映画の全盛時代は、民主化運動が弾圧され、一国二制度が崩壊した今は終わってしまったから、なおさら本作は懐かしい。マッチ棒をくわえたニヒルな笑い、ド派手な2丁拳銃のぶっ放し等々の名シーンの数々は、今見ても実に楽しい。これからも4Kリマスター版で、かつての名作を次々と鑑賞したいものだ。

——＊——＊——＊——＊——＊——＊——＊——＊——＊——＊——

■□■ "香港ノワールの金字塔"が35年ぶりに復活！■□■

　1950〜60年代の日活は石原裕次郎、小林旭という若き2大スターの登場によって日活アクション映画が花開き、和田浩二、高橋英樹、渡哲也らがそれに続いた。また1960年代の東映は、鶴田浩二、高倉健演ずるヤクザ映画が大ヒットし、以降、藤純子、菅原文太、松方弘樹らがそれに続いた。これは、戦後復興をいち早く成し遂げ、1960年の日米安保条約締結によって、軽武装で経済成長に集中できた日本のあっと驚く神ワザだ。毛沢東率いる中国（中華人民共和国）は1950年代の"大躍進政策"の失敗後、1966年からの"文化大革命"でも大混乱に陥ったから映画どころではなく、『黄色い大地』（84年）、『紅いコーリャン』（87年）が世界に発表されたのは1980年代半ばだった。

　他方、イギリスの統治下にあった香港では、1970年代のブルース・リーとジャッキー・チェンの登場、さらに1982年の『少林寺』におけるジェット・リーの登場によって香港武術映画が花開いた。さらに、香港では1986年に"香港ノワールの金字塔"たる本作が登場。「香港は武術アクション映画のみにあらず！」と主張して、新たな歴史を刻

んでいくことに。そんな名作が今、３５年ぶりに復活！

■□■ジョン・ウーとツイ・ハークに注目！香港と台北が登場■□■

　本作の監督・脚本はジョン・ウー、そして製作はツイ・ハークだ。ジョン・ウーは後にハリウッドで大活躍したが、１９８０年代の彼は、香港の映画界で独自の路線を貫き通したため、台湾に追われて不遇の生活を送っていたらしい。そこで、友人のツイ・ハークが「もう一度、香港で映画を作ろう」と台湾に出向いて、ジョン・ウーを香港映画界に復帰させたことが本作製作のきっかけらしい。そんなエピソードを裏付けるかのように、本作冒頭は、香港のヤクザ「三合会」の幹部であるホー（ティ・ロン）とその親友のマーク（チョウ・ユンファ）が、台湾に渡って大きな取引に臨むストーリーになる。しかし、その取引の舞台はどこかヘン？そう思っていると・・・。

　日本の野球界では、かつて“松坂世代”が注目されたが、今や佐々木朗希を頂点とする“朗希世代”が注目の的。女子ゴルフ界では、とうの昔にプラチナ世代が席巻している。それと同じように、１９８０年代の香港の映画界は製作陣も俳優陣もまさに黄金時代。本作では、一方ではマッチ棒を口にくわえてニヒルに笑い、他方ではド派手に２丁拳銃をぶっ放すチョウ・ユンファのカッコ良さと、ティ・ロンの渋い魅力がメインだが、若き日のレスリー・チャンのキュートな魅力にも注目！

■□■最後の取引で逮捕！その間シャバでは？■□■

　ホーは闘病中の父親と学生である弟キット（レスリー・チャン）の面倒を見ていたが、キットが警察官を希望しているため、ヤクザの足を洗うよう父から懇願され、それを承諾。したがって、台湾での取引はホー最後の大仕事だったが、誰かの密告のため、警察の手入れを受け、絶体絶命の状態に。そこでやむなくホーは、部下のシン（レイ・チーホン）を逃がして自分は自首し服役することに。

　他方、その間に父親は陰謀によって殺され、そのことで兄が三合会の幹部だと知ったキットは、以後ハッキリ兄を敵とみなして警察官の道に専心していくことに。また、マークは報復のため乗り込んだレストランで敵を皆殺しにしたものの、足を負傷するというアクシデントに見舞われることに。あれだけの大事件で逮捕されたヤクザの幹部であるホーがわずか３年で出所してくる脚本にはビックリだが、それはさておき、３年間の刑務所生活を終えたホーが出所後に直面したシャバの現実は？

■□■リーダーは誰に？ホーは？マークは？キットは？■□■

　男は黙って己の義務を果たして刑務所へ。しかし、刑期を終えてシャバに戻ってみると、その現実は？１９６０～７０年代の日活や東映の（純正）ヤクザ映画はそんなストーリーが多かったが、それを引き継いだ１９８０年代の“香港ノワール”はまさにそれ。わずか３年の間に三合会はどう変わってしまったの？自首してくれたホーのおかげでシンは幹部になれたのだから、出所してきたホーに対してそれなりの礼を尽くすべきだが、さて現実は？また、左足の自由が利かなくなったマークは今どんな仕事を？

今や三合会の中にホーの居場所がないのは当然だし、ホーも警官になった弟キットのためにもそれを望んでいなかったが、そんなホーに安定した勤務先はあるの？大阪でお好み焼きチェーン店『千房』を経営している中井政嗣氏は刑務所から出所してきた、いわゆる"前科者"を雇用する会社として有名だが、ホーにもユー（シー・イェンズ）を社長とする、そんなタクシー会社があったからラッキー！かつてのヤクザの幹部だって、足を洗ってカタギになれば単なる一人の市民。ホーはそう主張したいわけだが、それは世間はもとより、警察でも通用しないらしい。そのため、いくら成績が良くても身内にヤクザの幹部がいるという理由で出世できない上、現在進行中のシンの捜査からも外されてしまったキットの不満は爆発するばかりだ。恋人のジャッキー（エミリー・チュウ）がいくらキットをなだめても、兄弟間の確執と対立は収まりそうもない。私が中学時代に見た、高橋英樹主演の『男の紋章』シリーズでは、ヤクザの親分の跡目を継がず、医者の道を選びながらも、結局、組の親分に復帰する姿が描かれていたが、さて本作では？

　本作では、3年ぶりに再会したホーに対して、マークが「俺は3年間待ったんだ！もう一度2人で巻き返そう！」と絶叫する名シーンが中盤のみどころだが、それに対するホーの答えは？さらに、酒を飲んでいるマークとホーの席にやってきたシンが「2人を幹部として迎えるから、組に戻ってくれ」と勧誘するシーンも登場するが、それに対するホーの答えは？マークの答えは？さらに、これを見張っていたキットはホーに詰め寄り罵声を浴びせたが、マークが「なぜ兄を許してやらないのか！」とキットに迫るのも名シーンだ。

　ことほど左様に、それぞれの立場が異なる男たちの渡世は大変だから、本作の『男たちの挽歌』というタイトルは実にピッタリ！

■□■クライマックスで浮上する男たちの挽歌をタップリと！■□■

　高倉健主演の『唐獅子牡丹』シリーズも、高橋英樹主演の『男の紋章』シリーズも、ストーリー仕立ては単純。しかし、香港ノワール最高峰たる本作のクライマックスは少し複雑だし、ド派手さではハリウッド並の迫力だから、それに注目！

　ホーが勤めるタクシー会社を痛めつけても、マークをトコトンいたぶっても、ホーは三合会への復帰を拒否！その頑固さは見事だが、それにしびれを切らしたシンは、一方で嘘の情報を警察の捜査陣から外れたキットに流し、他方で、ある取引を！そんな中、"もはや我慢もこれまで！"となったマークは再び2丁拳銃を手に、ある企てを！

　そんな最後の取引の舞台は、日活映画では"波止場"と決まっていたが、本作もそれを踏襲し（？）、大量の火薬を使用しながら、"これぞ香港ノワール"と納得させる一大アクション劇を繰り広げていくので、それに注目！ド派手な銃撃戦の中で銃弾はホーにも当たったはずだが、それはそれ。ジョン・ウー監督が描くアクション活劇は、そんな傷はものともせず、すぐに復活させてくること間違いないはずだ。そんなワクワク、ドキドキの大活劇を楽しみつつ、マカロニ・ウエスタン風の"孤独感"とは異質の、香港流「男たちの挽歌」をしっかり味わいたい。　　　　　2022（令和4）年5月6日記

247

Data 2022-64

監督・脚本・台詞：ジャン＝
　　リュック・ゴダール
出演：ジャン＝ポール・ベル
　　モンド／ジーン・セバ
　　ーグ／ダニエル・ブー
　　ランジェ／ジャン＝ピ
　　エール・メルヴィル／
　　アンリ＝ジャック・ユ
　　エ

勝手にしやがれ【４Kレストア版】

1960年（2020年4Kレストア版）／フランス映画
配給：オンリー・ハーツ／90分

2022（令和4）年5月17日鑑賞　　テアトル梅田

👀 みどころ

　『気狂いピエロ』と同じく、冒頭の殺人事件から始まる本作も男女2人の逃避行。フランスのヌーヴェルヴァーグの鉄則は、「考えるな！感じろ！」だが、途中で突然歌い出すのは、あまりにあまり・・・。

　『気狂いピエロ』と同じく本作でも男女のかみ合わない会話に注目。しかして、次第に追い詰められていった主人公の最後の行動は？これぞヌーヴェル・ヴァーグだが、同時に『勝手にしやがれ』、と言いたくなるのは私だけ？

　１９７７年に『勝手にしやがれ』を歌った沢田研二は最高にカッコ良かったが、６０年前のジャン＝ポール・ベルモンドのカッコ良さは？

————＊————＊————＊————＊————＊————＊————＊————＊————＊

◆『気狂いピエロ【2Kレストア版】』に続いて、ジャン＝リュック・ゴダール監督×ジャン＝ポール・ベルモンドの『勝手にしやがれ【4Kレストア版】』を鑑賞。両作ともフランスのヌーヴェルヴァーグの代表作だが、そもそもヌーヴェルヴァーグってナニ？かつてフランスのヌーヴェルヴァーグが世界を席巻したのは事実だが、５０年後、６０年後の今は、さて？

◆映画と同じように、音楽の世界も時代の流れに伴う変遷が顕著。今やテレビの BS 放送の音楽番組では懐かしい昭和の歌が大人気だ。西郷輝彦は先日亡くなったが、橋幸夫はまだ現役。五木ひろしと八代亜紀は多くの番組で司会を含めて大活躍している。そう考えると、フランスのヌーヴェルヴァーグも昭和演歌や平成のニューミュージックと同じように、懐かしみながら観ればいい・・・？

◆『気狂いピエロ』は奇妙な殺人事件から物語がスタートしたが、本作もそれは同じ。違うのは、『気狂いピエロ』はジャン＝ポール・ベルモンドとアンナ・カリーナの共犯だったのに対し、本作はジャン＝ポール・ベルモンドの単独犯であることだ。

他方、両作に共通しているのは、主人公の逃避行に付き合う女性が、『気狂いピエロ』は昔なじみであるのに対し、本作は知り合ってすぐのアメリカからの留学生であること。そのため、両作とも逃走中に交わす２人の会話をメインとしたヌーヴェルヴァーグ作品だが、その会話内容には大きな違いがあるので、それに注目。

◆逃走の末に追い詰められ、ついに逮捕もしくは射殺、そういう犯罪モノは多い。しかして、本作もそれと同じ結末に至るのだが、そこに至るまでの主人公の行動は両作ともある意味ハチャメチャ。しかし、ヌーヴェルヴァーグだからそれが予測不可能なところがミソだ。さらに、本作のラストでも、主人公は救助のために投げ出された拳銃を手にすることなく、「疲れた！」と言うだけだから、アレレ、アレレ・・・。ちなみに、沢田研二が歌って、１９７７（昭和５２）年の日本レコード大賞を受賞した名曲が『勝手にしやがれ』だが、あの曲を歌う彼は最高にカッコ良かった。しかして、本作に見るジャン＝ポール・ベルモンドのカッコ良さは？

２０２２（令和４）年５月２６日記

― 追記　ゴダール監督が死去！ ―

　初期の代表作２作をじっくり鑑賞した４カ月後の９月１３日、ゴダール監督が９１歳で亡くなった。私の大学入学は１９６７年４月だから、６０年の『勝手にしやがれ』も、６５年の『気狂いピエロ』も中学、高校時代には観ていない。中・高時代の映画館通いの中で私が観ていたのは、一方で日活の「青春モノ」だったし、他方で３本立て５５円の洋モノの名作（旧作）だった。ロバート・ワイズ監督の『ウエスト・サイド物語』（６１年）ですら眩しかったあの時代、"ヌーヴェルヴァーグ"を標榜し、その旗手として世界中の映画界に影響を与え始めたゴダール作品は縁遠いものだった。フランス映画の『太陽がいっぱい』（６０年）やイタリア映画の『ひまわり』（７０年）にはたどり着き、また、ソ連の問題作『ドクトル・ジバゴ』（６５年）等にはたどり着いても、ゴダール作品には容易にたどり着けなかった。それは学生時代も修習生時代も同じ。弁護士になってからも同じだった。

　巨匠ゴダールは、ベルリンでもヴェネチアでも最高賞を受賞したが、カンヌでは３Ｄ映画『さらば、愛の言葉よ』（１４年）で審査員賞を受賞しただけ。その原因は、「受賞式に彼が来場しなかったため」と言われているが、さて・・・？

　ゴダール作品は難解だから、正直、私は苦手だが、近時のわかりやすさばかり追求した、制作委員会方式のバカバカしい邦画の大量生産は論外！ゴダール亡き今、改めて彼の価値と偉大さを勉強し直したい。

２０２２（令和４）年１０月１７日追記

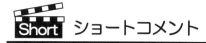

Short ショートコメント ★★★★	**Data** 2022-58

監督・脚本：ジャン＝リュック・ゴダール

出演：ジャン＝ポール・ベルモンド／アンナ・カリーナ／グラツィエラ・ガルヴァーニ／ダーク・サンダース／サミュエル・フラー／ジミー・カルービ

気狂いピエロ【2Kレストア版】

1965年（2015年2Kレストア版）／フランス映画
配給：オンリー・ハーツ／110分

2022（令和4）年5月17日鑑賞	テアトル梅田

👀 みどころ

　ジャン＝リュック・ゴダール監督×ジャン＝ポール・ベルモンド×アンナ・カリーナが、三者三様のキャリアの"臨界点"で奇跡的に一度限りの大結集！

　「自由！挑発！失踪！」を合言葉に、目くるめく引用と色彩の氾濫、そして、饒舌なポエジーと息苦しいほどのロマンチズムは、フランスのヌーヴェル・ヴァーグの最高傑作だが、その理解は難しい。そもそもヌーヴェル・ヴァーグって一体ナニ？知ったかぶりをせず、その代表作からそれをしっかり考えたい。

　ちなみに、"気狂い"という日本語は今では"放送禁止用語"として定着している。しかし、それを××と伏字にするのはナンセンス！だって、ピエロくんの"気狂い"ぶりが本作のエッセンスなのだから。

———＊———＊———＊———＊———＊———＊———＊———＊———＊———

◆1960年代、「青春映画の日活」の女優では、浅丘ルリ子、芦川いづみは少し先輩格、吉永小百合はダントツの別格としたうえで、若手女優の"お好み"としては、和泉雅子派 VS 松原智恵子派に分かれていた。それと同じように、1960年代のフランス映画の女優では、カトリーヌ・ドヌーヴ派 VS ジャンヌ・モロー派に分かれていたが、男優では、アラン・ドロン派 VS ジャン＝ポール・ベルモンド派に分かれていた。私はアラン・ドロン派だったため、『太陽がいっぱい』（60年）の魅力にハマったうえ、その後の彼の主演作はほとんど観ているが、その反面、ジャン＝ポール・ベルモンドの主演作は見逃していた。

　しかして今、ジャン＝リュック・ゴダール監督作品にジャン＝ポール・ベルモンドが主演した『勝手にしやがれ』（60年）が「4Kレストア版」（20年）で、『気狂いピエロ』（65年）が「2Kレストア版」（15年）で復活！こりゃ必見！

◆「自由・平等・博愛」を旗印として、1789年にフランス革命を起こした国フランスが"革命の元祖"なら、ジャン＝リュック・ゴダールは、フランソワ・トリュフォー、アラン・レネ、ジャック・ドゥミらと並んで、フランスのヌーヴェル・ヴァーグの元祖。も

っとも、ヌーヴェル・ヴァーグって一体ナニ？そう正面から問われると、答えに窮する人も多いはずだ。

　しかして、「自由！挑発！疾走！」の言葉が氾濫し、目くるめく引用と色彩の氾濫、そして、饒舌なポエジーと息苦しいほどのロマンチズムに満ちた本作は、まさにそれだ。しかも、ゴダールのミューズでありながらゴダールと離婚したばかりの美人女優アンナ・カリーナと、『勝手にしやがれ』で大スターになり本作でゴダールと決別することになる俳優ジャン＝ポール・ベルモンドを共演させた、３５歳のゴダールの長編１０作目となる本作は、三人三様に「各自がキャリアの臨界点で燃焼しつくした奇跡的とも言える作品」とされている。こりゃ必見！

◆本作がフランスのヌーヴェル・ヴァーグの代表なら、アメリカン・ニュー・シネマの代表は『俺たちに明日はない』（６８年）。１９３０年代のアメリカ西部に実在した、ボニーとクライドという２人の銀行強盗を主人公にした同作は、ベトナム戦争が泥沼化する中で激動期にあった１９６８年のアメリカで、『卒業』（６８年）とともに、若者たちの圧倒的支持を受けて大ヒット！ボニー役を演じた女優フェイ・ダナウェイは、アカデミー賞主演女優賞にノミネートされ、この一作でアメリカン・ニュー・シネマのトップ女優の地位を獲得した。

　同作は、銀行強盗に入ったボニーとクライドが逃走するシーンからスタートするが、本作では、金持ち女と結婚し退屈な生活を送っている男フェルディナン（ジャン＝ポール・ベルモンド）が、娘のシッター役としてやってきたかつての恋人マリアンヌ（アンナ・カリーナ）と再会するところからスタート。そして、共に一夜を過ごした２人が、翌朝、見知らぬ男の死体を発見したうえ、２人が協力して"ある殺人"を決行するところから２人の逃避行が始まっていく。

◆フランスのヌーヴェル・ヴァーグの何たるかはよくわからないが、そこでの最大の教えは、「考えるな！」「感じろ！」ということらしい。

　カトリーヌ・ドヌーヴが主演した『シェルブールの雨傘』（６４年）は、ハリウッドのミュージカル名作とは異質のミュージカル映画だったが、本作でもいくつかのシーンで突然、アンナ・カリーナ扮するマリアンヌが歌い始めるのでそれに注目！これは一体ナニ？その違和感は半端ナイ。また、フェルディナンというれっきとした名前があるのに、マリアンヌは盛んに彼を"ピエロ"と呼んでからかっているが、その真意は？それに対して、毎回、「俺はフェルディナンだ」と切り返すシーンにはいい加減あきてくるが、ジャン＝リュック・ゴダール監督は、なぜこれを最後まで繰り返させたの？いやいや、そんなふうに考え、悩むことはナンセンス！？感じろ！ただ感じろ！なるほど、なるほど。

　　　　　　　　　　　　　　　　　　　　　　　　２０２２（令和４）年５月２０日記

| Short ショートコメント | ★★★ | **Data** 2022−51 |

たぶん悪魔が

1977 年／フランス映画
配給：マーメイドフィルム　コピアボア・フィルム／97 分

| 2022（令和4）年4月29日鑑賞 | テアトル梅田 |

監督・脚本・台詞：ロベール・ブレッソン
出演：アントワーヌ・モニエ／ティナ・イリサリ／アンリ・ド・モーブラン／レティシア・カルカノ

みどころ

　日本では劇場未公開だった"フランスの孤高の映像作家"ロベール・ブレッソンの１９７０年代の傑作が公開！主人公は"自殺願望の美しい青年"だから、いかにもフランス風！彼の"終末論"は如何に？拳銃の扱いは如何に？

　熱っぽい政治談議や環境問題への問題提起など、あの時代を反映した面白さはあるが、この虚無感にはアレレ・・・。ベルリン国際映画祭銀熊賞受賞への賛否を含め、あなたの評価は？

—— ＊ —— ＊ —— ＊ —— ＊ —— ＊ —— ＊ —— ＊ —— ＊ —— ＊

◆ゴダールやヌーベルバークの作家たちをはじめ、世界中の映画人に多大な影響を及ぼし、寡作ながら唯一無二の傑作を生み出してきた、"フランスの孤高の映像作家"ロベール・ブレッソン。そう聞いても、私には全然ピンとこない。だって、彼の作品として、『やさしい女』（６９年）を知っているだけだから。

　日本では特集上映などを除き劇場未公開だったそんな彼の『湖のランスロ』（７４年）と『たぶん悪魔が』（７７年）が、４０年以上の時を経て遂に公開。これは必見！まずは『たぶん悪魔が』を鑑賞！

◆フランス文学では、マルキ・ド・サドが有名だし、フランス映画では『エマニエル夫人』シリーズが有名。また、フランスの詩人としてアルチュール・ランボーが有名だが、ランボーと聞けば、すぐに自殺（願望）に結びついてしまう。

　しかして、本作の主人公シャルル（アントワーヌ・モニエ）は、裕福な家柄の出でありながら自殺願望に取りつかれている美しい青年だが・・・。

◆本作冒頭、彼が出席する政治集会や教会の討論会のシーンが登場するが、そこでの議論はすべてフランス流（？）で理屈っぽい。しかし、それをいくら聞いても、シャルルの心は晴れないらしい。また、本作には、シャルルの親友で環境問題専門家のミシェル（アン

リ・ド・モーブラン）が熱っぽくアピールする姿が映像を伴って流れるが、だからどうだというの・・・？さらに、シャルルに寄り添おうとする２人の女性アルベルト（ティナ・イリサリ）とエドヴィージュ（レティシア・カルカノ）が登場し、シャルルと同じ時間を共有するが、それでもシャルルは死への衝動を断ち切ることができないらしい。

　それはそれで仕方ないから、好きにすれば・・・。７３歳にしてはじめてロベール・ブレッソン監督の本作を観た私は、つい、そう見放してしまったが・・・。

◆自然破壊が進み社会通念が激変しつつあった１９７０年代のパリを舞台に、自殺願望の青年シャルルが冷ややかに見つめる“終末論”を描いた本作は、本国フランスでは１８歳未満の鑑賞が禁じられたそうだ。２０２２年４月２４日に決戦投票が実施されたフランスの大統領選挙では、４年前と同じように、中道の現職エマニュエル・マクロンが極右政党のマリーヌ・ルペンに勝利したが、その差は５８.５４％VS４１.４６％に縮まったから、フランスの分断と若者の孤立はより進んでいるはずだ。

　そんな今の私の目には、本作に見る急進的な社会批判はむしろ当然だが、本作がシャルルを通して描く絶望的な内容は一体ナニ？この映画の、どこが、どう面白いの？

◆アメリカは自由に銃を売買することができる国だが、フランスは？恥ずかしながら、私はそれをよく知らないが、ある“冤罪”によって警察に連行された後、ますます虚無的になっていたシャルルが、あるきっかけで拳銃を手にすると・・・。

　芥川龍之介の自殺は睡眠薬の多量摂取、太宰治のそれは愛人と共にした玉川上水への入水自殺だったが、さて、シャルルのそれは・・・？

◆本作の結末は予想通りで、ある意味あっけない“終末”だが、本作は国際的には“シネマトグラフ”の一つの到達点として高い評価を受け、第２７回ベルリン国際映画祭で銀熊賞（審査員特別賞）を受賞している。私には本作はイマイチだが、あなたの評価は？

２０２２（令和４）年５月１日記

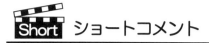

| Short | ショートコメント | ★★★ | Data | 2022−59 |

湖のランスロ

1974年／フランス・イタリア映画
配給：マーメイドフィルム、コピアポア・フィルム／84分

| 2022（令和4）年5月17日鑑賞 | テアトル梅田 |

監督・脚本：ロベール・ブレッソン
出演：リュック・シモン／ローラ・デューク・コンドミナス／アンベール・バルザン／ウラディミール・アントレク＝オレスク／パトリック・ベルナール

👀 みどころ

　"フランスの孤高の映像作家"ロベール・ブレッソンの１９７０年代の傑作を、『たぶん悪魔が』（７７年）に続いて鑑賞。

　私は中世の「騎士もの」が大好きだが、本作に見るアルテュス（アーサー）王の"円卓の騎士"たちの任務は？騎士ランスロと王妃グニエーヴルとの道ならぬ恋の行方は？

　リドリー・スコット監督の『最後の決闘裁判』（２１年）の決闘は迫力満点だったが、本作のそれは如何に？

—— * —— * —— * —— * —— * —— * —— * —— * —— * —— * ——

◆ "フランスの孤高の映像作家"ロベール・ブレッソンの１９７０年代の傑作『たぶん悪魔が』（７７年）と『湖のランスロ』（７４年）は、両作とも日本では特集上映などを除き劇場未公開だったが、４０年以上の時を経てついに日本で公開！

　そんな"触れ込み"を受けて、まず４月２９日に『たぶん悪魔が』を観たが、私の評価は星３つ。しかし、『湖のランスロ』は、鎧兜を身にまとった凛々しい中世の騎士たちが馬上にまたがって駆けるシーンを何度も予告編で観たので、これは必見！

◆ 中世の騎士道精神全盛期時代の「アーサー王伝説」は『キャメロット』（６７年）等で有名だが、それに登場するという王妃グニエーヴル（ローラ・デューク・コンドミナス）と騎士ランスロ（リュック・シモン）との"不義の恋"はどれほど有名なの？寡聞にして私は全然知らなかったが・・・。

　時は中世。ランスロやゴーヴァン（アンベール・バルザン）たち、アルテュス王の"円卓の騎士"たちは、「聖杯探し」の任務に失敗したうえ、多くの仲間の騎士を失ったため、失意の中で城に帰還していた。冒頭、そんな説明が字幕で表示されるが、その説明は私にはイマイチ、というより、基本的にチンプンカンプン・・・。

◆ロミオとジュリエットの、一目惚れから始まる悲恋の物語は誰でも知っているが、本作に見る円卓の騎士ランスロと王妃グニエーヴルとの"道ならぬ恋"（要するに不倫）は、その背景がサッパリわからないまま、２人のクソ難しい会話が展開していくから全然面白くない。

　他方、本作のチラシには、「権力を手に入れようと企むモルドレッドは罪深きランスロを貶め、自分の仲間を増やそうと暗躍する。」と書かれているが、その権力争いの原因がサッパリわからないから、これも全然面白くない。本作は重々しい雰囲気の中でさまざまなストーリーが進んでいくが、そのすべてが私にはイマイチ、というより、基本的にチンプンカンプン・・・。

◆２０２１年１０月１６日に観た、リドリー・スコット監督の『最後の決闘裁判』（２１年）（『シネマ５０』１１７頁）は、「Based on the true story」の「中世の騎士もの」であるうえ、ある人妻の"強姦事件"を巡って"決闘裁判"に至る物語だから、私は興味深く鑑賞した。それと似たようなテーマ（？）の本作では、中盤のハイライトになるはずのランスロ VS モルドレッドの決闘に期待したが、これが完全に期待はずれ！

　中世の騎士の鎧兜姿はカッコいいが、互いに槍を掲げた馬上の騎士が全速力でぶつかり合い、馬から落ちた後は剣を振るって死闘を見せるからこそ、その鎧兜姿に価値がある。したがって、映画ではそこでの迫力十分のアクションが不可欠だが、アレレ、本作のそれは一体ナニ？

　本作は、全編を通じてそんな騎士たちの鎧兜姿が目立ち、音響的にも鉄と鉄がぶつかる音が目立っている。しかし、それってカッコだけ・・・？肝心のアクションは・・・？

◆ランスロは、なぜ兜で顔を隠したまま決闘に望んだの？決闘でモルドレッドに勝ったにもかかわらず、ランスロはなぜ失踪したの？ランスロ自身も負傷していたから、ひょっとして彼は今どこかで死亡しているの？

　本作後半はそんな謎めいたストーリーが展開していくが、それは一体ナゼ？そして、そのそれぞれの結末は？そんな中、王妃グニエーヴルのランスロを思う気持ちが以前よりも強化されていくのが興味深いが、肝心のランスロは・・・？そして、本作の結末は・・・？

　本作は、「騎士道精神の崩壊と許されざる恋を描いたブレッソン悲願の企画」だそうだが、だから何なの？私にはイマイチ・・・。

２０２２（令和４）年５月１９日記

Data 2022-98

監督・脚本：ドゥニ・ヴィル
ヌーヴ
原作：ワジディ・ムアワッド
「灼熱の魂」
出演：ルブナ・アザバル／メ
リッサ・デゾルモー＝
プーラン／マキシ
ム・ゴーデット／レミ
ー・ジラール

灼熱の魂
デジタル・リマスター版

2010年／カナダ・フランス映画
配給：アルバトロス・フィルム／131分

2022（令和4）年8月16日鑑賞 ｜ シネ・リーブル梅田

👀👀みどころ

　2月24日に突如始まったロシアによるウクライナ侵攻によって、ウクライナ情勢が連日TV報道されている。しかし、もともと海外ニュースに弱い日本では、その分、アフガニスタンや中東問題への関心が弱くなっている。

　民族抗争や宗教対立を含む中東問題は極めて難しい。しかし、『灼熱の魂』と題された本作は、それをバックにしながら、感動の涙を誘う見事な人間ドラマになっている。「母の遺言から始まった、父と兄を探す旅。」とは一体ナニ？

　そんな名作が、「午前10時の映画祭」とまではいかないまでも、デジタル・リマスター版で復活。観客数が少ないのが残念だが、こんな名作は10年に1度は鑑賞したい。

――――＊――――＊――――＊――――＊――――＊――――＊――――＊――――＊

◆私が映画評論を書き始め、『シネマルーム1』を出版したのは2002年6月。それから20年の間に50冊にまでなったのはすごいと自負している。今は年間約150本鑑賞で、年間2冊の出版ペースだが、多い時には年間200～250本観ていたし、年間に4冊出版したこともある。その当時は秀作についての執筆意欲も強かったから、必然的に詳しく書いたものが多い。チラシに「ドゥニ・ヴィルヌーヴの存在を世界に知らしめた衝撃作がデジタル・リマスター版で鮮烈に甦る！」と書かれた本作を、私がはじめて観たのは2011年11月8日、場所は、当時頻繁に通っていたGAGA試写室だ。

　当時、私はドゥニ・ヴィルヌーヴ監督を知らなかったが、同作には衝撃を受けたから、その評論は詳細で力の込もったものになっている（（『シネマ28』62頁）。その後、ドゥニ・ヴィルヌーヴ監督は『DUNE／デューン　砂の惑星』（21年）（『シネマ50』38頁）、『メッセージ』（16年）（『シネマ40』278頁）等で有名になったが、そんな彼の出世作がデジタル・リマスター版で再公開されるとなると、こりゃ必見！「午前10時の映画祭」にラインナップされてもよいほどの秀作を再度観られることに感謝！

◆１０年も経てば忘れていることが多い。しかし、本作については、①プールサイドで母親のナワル・マルワン（ルブナ・アザバル）が突然亡くなる冒頭のシークエンス、そして②公証人のジャン・ルベル（レミー・ジラール）がジャンヌ・マルワン（メリッサ・デゾルモー＝プーラン）とシモン・マルワン（マキシム・ゴーデット）の２人の双子の姉弟に母親の遺言を呼んで聞かせるシークエンスを観ている間に、「なぜ、こんなにはっきり覚えているのだろう」と思い知らされた。２時間１３分の長尺である上、民族抗争や宗教対立をバックにした本作は、本来、日本人には理解が難しい物語。しかし、ストーリー展開の中で、スクリーン上に、①「双子」、②「ナワル」、③「ダレシュ」、④「デレッサ」、⑤「クファリアット」、⑥「サルワン、ジャナーン」、⑦「ニハド」、⑧「シャムセディン」という８つの章が示されるので、それが理解の一助になる。もっとも、①「双子」はすぐに分かるものの、その他の章は、日本人には、それは地名？それとも人名？となるので、本作はしっかりスクリーンを見続けることが肝要だ。

◆本作公開時のチラシの表は、大写ししたヒロインの顔をバックに、『灼熱の魂』という"邦題"が大きく表示され、その隣に「お母さん、あなたが生き続けた理由を教えてください」と問題提起されているから、日本人には分かりやすい。ところが、今回のチラシの表は、原題が大きく表示され、その隣に『灼熱の魂　デジタル・リマスター版』と小さく表示、そして、「母の遺言から始まった、父と兄を探す旅。世界が絶賛した、心震わすヒューマン・ミステリー」と書かれている。両者を比較した上で、デザイン上の好みからすれば、私は断然前者を推したい。

　また、今回のチラシの裏面には「１＋１＝」と大書した上、１（それは、かけがえのない愛の物語）、＋１（それは恐ろしい物語）、＝（時として、知らない方が良いこともある）と、誰にでもわかる"数式"と"謎解き"のようなフレーズを並べている。さらに、逆さまで「何があろうと、あなたを愛し続ける」、「あなたたちの誕生？」との文章を載せているが、こりゃ一体ナニ？これらの意味は本作を真剣に鑑賞した人にはわかるだろうが、はじめての人に理解できるはずはない。そのうえ、「あなたたちの父親の誕生？」という問題提起は、いくら何でも難しすぎる。それを考えると、内容面でもチラシのレベルは前者の方が上！

◆名作は何度鑑賞しても素晴らしい。そのことを私は、本作で再確認したが、本作の評論として書くべきことは前回に書き尽くしている。

　今回本作を鑑賞して残念だったのは、観客数１０数名だったこと。これでは採算は合わないだろう。ウクライナ情勢が注目されているが、中東を舞台とした本作のような名作は、１０年ごとに再鑑賞をしたいものだ。

２０２２（令和４）年８月１８日記

Data 2022-88

監督・脚本：フランチシェク・ヴラーチル
原作：ヴラジスラフ・ヴァンチュラ
出演：マグダ・ヴァーシャーリオヴァー／ヨゼフ・ケムル／フランチシェク・ヴェレツキー／イヴァン・パルーフ／パヴラ・ポラーシュコヴァー

★★★★

マルケータ・ラザロヴァー

1967年／チェコ映画
配給：ON VACATION／166分

2022（令和4）年7月23日鑑賞　｜　シネ・リーブル梅田

👀 みどころ

　"チェコ映画の最高傑作"を５５年の時を経て、今！監督は、日本の黒澤明などと並び称されるチェコの巨匠フランチシェク・ヴラーチルだが、さて？

　舞台は１３世紀、動乱のボヘミア王国だと言われても・・・？登場人物は、領主、国王、騎士の他、盗賊や元商人等々、多種多様だが、一人一人の顔と名前が一致しないうえ、相互の人間関係もサッパリ・・・。チラシに写る美女マルケータがわかるだけでは、こりゃお手上げ・・・？

　もっとも、映像美等は黒澤明ばりでさすがだから、一応星４つに。しかし、私には、本作を「映画の勝利である」などと絶賛することは、とてもとても・・・。

————＊—＊—＊—＊—＊—＊—＊—＊—＊—＊—

■□■ "チェコ映画の最高傑作"を、５５年の時を経て今！■□■

　日本の黒澤明監督などと並び称される、チェコの巨匠フランチシェク・ヴラーチル監督による"チェコ映画の最高傑作"と言われる本作が、５５年の時を経て、日本で劇場初公開！チラシには、「制作期間１０年、かつてない規模の予算で中世を忠実に再現。綿密、大胆、崇高、獰猛なエネルギーに満ちた『フィルム＝オペラ』。」と書かれている。また、『キネマ旬報』７月下旬号の「REVIEW　日本映画＆外国映画」では、３人の評論家が星５つ、５つ、４つを付けたうえ、「映画の完全なる勝利である」等の表現で絶賛している。

　本作のテーマは、「中世の騒乱と肥大した信仰。少女マルケータの、呪われた恋」だから、少し難しそうだが、そこまで言われたら、こりゃ必見！

■□■原作あり！しかし、チェコ文学はサッパリ！■□■

　日本では、ドストエフスキーやトルストイを筆頭とするロシア文学が大人気だが、チェコ文学となると、まるで知らない。しかし、１８９１年生まれのチェコの作家ヴラジスラフ・ヴァンチュラの１９３１年の代表作である『マルケータ・ラザロヴァー』は超有名だ

し、１９２４年にチェコに生まれたフランチシェク・ヴラーチル監督は、『悪魔の罠』（６２年）、『マルケータ・ラザロヴァー』（６７年）、『蜂の谷』（６８年）という“歴史三部作”で超有名らしい。しかし、そう言われても・・・。

■□■本作が公開された１９６７年当時のチェコ情勢は？■□■

本作は、１９６７年１１月にチェコで公開されたそうだ。１９６７年といえば、私が大学に入学した年で、以降、ベトナム戦争反対を中心とする学生運動が高揚した時代だが、その当時のチェコはどんな政治情勢だったの？

２０２２年２月２４日はロシアによるウクライナ侵攻の日。これは、１９３９年９月１日のナチス・ドイツによるポーランド侵攻と同じように、歴史上永遠に記憶される日だが、１９６８年８月２０日には、ソ連率いるワルシャワ条約機構軍によるチェコスロバキアへの軍事侵攻が起きた。これが、いわゆる「チェコ事件」だ。本作は１９５０年代末からおよそ１０年もの制作期間を要して作られた大作だが、それが可能になったのは、「黄金の６０年代」と呼ばれた、１９５０年代末から６０年代にかけてのチェコの社会文化状況だった。

本作のパンフレットには、①富重聡子氏（チェコ映画研究）の『マルケータ・ラザロヴァー』のなりたちについて」、②遠山純生氏（映画評論家）の「映画作家ヴラーチル—『チェコ・ヌーヴェルヴァーグ』時代を中心に」、③篠原琢氏（東京外国語大学教授（中央ヨーロッパ研究））の「『マルケータ・ラザロヴァー』の時代」、④阿部賢一氏（チェコ文学者）の「ヴラジスラフ・ヴァンチュラの小説『マルケータ・ラザロヴァー』の革新性」、という４つのコラムがあり、それぞれのタイトルについての詳しい解説があるので、これは必読！

■□■舞台は１３世紀、動乱のボヘミア王国！登場人物は？■□■

連日 TV 報道されるウクライナ情勢（戦争）を見て聞いていると、ウクライナを含む東欧諸国や中東諸国についての知識が少しは身についてくる。また、１９３９年のナチス・ドイツによるポーランド侵攻や１９６８年のチェコスロバキアを舞台とした“プラハの春”等については、多少の知識はある。しかし、本作の舞台が１３世紀、動乱のボヘミア王国と言われても・・・。

ちなみに、日本のバブル真っ盛りの１９８３年に大ヒットしたのが葛城ユキが歌った『ボヘミアン』。ボヘミアとは、ヨーロッパのヴルタヴァ川流域の盆地を指すラテン語の地名。そして、ボヘミアンとは、ボヘミアに由来するさまざまなもののことだ。私は“ボヘミア”についてこの程度の知識しかないが、さて、本作の理解は？他方、本作には、領主、国王、騎士の他、盗賊や元商人まで多種多様な人物が登場するうえ、その人間関係はややこしい。もっとも、本作の主人公はチラシに写っている美少女マルケータ（マグダ・ヴァーシャリオヴァー）のはずだから、それに注目！

■□■こりゃ難解！設定も物語もサッパリわからん！■□■

連日報道されているウクライナ情勢（戦争）の中、ウクライナ東部や南部の州や都市の

名前、その位置関係等が十分わかってきた。しかし、私に１３世紀半ば、動乱のボヘミア王国についての知識はない。したがって、本作のパンフレットでは、「Part I　狼男　ストラバ」「Part II　神の子羊」のストーリーが詳しく解説されているが、そのほとんどはスクリーンを見ていてもサッパリわからない。名前と顔、そしてその特性を一度見ただけで覚えられるはずはないから、さまざまなストーリー展開の中で同じ顔が二度、三度登場しても、誰が誰だったかサッパリわからない。そのため、ストーリー展開もサッパリ・・・。ただわかるのは、時々登場する美しきヒロイン、マルケータの顔だけだが、マルケータが誘拐されて凌辱されたことすらよくわからない。そして、マルケータが誰を愛しはじめたのかもサッパリ・・・。これだけ難解では、いくら"チェコ映画の最高傑作"と絶賛されても、お手上げ・・・。

■□■大層な誉め言葉もあれば、ボロクソ評価も！■□■

　前述したように、『キネマ旬報』７月下旬号の「REVIEW　日本映画＆外国映画」に見た３人の評論家の評価は星５つ、５つ、４つで絶賛している。しかし、私には１３世紀半ば、ボヘミア王国を舞台とした、こんなにストーリーのわからない映画は全然面白くない。映像の素晴らしさや映画製作・映画技術の面における素晴らしさは認めるとしても、ストーリーの面白さがなければ、私はその映画を褒めることはできない。

　そんな目で、好きなことを好きなように書けるネット上での本作の評価を調べてみると、一方で、「結論、本作品は全てが素晴らしい稀有な映画だ。」と絶賛している、東欧／旧ユーゴ／ロシア／サイレント映画愛好家、Knights of Odessa さんのウェブサイト「フランチシェク・ヴラーチル『マルケータ・ラザロヴァー』純真無垢についての物語」がある。

　しかし、他方、あるワあるワ、私と同じような感覚のボロクソ評価も！その一つが、ニューヨークブルックリン在住のガロンさんの「ガロン単位で映画を考える」における本作についてのブログ「チェコのベスト映画・・・なのか？『マルケータ・ラザロヴァー』」だ。そこでは、「実験しすぎて、自然さのない人為的にこねくりまわしすぎたものになってしまった気もするが・・・。」と書かれており、私はこれに同感！

２０２２（令和４）年８月１日記

Short ショートコメント ★★★

Data 2022-94

監督・脚本：バーバラ・ローデン

出演：バーバラ・ローデン／マイケル・ヒギンズ／ドロシー・シュベネス／ピーター・シュベネス／ジェローム・ティアー

WANDA　ワンダ

1970年／アメリカ映画
配給：クレプスキュールフィルム／103分

2022（令和4）年8月6日鑑賞　｜　テアトル梅田

👀 みどころ

　巨匠エリア・カザンは、名作映画『エデンの東』（５５年）で有名だが、そんな夫からの"独立宣言"とも言うべき本作を残し、癌により４８歳の生涯を終えた妻がバーバラ・ローデン。本作は、そんな彼女が監督、脚本、主演した、たった１本の映画だ。

　１９７０年前後の米国は、『俺たちに明日はない』（６７年）や『明日に向かって撃て！』（６９年）等の名作が多く、アメリカン・ニューシネマが大爆発！そんな中で見向きもされなかった本作が、なぜかその後大絶賛され、日本でも今般初公開！

　『キネマ旬報』の記事でも新聞紙評でも、評論家諸氏は大絶賛だが、残念ながら私はイマイチ・・・。

――― * ――― * ――― * ――― * ――― * ――― * ――― * ――― * ――― * ―――

◆本作で主演し、かつ監督・脚本したバーバラ・ローデンは、映画『エデンの東』（５５年）等で有名な巨匠エリア・カザンの妻。彼女は夫からの"独立宣言"とも言うべき本作を残し、癌により４８歳の生涯を終えたそうだ。１９７０年にたった１本だけ作られた本作は、アメリカではほぼ黙殺されていたが、その後世界の映画人から絶賛され、日本でも約５０年ぶりに初公開。

　『キネマ旬報』７月下旬号の「REVIEW　日本映画&外国映画」では、３人の評論家が星５つ、５つ、４つと絶賛している。新聞紙評でも絶賛しているから、こりゃ必見！

◆１９７０年前後は、日米共に素晴らしい映画が多かった。"アメリカン・ニューシネマ"として有名になった『俺たちに明日はない』（６７年）や『明日に向かって撃て！』（６９年）等の名作は、ベトナム戦争反対をはじめとする学生運動、大衆運動が盛り上がる中で生まれたが、本作もそれと同じような"脱走型ロードムービー"・・・？

　そう言えなくもないが、「ウーマンリブ」が声高に叫ばれ始めた時期ながら、バーバラ・

ローデン演ずるヒロイン、ワンダはそれと正反対のキャラ。良い妻にも良い母にもなれないワンダは、育児放棄で夫から離婚訴訟を起こされ、家から追い出された後も、あちらへフラフラ、こちらへフラフラ。映画館で眠っているうちに有り金を盗まれたあげく、夜の街をさまよっている中、あるバーで出会った中年男のデニス（マイケル・ヒギンズ）についていくことに・・・。

◆ワンダが何の主体性も持たないバカな女なら、一見紳士風に見えたデニスの正体も悪党。車を盗む程度なら小悪党だが、本作のハイライトは、ラストに向けての銀行強盗になるから、そりゃヤバイ！もっとも、デニスはワンダを無理やり犯罪に引き込んだわけではなく、「いつでも車から降りていいぞ」と言われるのだが、どこにも行くあてのないワンダは、仕方なくデニスについていくだけだ。ホテル内でのシーンを見ていると、２人は適当にセックスも楽しんでいたよう（？）だが、デニスは頭痛持ちで、あれこれ話しかけられるのは大嫌いらしい。

　導入部が終わると、本作は、そんな、本来赤の他人同士のバカな女とバカな男の、車での弥次喜多道中になるが、それってホントに面白い・・・？

◆本作のハイライトは、後半からラストに見るデニスによる銀行強盗だが、１９７０年当時の面白いハリウッド映画とは異なり、本作のそれは、いかにも間が抜けている。もちろんデニスは、周到な準備をしたつもりだろうが、結果は惨めなもの。それに協力していた（？）ワンダは、銀行内に入っていなかったため逮捕されることはなかったが、何とも締まらない結末で、本作はジエンド。皆さん、なぜそんな本作を絶賛しているの？

２０２２（令和４）年８月８日記

おわりに

1) ２０２２年２月２４日に始まったロシアによるウクライナ侵攻は、１１／５現在、ロシアの旗色がかなり悪くなっていますが、未だ敗色濃厚、敗戦必至ということはできません。それは、一方では化学兵器や核兵器の使用による戦局の挽回が考えられるうえ、そもそもプーチン大統領が「特別軍事作戦」と名付けて始めたウクライナ侵攻の和平交渉や平和的決着のあり方が展望できないためです。戦闘継続、反転攻勢のためにはウクライナに対するNATOやアメリカからの軍事援助が不可欠ですが、それに対してロシアは「戦争宣言」には至らないものの、「部分的動員令」をかけ、事実上の総力戦に耐えようとしています。映画『戦争と平和』で見た、ナポレオンに対するロシアの冬将軍の到来を見据えた撤退戦や、映画『スターリングラード』（『シネマ１』８頁）で見た、スターリングラードでの市街戦（消耗戦、持久戦）を見れば、犠牲をいとわず、最後まで戦い抜くロシア人のガマン強さがハッキリ見て取れます。プーチン大統領は、一方で「核兵器が存在するかぎり、常に使用の危険性はある」としつつ、他方では「ロシアの核兵器の使用条件は軍事ドクトリンで定めている」と語り、「汚い爆弾」についても、「政治的にも軍事的にも意味がない」と語っていますが、その本心は？そして、今後のウクライナ戦争の行方は？

2) 他方、米国のバイデン政権は１０／２７、核兵器戦略の指針となる「核戦力体制見直し」（NPR）を発表し、①核抑止は国家にとって最優先事項とし、同盟国に対する「核の傘下」など「拡大抑止」の提供を明記したことは重要です。それに続く、②核兵器の役割を巡る「先制不使用」や「唯一の目的」などの宣言を断念、③核兵器は、米国や同盟国に対する「極限の状況」で使用を検討、④中国による核戦力の拡大を懸念、核軍備管理を巡る米中対話に意欲、も重要です。

　米政府は、上記NPRと同時に、国防の指針や優先事項などを示す「国家防衛戦略」（NDS）も発表し、NDSでは、①中国を今後数十年の「最重要の戦略的競争相手」と位置付けたうえ、インド太平洋地域での対中抑止を最優先事項とし、②次に、欧州でウクライナ侵略を続けるロシアの抑止に取り組む、としました。NDSはさらに、③同盟国との緊密な連携が中露に対処する上での基盤になるとし、日米同盟を近代化する方針を記し、④同盟国の経済力や技術力なども組み合わせた「統合抑止」を推進する方針を掲げました。

3) 日本では、かつては「憲法９条を守れ！」をスローガン（？）にした"平和憲法擁護論"が優勢でしたが、安倍晋三政権の下で２０１５年にいわゆる"安保法制"が成立したことを受けて風向きが少し変わりました。さらに、ウクライナ侵攻を受けて、「台湾有事はイコール日本有事」の考え方が強まる中、NATOと同じように、日本も「防衛費を対GNP費２％にアップせよ」との議論が始まりました。そして現在は、年内の改定を目指して、いわゆる「安保３文書」の改定に向けた実務者ワーキングチーム（WT）の作業が進んでいます。「安保３文書」とは、①国の外交・防衛政策の基本方針を示す「国家安全保障戦略」（国家安保戦略）、②１０年程度の間に保有すべき防衛力の水準を定める「防衛計画の大綱」

（防衛大綱）、③５年間にかかる経費の総額や装備品の数量を定める「中期防衛力整備計画」（中期防）、です。

4）１０／３１付朝日新聞は、「安保戦略９年ぶりに改定へ」と題する「記者解説」を掲載しました。そこでは、ここ１０年間の「国家安全保障戦略をめぐる動き」を、２０１３年：安倍内閣発足翌年に初めて閣議決定、１４年：憲法解釈変更で集団的自衛権行使を容認、１５年：安保法制成立、１６年：自由で開かれたインド太平洋構想を表明、２０年：「抑止力強化」の議論を開始、２１年：敵基地攻撃能力の検討と安保戦略の改訂を表明、としました。その上で、①国家安全保障戦略（NSS）は長期的な国益をふまえ閣議決定し、日本の針路を左右。②初制定から９年経ち、米中対立やウクライナ危機の中で政府は今年末の改定をめざす。③軍事バランスを当面保つための防衛力強化に傾かず、広い視野で透明性の高いものに。とまとめています。

5）文化の日である１１／３は、早朝からＪアラートが発令され、北朝鮮から３発のミサイルが次々と発射されたことが緊張感を伴ったニュース速報として報じられました。戦後生まれの私は太平洋戦争中のＢ２９による空襲警報の恐さを知りませんが、両親から聞かされた松山への空襲の恐さは子供心によく覚えています。現在のウクライナ国民はそれを日常のものとして聞き、耐えているようですが、日本でも近い将来、このＪアラートが空襲警報に切り替わる日がやってくるのでは・・・？

6）そんな緊迫した状況（？）と軌を一にするかのように、同日の朝刊各紙トップの見出しは次の通りでした。①「極超音速ミサイルで抑止」「迎撃困難な反撃手段に」「防衛省３０年配備目標」（日経）。②「北ミサイル２０発以上」「１日で最多　北方限界線越えも」「韓国対抗「空対地」３発」（読売）。③「防衛強化に５年４８兆円」「防衛省積算　現行計画の１．７倍」「継戦能力の必要性一致　自公３文書会合」「北　ミサイル２０発超」「分断後初境界線越え」（産経）。④「潜水艦発射型も開発検討」「防衛省　敵基地攻撃の手段に」「南北境界　挟み撃ち合い」「北朝鮮ミサイルに韓国対抗」（朝日）。ちなみに読売は、２面も「多方向から一斉発射　迎撃困難　能力誇示か」でした。

7）“こんな現状”から読み解けることは、“台湾有事”だけでなく、“朝鮮半島有事”も今や絵空事ではなく、近い将来必ず起きるであろう現実だということです。旧統一教会問題も大切ですが、NHKの人気ＴＶ番組「チコちゃんに叱られる」風に言えば、今こそ、すべての日本国民は、国の安保戦略のあり方について真剣に考えなければならないのでは？ＴＶではバラエティ番組が溢れ、映画では単純で楽しいものばかりが増えている今の日本。これでいいのでしょうか？「黄金の３年」を手にした、と言われた岸田文雄政権発足から１年。日本の危機は内外から差し迫っているようです。そんな危機感を表明して「シネマ５１」の「おわりに」とします。　　　　　２０２２（令和４）年１１月３日

弁護士・映画評論家　坂　和　章　平

弁護士兼映画評論家　坂和章平の著書の紹介

＜都市問題に関する著書＞

『苦悩する都市再開発〜大阪駅前ビルから〜』(都市文化社・８５年)（共著）

『岐路に立つ都市再開発』(都市文化社・８７年)（共著）

『都市づくり・弁護士奮闘記』(都市文化社・９０年)

『震災復興まちづくりへの模索』(都市文化社・９５年)（共著）

『まちづくり法実務体系』(新日本法規・９６年)（編著）

『実況中継　まちづくりの法と政策』(日本評論社・００年)

『Ｑ＆Ａ　改正都市計画法のポイント』(新日本法規・０１年)（編著）

『実況中継　まちづくりの法と政策　ＰＡＲＴⅡ―都市再生とまちづくり―』（日本評論社・０２年）

『わかりやすい都市計画法の手引』(新日本法規・０３年)（執筆代表）

『注解　マンション建替え円滑化法』(青林書院・０３年)（編著）

『改正区分所有法＆建替事業法の解説』(民事法研究会・０４年)（共著）

『実況中継　まちづくりの法と政策　ＰＡＲＴⅢ―都市再生とまちづくり―』(日本評論社・０４年)

『Ｑ＆Ａ　わかりやすい景観法の解説』(新日本法規・０４年)

『実務不動産法講義』(民事法研究会・０５年)

『実況中継　まちづくりの法と政策　ＰＡＲＴ４―「戦後６０年」の視点から―』(文芸社・０６年)

『建築紛争に強くなる！建築基準法の読み解き方―実践する弁護士の視点から―』(民事法研究会・０７年)

『津山再開発奮闘記　実践する弁護士の視点から』(文芸社・０８年)

『眺望・景観をめぐる法と政策』(民事法研究会・１２年)

『早わかり！大災害対策・復興をめぐる法と政策
　　―復興法・国土強靱化法・首都直下・南海トラフ法の読み解き方―』(民事法研究会・１５年)

『まちづくりの法律がわかる本』(学芸出版社・１７年)　　ほか

＜映画評論に関する著書＞

『ＳＨＯＷ―ＨＥＹシネマルームⅠ〜二足のわらじをはきたくて〜』(０２年)

『社会派熱血弁護士、映画を語る　ＳＨＯＷ―ＨＥＹシネマルームⅡ』(オール関西・０３年)

『社会派熱血弁護士、映画を語る　ＳＨＯＷ―ＨＥＹシネマルームⅢ』(オール関西・０４年)

『ナニワのオッチャン弁護士、映画を斬る！ＳＨＯＷ―ＨＥＹシネマルーム４』(文芸社・０４年)

『坂和的中国電影大観　ＳＨＯＷ―ＨＥＹシネマルーム５』(オール関西・０４年)

『ＳＨＯＷ―ＨＥＹシネマルーム６』〜『ＳＨＯＷ―ＨＥＹシネマルーム２１』(文芸社・０５年〜０９年)

『ＳＨＯＷ―ＨＥＹシネマルーム２２』〜『ＳＨＯＷ―ＨＥＹシネマルーム３９』(自費出版・０９年〜１６年)

『ＳＨＯＷ―ＨＥＹシネマルーム４０』〜『ＳＨＯＷ―ＨＥＹシネマルーム５０』
　　　　　　　　　　　　　　　　　　　　(ブイツーソリューション・１７年〜２２年)

　　※『シネマルーム５』『シネマルーム１７』『シネマルーム３４』『シネマルーム４４』は中国映画特集「坂和的中国電影大観」１〜４

『名作映画から学ぶ裁判員制度』(河出書房新社・１０年)

『名作映画には「生きるヒント」がいっぱい！』(河出書房新社・１０年)

『"法廷モノ"名作映画から学ぶ生きた法律と裁判』(ブイツーソリューション・１９年)

『ヒトラーもの、ホロコーストもの、ナチス映画大全集』(ブイツーソリューション・２０年)

＜その他の著書＞

『Ｑ＆Ａ　生命保険・損害保険をめぐる法律と税務』(新日本法規・９７年)（共著）

『いま、法曹界がおもしろい！』(民事法研究会・０４年)（共著）

『がんばったで！３１年　ナニワのオッチャン弁護士　評論・コラム集』(文芸社・０５年)

『がんばったで！４０年　ナニワのオッチャン弁護士　評論・コラム集』(１３年)

『がんばったで！４５年　ナニワのオッチャン弁護士　評論・コラム集』(ブイツーソリューション・１９年)

『いまさら人に聞けない「交通事故示談」かしこいやり方』(セルバ出版・０５年)

＜中国語の著書＞

『取景中国：跟着电影去旅行（Shots of China）』(上海文芸出版社・０９年)

『电影如歌　一个人的银幕笔记』(上海文芸出版社・１２年)

＜都市問題に関する著書＞

（1985年8月）

（1987年7月）

（1990年3月）

（1995年8月）

（1996年5月）

（2000年7月）

（2001年6月）

（2002年9月）

（2003年7月）

（2003年9月）

（2004年6月）

（2004年11月）

（2005年4月）

（2006年9月）

（2007年7月）

（2008年4月）

（2012年4月）

（2015年11月）

（2017年6月）

＜コ ラ ム 集＞

（２００５年８月）

（２０１３年１２月）

（２０１９年４月）

＜名作映画から学ぶ＞

（２０１０年３月）

（２０１０年１２月）

（２０１９年３月）

＜その他の著書＞

（２００４年５月）

（２００５年１０月）

＜中国語の著書＞

『取景中国：跟着电影去旅行』
（２００９年８月）

『电影如歌
一个人的银幕笔记』
（２０１２年８月）

＜シネマルームは１巻から５０巻まで！＞

（２００２年６月）

（２００３年８月）

（２００４年４月）

（２００４年１１月）

（２００４年１２月）

（２００５年５月）

（２００５年１０月）

（２００６年２月）

（２００６年７月）

（２００６年１１月）

（２００７年２月）

（２００７年６月）

（２００７年１０月）

（２００７年１０月）

（２００８年２月）

（２００８年５月）

（２００８年６月）

（２００８年９月）

（２００８年１０月）

（２００９年２月）

（２００９年５月）

（２００９年８月）

（２００９年１２月）

（２０１０年７月）

（２０１０年１２月）

（２０１１年７月）

（２０１１年１２月）

（２０１２年７月）

（２０１２年１２月）

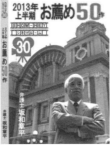

（２０１３年７月）

（２０１３年１２月）

（２０１４年７月）

（２０１４年１２月）

（２０１４年１２月）

（２０１５年７月）

（２０１５年１２月）

（２０１６年７月）

（２０１６年１２月）

（２０１７年７月）

発行：ブイツーソリューション
（２０１７年１２月）

発行：ブイツーソリューション
（２０１８年７月）

発行：ブイツーソリューション
（２０１８年１２月）

発行：ブイツーソリューション
（２０１９年７月）

発行：ブイツーソリューション
（２０１９年１０月）

発行：ブイツーソリューション
（２０１９年１２月）

発行：ブイツーソリューション
（２０２０年６月）

発行：ブイツーソリューション
（２０２０年１２月）

発行：ブイツーソリューション
（２０２１年７月）

発行：ブイツーソリューション
（２０２１年１２月）

発行：ブイツーソリューション
（２０２２年７月）

＊著者プロフィール＊

坂和 章平(さかわ しょうへい)

１９４９（昭和２４）年１月	愛媛県松山市に生まれる	
１９７１（昭和４６）年３月	大阪大学法学部卒業	
１９７２（昭和４７）年４月	司法修習生（２６期）	
１９７４（昭和４９）年４月	弁護士登録（大阪弁護士会）	
１９７９（昭和５４）年７月	坂和章平法律事務所開設	
	（後 坂和総合法律事務所に改称）	
	現在に至る	

２０２２年７月１８日
北海道苫小牧への出張の機会
に白老町にある「民族共生象徴
空間ウポポイ」と「国立アイヌ
民族博物館」を見学。快晴の下、
楽しく充実したお勉強をするこ
とができた。

＜受賞＞

01（平成１３）年５月	日本都市計画学会「石川賞」
同年同月	日本不動産学会「実務著作賞」

＜検定＞

06（平成１８）年 ７月	映画検定４級合格
07（平成１９）年 １月	同 ３級合格
11（平成２３）年１２月	中国語検定４級・３級合格
20（令和２）年 ７月	HSK（汉语水平考试）３級合格
21（令和３）年 ６月	HSK（汉语水平考试）４級合格
22（令和４）年 ３月	HSK（汉语水平考试）５級合格

＜映画評論家ＳＨＯＷ－ＨＥＹの近況＞

07（平成１９）年１０月	北京電影学院にて特別講義
07（平成１９）年１１月９日～	大阪日日新聞にて「弁護士坂和章平の LAW DE SHOW」を毎
09（平成２１）年１２月２６日	週金曜日（０８年４月より土曜日に変更）に連載
08（平成２０）年１０月１６日	「スカパー！」「e2by スカパー！」の『祭り TV！ 吉永小百合 祭り』にゲスト出演（放送期間は１０月３１日～１１月２７日）
09（平成２１）年 ８月	中国で『取景中国：跟着电影去旅行（Shots of China）』を出版
同月１８日	「０９上海書展」（ブックフェア）に参加 説明会＆サイン会
09（平成２１）年 ９月１８日	上海の華東理工大学外国語学院で毛丹青氏と対談＆サイン会
11（平成２３）年１１月 3～6日	毛丹青先生とともに上海旅行。中国版『名作映画には「生きるヒント」がいっぱい！』の出版打合せ
12（平成２４）年 ８月１７日	『電影如歌 一个人的银幕笔记』を上海ブックフェアで出版
13（平成２５）年 ２月９日	関西テレビ『ウェル エイジング～良齢のすすめ～』に浜村淳さんと共に出演
14（平成２６）年 ９月	劉茜懿の初監督作品『鑑真に尋ねよ』への出資決定
14（平成２６）年１０月	日本とミャンマーの共同制作、藤元明緒監督作品『僕の帰る場所／Passage of Life』への出資決定
15（平成２７）年 ６月２９日	北京電影学院“实验电影”学院賞授賞式に主席スポンサーとして出席
17（平成２９）年１０～１１月	『僕の帰る場所／Passage of Life』が第３０回東京国際映画祭「アジアの未来」部門で作品賞と国際交流基金特別賞をW受賞
18（平成３０）年 ３月	『僕の帰る場所／Passage of Life』が第１３回大阪アジアン映画祭・特別招待作品部門で上映
20（令和２）年２月	『海辺の彼女たち』への出資決定
20（令和２）年９月	『海辺の彼女たち』が第６８回サン・セバスチャン国際映画祭・新人監督部門にてワールドプレミア上映
20（令和２）年１１月	『海辺の彼女たち』が第３３回東京国際映画祭ワールド・フォーカス部門で選出、上映
22（令和４）年３月	若手中国人アーティストによるコンテンポラリーアート展「在地,園宇宙」をエグゼクティブプロデューサーとしてプロデュース
22（令和４）年８月１６日	中華人民共和国駐大阪総領事館主催の「私の好きな中国映画」作文コンクールで「「タイムスリップもの」は面白い！』賈玲監督の『こんにちは、私のお母さん（你好、李焕英）』に涙、涙、また涙！』が三等賞に入賞

SHOW－HEYシネマルーム51
2022年下半期お薦め70作

2023年1月10日　初版　第一刷発行

著　者　　坂和章平

〒530-0047 大阪市北区西天満3丁目4番6号
西天満コートビル3階　坂和総合法律事務所
電話　　06-6364-5871
ＦＡＸ　06-6364-5820
Ｅメール office@sakawa-lawoffice.gr.jp
ホームページ https://www.sakawa-lawoffice.gr.jp/

発行所　　ブイツーソリューション
〒466-0848 名古屋市昭和区長戸町4-40
電話　　052-799-7391
ＦＡＸ　052-799-7984

発売元　　星雲社（共同出版社・流通責任出版社）
〒112-0005 東京都文京区水道1-3-30
電話　　03-3868-3275
ＦＡＸ　03-3868-6588

印刷所　　モリモト印刷